U0561675

增长智商

有效构建企业未来的十大路径

[美]蒂法妮·博瓦（Tiffani Bova）—著

崔祥芬 —译

图书在版编目（CIP）数据

增长智商：有效构建企业未来的十大路径 /（美）蒂法妮·博瓦著；崔祥芬译. -- 北京：中信出版社，2019.12
书名原文：Growth IQ: Get Smarter About Building Your Company's Future
ISBN 978-7-5217-0871-4

Ⅰ.①增… Ⅱ.①蒂… ②崔… Ⅲ.①企业管理－经济预测－研究 Ⅳ.①F272.13

中国版本图书馆 CIP 数据核字（2019）第 267134 号

Growth IQ: Get Smarter About Building Your Company's Future by Tiffani Bova
Copyright © 2018 by Tiffani Bova
All rights reserved including the right of reproduction in whole or in part in any form.
This edition published by arrangement with Portfolio, an imprint of Penguin Publishing Group, a division of PENGUIN RANDOM HOUSE LLC.
Simplified Chinese translation copyright ©2019 by CITIC Press Corporation
ALL RIGHTS RESERVED
本书仅限中国大陆地区发行销售

增长智商——有效构建企业未来的十大路径

著　者：[美] 蒂法妮·博瓦
译　者：崔祥芬
出版发行：中信出版集团股份有限公司
　　　　　（北京市朝阳区惠新东街甲 4 号富盛大厦 2 座　邮编　100029）
承　印　者：北京通州皇家印刷厂

开　本：787mm×1092mm　1/16　印　张：25　字　数：320 千字
版　次：2019 年 12 月第 1 版　　印　次：2019 年 12 月第 1 次印刷
京权图字：01-2019-2210　　　　广告经营许可证：京朝工商广字第 8087 号
书　号：ISBN 978-7-5217-0871-4
定　价：68.00 元

版权所有·侵权必究
如有印刷、装订问题，本公司负责调换。
服务热线：400-600-8099
投稿邮箱：author@citicpub.com

推荐语

这本书指明了如何通过持续不断地关注客户来让一个企业自始至终保持增长的本质……蒂法妮·博瓦是一个讲述故事的大家,带领我们看到一个关于增长策略的结构框架。作为创始人,有些东西是与生俱来的……但是这本书是一个很有价值的工具,为我的主管们带来的灵感贯穿着每一项业务。它也让我痴笑。我记得当我们的企业实现了大幅增长时,我的首席财务官问我"是什么起作用了呢?",答案自然是每件事都起了作用。我们现在正处于1%的游戏中,我们关注每一个新方案以寻求1%的增长——将两者结合起来,企业每年就能实现两位数的增长。感谢蒂法妮写了这本书……对所有领导者而言,这是一本用来激发身边的人的指南。

娜奥米·西姆森(Naomi Simson)
澳大利亚创智赢家(Shark Tank)的智库成员,红气球(RedBalloon)创始人,大红集团(Big Red Group)联合创始人

无论你是计划颠覆一个行业,还是想保护你的公司远离竞争对手,《增长智商》都揭示了选择正确路径的紧迫性。你可能无从选择,但是蒂法妮将你的选择简化成了10条经过验证的路径,让你能够带着白信走上正确的路径并取得成果。我们对舒适区的热爱也可能成为导致我们衰败的原因;蒂法妮提醒我们,当冒险离开常有人走的路径而走向未知的——因而也是不确定的——领域时,基本上所有美好的事情也都会发生。在她的引导下,我们发现不确定性并不总是令人生畏的——通过案例、

颇有见地且经验丰富的分析以及有价值的清单，蒂法妮将为所有人的智商增长提供助力。

惠特尼·约翰逊（Whitney Johnson）

50大商业（Thinkers 50）管理思想家，《建立一支顶级团队》（Build an A-Team）和《颠覆自己》（Disrupt Yourself）作者

我们都希望自己的业务增长，但是我们如何实现增长呢？很幸运，蒂法妮·博瓦在这本书里给出了答案。在这本智慧之书里，她揭示了10条增长路径——从创造一种鼓舞人心的客户体验到打破常规。她用来自蓬勃发展的公司的可靠数据和案例来支撑自己的发现。你有一个选择：踏上老路或跟随博瓦走向未来。

丹尼尔·H.平克（Daniel H. Pink）

《时机管理》（When）和《驱动力》（Drive）作者

你看，我喜欢这本书。就是这样。《增长智商》有一个利落、整齐和宝贵的上层结构，而且写得非常好。这些内容很棒，但还不足以构成我强烈热爱此书的基础。我对它的热爱来自：故事、故事、故事。10种健全的策略，30个令人叹服且难以忘记的故事——从星巴克、麦当劳（McDonald's）到安德玛（Under Armour）、红牛。如果这些故事还不能激发你的灵感，并增加你的个人智力资产储备，我不知道还有什么可以。做得漂亮，蒂法妮·博瓦！

汤姆·彼得斯（Tom Peters）

《追求卓越》（In Search of Exellence）作者

增长智商

谨以此书献给我的族人和我的家人,
从我踏上这段旅程的第一天,你们就伴我左右。
没有你们的支持,我就不可能拥有这一切。
我会永远感恩你们每个人。

前言 vii

引言　有一件事可以肯定——
　　　绝不可能只涉及一件事 1

故事 1 汤姆布鞋：全心全意为脚服务 305
故事 2 柠檬水保险：当生活给了你一个柠檬 312
故事 3 孟加拉乡村银行：刻意为之 319
综而观之 325

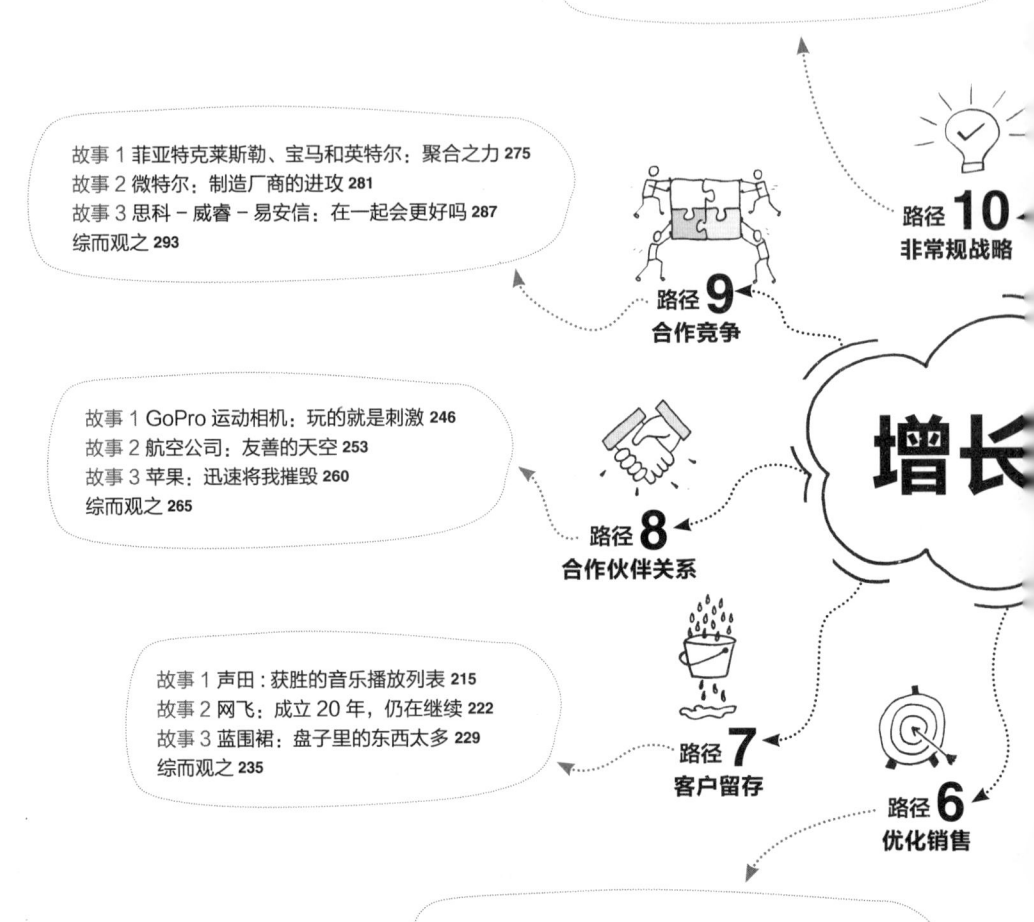

故事 1 菲亚特克莱斯勒、宝马和英特尔：聚合之力 275
故事 2 微特尔：制造厂商的进攻 281
故事 3 思科－威睿－易安信：在一起会更好吗 287
综而观之 293

路径 10 非常规战略

路径 9 合作竞争

故事 1 GoPro 运动相机：玩的就是刺激 246
故事 2 航空公司：友善的天空 253
故事 3 苹果：迅速将我摧毁 260
综而观之 265

路径 8 合作伙伴关系

增长

故事 1 声田：获胜的音乐播放列表 215
故事 2 网飞：成立 20 年，仍在继续 222
故事 3 蓝围裙：盘子里的东西太多 229
综而观之 235

路径 7 客户留存

路径 6 优化销售

故事 1 软件营销部队：4 个男人与两只狗的故事 181
故事 2 沃尔玛：终极零售对决 188
故事 3 富国银行：文采不是理据 196
综而观之 202

目 录

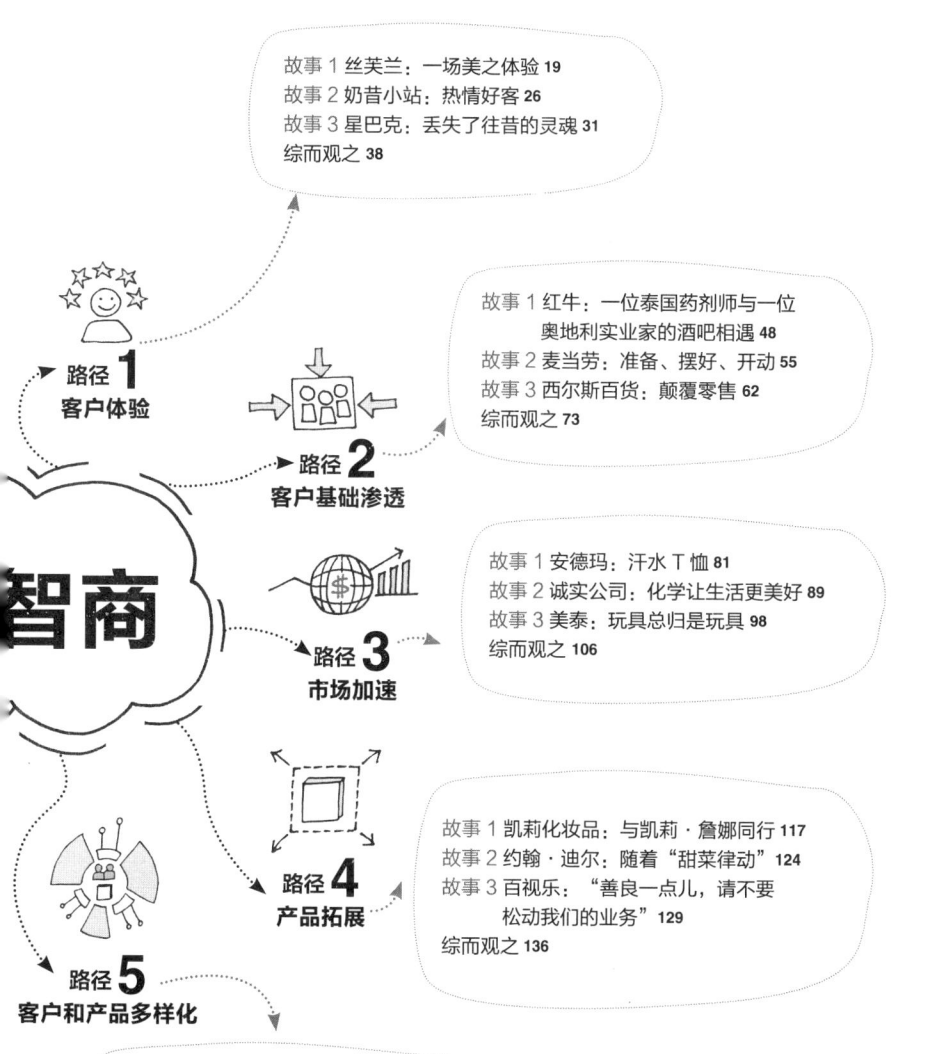

路径 1 客户体验
- 故事 1 丝芙兰：一场美之体验 19
- 故事 2 奶昔小站：热情好客 26
- 故事 3 星巴克：丢失了往昔的灵魂 31
- 综而观之 38

路径 2 客户基础渗透
- 故事 1 红牛：一位泰国药剂师与一位奥地利实业家的酒吧相遇 48
- 故事 2 麦当劳：准备、摆好、开动 55
- 故事 3 西尔斯百货：颠覆零售 62
- 综而观之 73

路径 3 市场加速
- 故事 1 安德玛：汗水 T 恤 81
- 故事 2 诚实公司：化学让生活更美好 89
- 故事 3 美泰：玩具总归是玩具 98
- 综而观之 106

路径 4 产品拓展
- 故事 1 凯莉化妆品：与凯莉·詹娜同行 117
- 故事 2 约翰·迪尔：随着"甜菜律动"124
- 故事 3 百视乐："善良一点儿，请不要松动我们的业务" 129
- 综而观之 136

路径 5 客户和产品多样化
- 故事 1 漫威：超级英雄拯救世界 148
- 故事 2 贝宝：寄希望于将来 156
- 故事 3 乐高：一砖一瓦，分崩离析 162
- 综而观之 168

智商

知道何时纵身一跃 327
亚马逊案例研究：每一天都是第一天 335
致谢 343
注释 347

前　言

在过去的几年里，我有幸与蒂法妮·博瓦共事。我还记得她告诉我自己正在撰写处女作并向我寻求建议时的情形。我停下来想了想，自从1991年我写了《跨越鸿沟》(Crossing the Chasm)一书以来，这30年里世界发生了太大的变化。尽管发生了这些变化，但是否仍然有一些普遍的、基本的思想和智慧——你如果愿意的话，可称其为"原力"——互相关联？如果是这样，那么这些思想和智慧将如何应对当今的增长挑战呢？

《增长智商》为这些问题提供了很好的答案。蒂法妮以前是高德纳一名杰出的分析师和研究员，现在是软件营销部队（一家前沿的公司，旨在重塑世界商业模式）的一名增长和创新传播者，她对各类型公司的成功增长战略有着大量的洞见。她已经知道了什么战略有效、什么战略无效，在《增长智商》一书中，她就分享了自己学到的大量宝贵的经验教训。

本书是围绕着10条增长路径来展开的——每一条路径都通过大量成功和失败的故事来呈现，每一条路径都清晰地表明了哪些事情要关注以及哪些因素对企业未来的成功至关重要。博瓦用富有洞察力的故事阐述了自己的核心概念，并用真实案例提炼出理论模型，这些案例是可关联的、可访问的和可应用的。虽然这些增长路径有很多可能已经为人所熟知，但博瓦通过应用市场背景的概念模型、方案的组合以及部署各种路径的顺序，已经超越了为战略商业思维建立一个新范式。

诚然，每个企业都必须保持健康和有效的增长，而且所有成功的企业都已经证明了这一点。这些增长战略中有一部分已经变得非常有影响力，以至于高管们被专门招走以帮助另一家公司重新创造类似的增长轨迹。亚马逊是如何做的呢？软件营销部队呢？红牛呢？星巴克呢？丝芙兰（Sephora）呢？这些公司教你的哪些东西能够应用到你自己的公司里？你若有能力利用这样的洞察力，你就可以真正地改变游戏规则。

增长对价值链上的每个人都有好处。对于商业领袖来说，增长应该始终是最为重要的。然而事实是，寻求持续和可重复增长正变得越来越困难。有时，要么是我们墨守旧的增长模式的时间过长，要么就是我们的世界正在被一家更为灵活的初创公司以我们从未想象过的方式所颠覆。

不管怎样，如果你希望企业加速增长，从顶线销售放缓中恢复过来，或者拓展新市场或客户群，那么我推荐你阅读《增长智商》。《增长智商》将揭示出你自己可能都没有意识到的近在咫尺的机会，它将让你和你的团队在今天的商业世界里游刃有余，它会为你提供一个你可以一遍遍重温的框架。

杰弗里·A. 摩尔（Geoffrey A. Moore）
也被称为"鸿沟人"（The Chasm Guy）
《跨越鸿沟》和《获胜区》（Zone to win）作者

引言

有一件事可以肯定——
绝不可能只涉及一件事

> 增长如何能先于不断提升的客户期望？没有单一的方法可以做到这一点——许多事情组合在一起才可以。[1]
>
> ——杰夫·贝索斯（Jeff Bezos）

通过之前与世界上最大的一些公司进行的成千上万次的互动，我发现，高管们面临的最持久和最棘手的挑战之一就是决定如何最好地发展企业的业务。除非你经营的是一家决心保持小规模的小型家族企业，或者你无法承担更多的金融风险和工作量以及满足相关的招聘需求，否则你对于增长的追求是永远不会停止的。虽然销售旺季和销售淡季始终存在一个平衡点，但是增长的长期停滞或放缓通常会引起投资者和员工的极大担忧。

为什么呢？因为每家公司都面临着同样的压力——持续营业，支付员工工资，将产品推向市场，甚至在销售低迷时期也要为客户提供支持。如果没有顶线增长①和底线利润②，那么企业就没有办法减少这些压力，从而保持业务的正常运转。寻找增长业务的方法，即顶线增长，可能会成为一项巨大的消耗，特别是对于初创企业、小型企业来说，甚至对于世界500强企业中的任何一个新部门来说也是如此。每个企业都有改进的空间，但并不是每个企业的领导者都知道到哪里寻找改进之处，或者如何在艰难时期纠正公司的发展方向并重整公司。

要实现可重复的可靠增长对于成熟企业和新企业来说同样困难，而且似乎越来越难，甚至对于世界上最大且最著名的品牌之一来说也是如此。在2017年第三季度，IBM发现自己的收入连续22个季度下降。IBM董事长兼首席执行官罗睿兰（Ginni Rometty）指出："请准备好在增长机会出现的时候认出它们，因为它们是你关键的学习机会。你会知道的，因为它们会让你感到不适，所以你最初的想法可能是自己还没有准备好。但请记住：增长和舒适永远不会共存。"[2]

那么，高管们能做些什么呢？他们会去哪里寻找公司的下一个10%的增长点呢——在收入、市场份额、活跃用户方面，抑或上述所有方面？

我发现，大多数拥有大量数据、咨询白皮书和市场趋势报告的高管都在寻找一种新产品、新市场或销售和营销策略，以便快速解决他们的问题。他们可能会说"我们应该尝试向现有客户销售更多（产品名称）"，或"我们应该扩大我们的分布或海外的销售"，或"我们应该增加我们的营销支出"——他们可能是正确的。但这只是故事的一部分而已。

---

① 顶线增长（top-line growth），即营收增长，因在常用的财务报表利润表中，第一行即顶行是收入，故人们常用顶线增长表示销售收入增长。——译者注
② 底线利润（bottom-line profitability），即盈利能力，利润表中的最后一行，即底行是利润。——译者注

多年来，我看到很多公司一次又一次地犯同样的错误，或者错过了加速增长的黄金时机，我才意识到有太多的公司寻求的是某一项正确的举措——顺便说一下，很少存在某一项正确的举措——为了改善或维持公司的业绩，应对竞争威胁，或者从增长停滞中恢复过来。现实是，在增长方面有一件事是可以肯定的，那就是增长绝不可能只涉及一件事。

应对变化

公司为什么要寻求唯一正确的举措呢？也许是因为它们只做看似可行之事：寻找一个问题领域去解决，采取一项可以让数字迅速增长的重大举措，甚至重复一个过去行之有效的增长战略。最后一种策略暗藏危机。公司往往依赖于曾经有效的策略，但它们现在可能已经失效，不会再对当前的市场条件和环境产生预期的影响。那些没有仔细考虑不断变化的市场动态而使用一揽子老方法的公司，就会有陷入恶性循环、重复相同的行动以及随着时间的推移产生更糟糕的结果的风险。

> 成功是一个令人讨厌的老师，它诱使聪明人去想自己不能失败。[3]
> ——比尔·盖茨（Bill Gates）

认知和现实错位的代价可能是巨大的，在这种情况下保持一种正常的商业态度必然只能让应对变化变得更加艰难。你的认知可能是："我们遇到了这种情况……它只是一个暂时性的挫折而已。"而现实却是客户变了，行业变了，技术变了——天哪，整个世界都变了，这使得那些没有不断发展的公司，有时甚至会在最微不足道的事上冒着被甩在后面的风险。这样说可能会让你好受一点儿——这么做的不止你一个。

诚然，许多公司难以跟上创新技术和新商业模式带来的变革步伐或颠覆速度，但这并不是它们难以找到并保持增长及收入来源的唯一原因。有时候，公司面临的最大威胁可能是自身的成功，或者更糟糕的是自身的自满情绪。

为什么？因为对于正处在增长中而未意识到即将出现增长停滞的公司而言，它强化了现状，它奖励了（至少在一段时间内）对变革的抵制，并最终使得公司领导者害怕追求一个新的方向——这些领导者担心自己会把一件一直以来的好事弄得一团糟。在早期，那种拥抱新机遇和风险的企业家精神常常会转变成一种阻力……尤其是当事情开始出错的时候。实际上，87%的公司都在某一时刻经历过增长停滞，并且只有一小部分公司挺了过来。[4]

增长智商的目的

增长是指顶线销售有机增长，而非成本削减、并购或者其他提高盈利能力或增加底线利润的方式。

增长战略被定义为"为实现重大或总体目标而制订的行动方案或政策计划"。

增长路径是指可以使公司专注于现有任务并实现战略增长目标的方案。

你可能会惊讶地发现，当被问及是什么减缓了增长时，大多数高管实际上援引的都是内部因素。在贝恩咨询公司（Bain & Company）的一项研究中，85%的受访高管和94%的管理着营业收入超过50亿美元的公司的高管表示，是内部而非外部的障碍使他们的公司无法实现盈利增长。[5]这真令人遗憾；毕竟，你应该控制的是内部因素，而不是竞争对手的举措、市场的变化，甚至是"黑天鹅"事件[①]。

增长的 10 条路径

我对这个话题谈论得越多，对公司成功发展的方式研究得越深入，我就越意识到：

- 决定成功可能性的不仅仅是公司所选择的增长战略，战略部署的背景以及方案的组合和顺序也起着决定性作用。
- 增长远没有大多数人想象的那么复杂。你可能会惊讶地发现，你可以将企业采取的大多数增长措施都归到10条增长路径之中。关于哪条路径可能产生最好的（积极的）结果，这一决定将会且实际上也应该随着时间的推移而改变。没有哪条增长路径是亘古不变的。

这10条路径是业已成熟的增长途径，无数公司运用它们成功地增加了顶线收入。无论产品、地区或行业如何，这些路径都可以帮助和指导大型跨国企业、小型初创企业和中型企业的发展。

十大增长路径

- 客户体验：激发额外的购买和推广。
- 客户基础渗透：向现有客户销售更多现有产品。
- 市场加速：利用现有产品拓展新市场。

---

① "黑天鹅"事件，指的是非常难以预测且不同寻常的事件，通常会引起市场连锁负面反应，甚至颠覆市场。——译者注

- 产品拓展：向现有市场销售新产品。
- 客户和产品多样化：向新客户销售新产品。
- 优化销售：简化销售工作以提高生产力。
- 客户留存（最大限度减少客户流失）：留住更多客户。
- 合作伙伴关系：利用第三方联盟、渠道和生态系统（销售、进入市场）。
- 合作竞争：与市场或行业竞争对手合作（产品开发、IP共享）。
- 非常规战略：颠覆当前的思维。

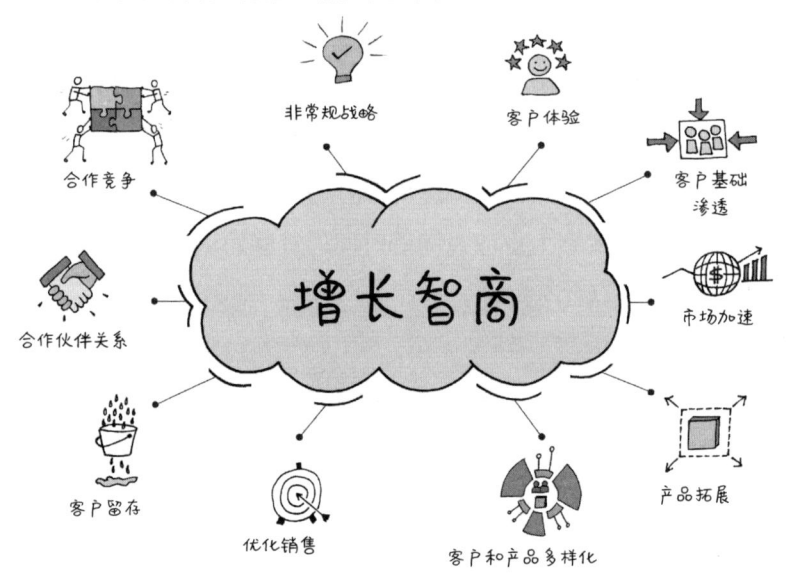

旧言再成新论

我们接下来就会逐一深入研究这10条路径——现在，让我们先后退一步，把它们视为一个整体来研究。它们当中的某几条可能让人感觉很熟悉，或者没什么新意，但是它们本该如此。这份清单是基于长期的管理思维和框架建立的，包括安索夫矩阵［由伊戈尔·安索夫

（Igor Ansoff）于1957年开发的一个实用框架，用于思考如何通过产品战略实现增长］，以及当今公司用来刺激增长的较新的销售和营销理念。

让我先明确一点：这10条增长路径承认许多经典战略并没有消失，如产品拓展和客户基础渗透等路径仍然有效。但随着商业世界变得更加复杂，电子商务、软件即服务（SaaS）、其他创新技术和商业模式的兴起，以及消费者的权力变大和受教育程度变高，我们需要用更为现代化的方法来应用这些路径。

这些不同的技术进步与经得起考验的经典路径一起为公司提供了新的增长方法。直到最近，由于缺乏具体的消费者、产品和市场数据，公司将过多地依靠运气、直觉和以往的经验。过去行之有效的方法，比如增加营销支出和降价促销，将会被简单地重复。这并不是说公司对过去的经济增长动力一无所知；更为重要的是，如今的公司可以实时获得有意义的见解，从而在正确的时间，通过正确的增长路径做出正确的决策。

背景 + 组合 + 顺序

仅仅拥有"正确的"新增长战略是不够的。在采取任何行动之前，你必须充分了解当前的市场环境；否则，即使是正确的决定或正确的增长路径，也可能在错误的时间把你置于错误的地方。让我再明确一点：为公司选择正确的增长路径应该始终从构成公司竞争环境的背景、情况或事件着手。如果公司的增长决策是基于对产品、市场和客户背景以及这些背景带来的威胁或机会做出的智能评估，同时辅以支持所选择的增长路径的特定组合和顺序，那么成功与失败就显而易见了。

增长从来都不是偶然的，它是合力的作用结果。[6]

——詹姆斯·卡什·潘尼（James Cash Penny）

杰西潘尼百货（J. C. Penney）创始人

- 背景包括当前的社会和经济条件、现有的产品组合、竞争环境和企业文化。
- 组合是指人们在一起完成任务时，选择可以有效影响结果的关键行动的行为。
- 顺序是为这些行动确立优先级、顺序和时间的行为。

增长智商是一种整体方法，即在正确的市场背景下，以正确的组合和顺序找到正确的路径——创造出的乘数效应远远比仅仅关注一两项孤立的策略更强大。

当你开始重新激活你的增长策略时，你要记住一件关键的事情：公司可以尝试从行业对手那里复制增长战略，但是在特定的市场背景下，重复采用竞争对手的成功组合和顺序很少能够创造一条特定的新增长路径（公司如何成长）。

- 不要试图复制你认为竞争对手正在做的事情。模仿并不是通往成功的道路，特别是在今天大多数公司所面临的过度拥挤的行业中。
- 不要被目前的处境所困扰——无论好坏。
- 不要犯常见的错误，即相信一直以来所做的事情将会继续带来收益。
- 保持思想和选择的开放性。

你能从中学到什么

虽然说仅仅复制其他公司的策略对你的公司并不奏效，但了解其他公司在面临岔路口时所做出的决策以及它们选择的增长路径、组合和顺序还是至关重要的。通过阅读关于安德玛、丝芙兰、奶昔小站（Shake Shack）、诚实公司（The Honest Company）、沃尔玛（Walmart）、美泰（Mattel）和漫威等公司的案例研究，以及我在《增长智商》一书里涵盖的其他案例研究，你将了解一些成功的公司是如何实现增长的，这会让你看到在推进顶线收入增长时如何将增长智商的框架应用于自己的业务。你还将读到一些最著名的失败案例或事与愿违的增长策略案例，并学习如何在追求自己的业务增长时避免这些陷阱。虽然本书列举的所有公司都遵循它们自己的决策过程，并依此采取行动，但《增长智商》为我们提供了一个框架，让我们在一个单一的模式里解构和理解它们的增长策略。

> 以静思跟随有效的行动，在静思中产生更加有效的行动。[7]
>
> ——彼得·德鲁克（Peter Drucker）
> 《卓有成效的管理者》（The Effective Executive）作者

《增长智商》的每一章都深入探讨了10条增长路径中的其中一条，首先定义了路径本身——它是什么以及我们为什么选择它。我们设定场景来突出影响特定增长路径的整体市场环境，然后介绍许多公司的特色故事，内容涵盖各个行业的不同规模的公司——展示它们如何能够随着时间的推移成功地利用特定的增长路径，或者以正确的顺序结合某些特定的增长路径使自身的投资回报最大化。

每个故事都强调了那些遵循特定增长路径（或多条路径）以加速当前（增长）成功的公司，或者那些在经历了多个季度的强劲表现后，试图从增长停滞或意外放缓中恢复过来的公司。你也将会看到关于"某家公司是如何行差踏错"的故事，因为失败可能是最伟大的老师之一。这部分的章节小结包括：综而观之、行之有效的方法以及潜在的陷阱和关于后续步骤的建议——如何将学到的经验教训应用于自己的业务。

我的目标是帮助你在关乎企业成败的抉择上变得更加明智——深入了解10条增长路径以及其背景、组合和顺序的重要性，这样你就可以解构公司的发展方案并成为一个"增长导航员"——即使是在最恶劣的市场条件下，你也能得心应手地驾驭自己的公司、部门和销售团队。

路径 1

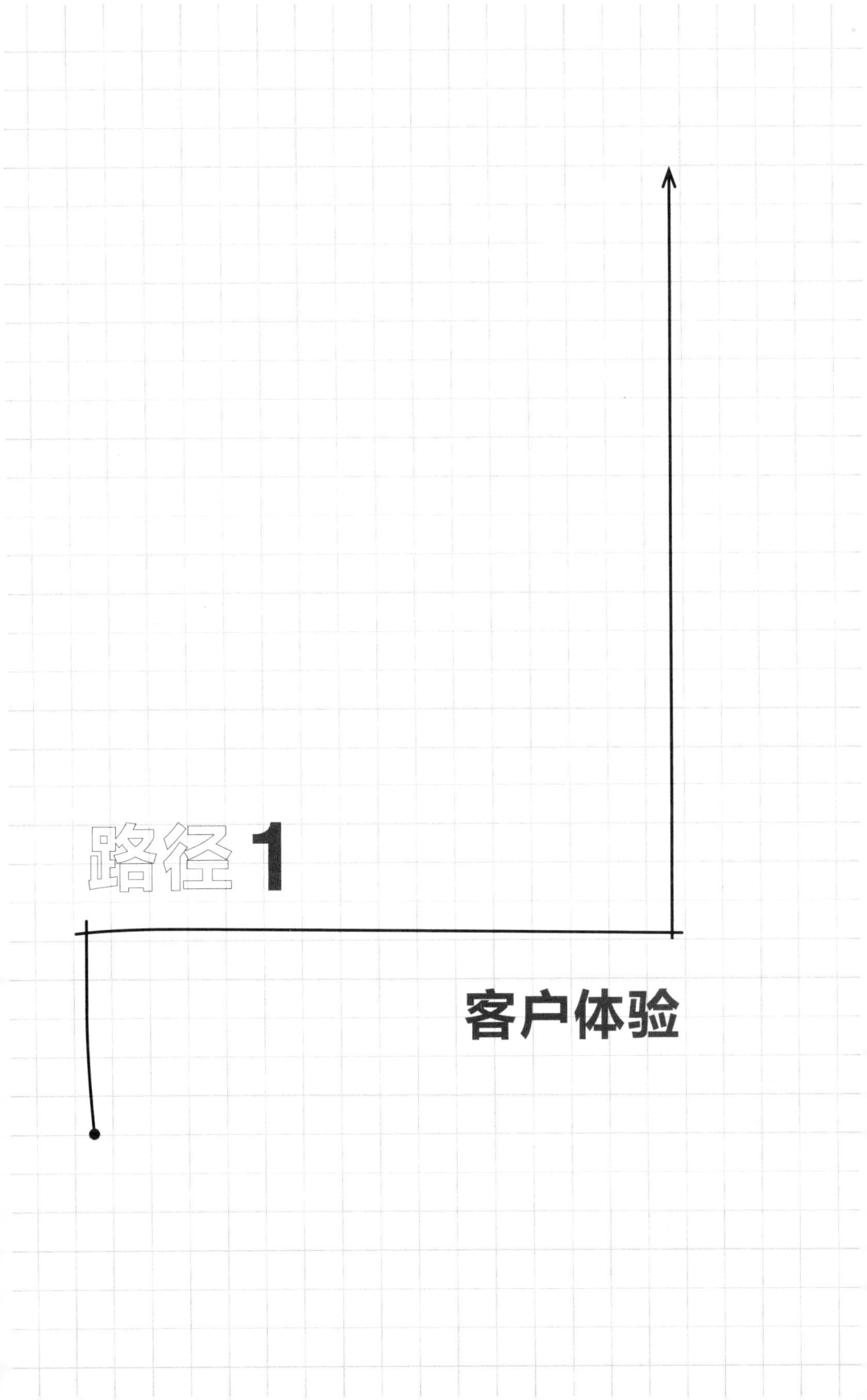

客户体验

客户体验

你必须从客户体验开始做起,然后再做技术方面的努力……我们可以给客户带来什么无与伦比的体验呢?……而不是一开始就说"让我们和工程师们坐下来了解一下我们拥有什么超棒的技术"。[8]

——史蒂夫·乔布斯(Steve Jobs)

为什么客户体验至关重要

- 在接受调查的3 000家B2B(企业对企业)公司中,有3/4的公司将客户体验列为供应商选择的主要因素。[9]
- 68%的高管期望公司在未来能把客户体验置于产品之上。[10]
- 86%的客户愿意花更多的钱来获得更好的客户体验。[11]
- 70%的购买体验基于客户如何感受他们被对待的方式。[12]
- 分析表明,在客户体验方面表现优异的公司的收入高出市场4%~8%。[13]
- 7/10(70%)的美国人愿意为他们认为提供优质客户服务的公司平均多花费13%。[14]
- 更好的客户服务承诺对购物者具有吸引力:近3/5(59%)的美

国人会为了更好的服务体验而尝试新的品牌或公司。[15]

客户体验是新趋势

你上次用优步（Uber）搭车、入住酒店、购买机票或星巴克咖啡所产生的费用是多少？（不能作弊——如果你必须在报销单上填写这些费用，那就不算作弊。）现在回想一下，你最近合作的哪家公司让你坐在一边等候客户服务而没有快速地回应你，或者哪家公司运送错了产品且退货过程就是一场噩梦？

我打赌你一定记得后者的品牌名称，那些"体验"比前者更加生动真实，而你也不怕分享它们。

最近，由于客户体验欠佳造成的混乱已经成为全国性新闻，在某些情况下甚至是国际性的，比如关于美国联合航空公司（United Airlines，把一名乘客从飞机上拽了下来）和富国银行（Wells Fargo，在未经客户同意的情况下为客户注册了额外账户）的新闻。我可能要补充一下，这些新闻很快就会将这些数十年来受人尊重的品牌以及它们在客户体验方面建立起来的商业信誉给抹掉。

> 千年信誉可能因为一个小时的行为而毁于一旦。
>
> ——日本谚语

目前的研究表明，超过70%的客户将（客户）"评论"作为他们在不同品牌和产品之间进行选择时考虑的首要因素。这就是为什么这条增长路径如此不能容忍任何错误。我们会永远将那些"负面"（客户体验）形象刻录在我们的记忆中，并且在谈话中或网络上对其进行"纪念"——这意味着这些公司与一开始就获得顾客相比，现在必须花费更多的时间和精力来将顾客"赢"回去。

> 客户对一个品牌的体验记忆要比对他们所付价格的记忆更为长久。

线上和线下的客户体验通过人类代表和现在的技术［如机器人、人工智能（AI）和"事物"］来呈现，是一个品牌的所有触点之和。

什么是客户体验？《增长智商》一书中所指的客户体验就是以公司与客户之间的互动为中心而产生的感受。品牌承诺是你自己对公司的看法，而客户体验则会影响他们（客户）对公司的评价。原则上，客户体验是建立在客户与公司的产品、员工以及各种销售、服务和营销渠道进行互动时所产生的感受上的。

不要因为你专注于改进客户体验而错误地认为自己实际上就是"走在客户体验的路径上"。将客户体验作为增长催化剂与仅仅在几个团队里专注于改进特定的指标是完全不同的。与20世纪其他任何的"革命"相比，客户期望的转变证明我们对业务增长的所有认知都被颠覆了。

21世纪竞争差异化的真正根源是：客户体验。

不幸的是，很多公司都忽视了客户体验，并且对提供引人注目的客户体验的驱动因素仍然持狭隘的观点。这主要是因为：（1）它们不知道真正引人注目的客户体验是什么样子的；（2）它们没有一个正式的关键性绩效指标（KPI）来管理并跟踪绩效；（3）客户体验没有"一个"负责人，而是有很多角色、人员或职能负责客户体验的各个部分。我确定你对这句话很熟悉，"如果你无法衡量它，那么你就无

路径1：客户体验

法改善它", 如果你同意这一论述, 那么你对客户体验的关注应该推动其方式的改进。在这种方式下, 客户体验策略可以被衡量以达到改进目的——从客户的角度, 而不是从业务本身的角度。

> 吉列（Gillette）已经连续6年丢失美国市场的份额。[16]它在男性剃须刀市场中的份额在2016年降至54%, 低于2015年的59%和2010年的70%以上。这是由提供低成本订阅服务的一美元剃须俱乐部（Dollar Shave Club）、哈利的剃须刀（Harry's Razors）等造成的。成本在此种转变中发挥着重要作用, 质量仍然是一个关键因素, 但客户体验是一个主要驱动力。

采用客户体验路径的公司首先需要回答以下问题: 公司的客户是谁? 这已经成为一个越来越难以回答的问题, 因为"客户"的定义已日渐模糊。当然, 它通常是一个人, 但是最近某些公司需要考虑到客户也可能是一件东西（冰箱、机器、聊天机器人等）, 甚至是一个地方（居所、汽车、酒店）。高德纳预测, 到2018年, 将有60亿个联网设备需要得到支持。[17]用这种方式来思考: 很快, 你的汽车不仅能让你知道它需要更换燃油, 而且可以在你工作时自己开到当地的汽车修理厂完成燃油更换。今天, 你的智能电器可以在有需要时自己重新订购用品, 比如你的洗衣机知道它已经洗了25次衣服, 需要更多的洗衣粉, 或者距你更换空调滤网已经过了90天, 因此制造商只需要在恰当的时间发一个新的滤网给你就可以了。虽然在所有这些例子中, 机器仍然为人们服务且为满足人们的需求而运行, 但这些行为却以一种深刻的方式改变了商业与客户的关系。

此外, 你必须考虑: 客户是否与买家相同? 不一定。与上述示例保持一致, 谁或者什么是客户, 谁或者什么是买家, 以及要求支持或服务的是谁或者是什么? 结果就是: 公司与其"客户"之间的复杂关系实际上变得越来越复杂，而不是变得越来越简单，特别是在密切监控和管理某人对你的品牌的体验方面。

对鹅好的，必然对雄鹅也好

> 日本谚语Omotenashi（おもてなし）可以被翻译为"顾客永远是对的"，但很多日本人更喜欢字面翻译"顾客就是上帝"。

随着社交媒体、智能手机和互联网的出现，消费者比以往任何时候都更加了解，也更加需要与之互动的B2C（企业对消费者）品牌。许多B2B品牌都错误地认为，围绕客户体验的所有宣传只对B2C公司有用或有价值。真相远非如此，你必须记住，B2C品牌的客户是那些要求更高、消息更灵通的客户，他们会将同样的期望和购买习惯带到他们的工作场所。正因如此，公司可以从B2C公司那里学到很多东西，并将其应用于B2B环境。

对于美捷步（Zappos）、诺德斯特龙（Nordstrom）、维珍航空（Virgin Airlines）以及星巴克这样的品牌而言，踏上客户体验之路并将其作为差异化产品和增长引擎之用，已经被证明是一个成功的策略。虽然它们都是B2C公司，但这并不意味着成千上万的B2B公司不会出现在拉斯维加斯（Las Vegas）的美捷步校园参加"WOW客户服务培训学校"（School of WOW Customer Service Training）。[18]B2B公司并不在意美捷步是一家B2C公司，它们关心的是改善客户服务及整体客户体验的方式。

> 你不管做什么，都要把它做好。当人们看到你把它做到极致时，他们就会想回来看你再做一次，他们也会想要带上别人并让别人看看你做得有多好。[19]
>
> ——华特·迪士尼（Walt Disney）

路径1：客户体验

今天，一些公司简单地认为自己是"B2E"（企业对员工）公司或"面对所有人/事的企业"，以摆脱这种长期以来对B2B与B2C的区分，转而专注于对公司真正重要的事情：客户。

毫无疑问：无论你在哪个行业或服务于哪个细分市场，你都没有办法绕过这个问题。要成为一家以客户为主导、极度关注客户及客户品牌体验的公司，并不只是采用10条增长路径中的某一条就可以了，而是这条增长路径必须为后续的每条路径打好基础。这正是我把客户体验路径列为《增长智商》一书所讨论的10条路径中的第一条的原因。你可以这样理解：为了让公司将客户体验路径作为增长助推器，客户体验必须成为所有业务部门、所有职能部门、所有决策部门以及所有员工的交汇"核心"，成为公司一切的核心。

虽然客户体验路径最终可能是十大增长路径中回报最大的一条，特别是对客户而言［毕竟，谁不想拥有西南航空（Southwest Airlines）、奶昔小站、星巴克、迪士尼（Disney）、亚马逊、苹果或丝芙兰的忠实客户群呢？］，但它通常也是最难实现的一条路径。转变客户体验需要整个公司的参与，每位员工都必须了解自己在向客户提供产品或服务方面所发挥的作用——从会计到清洁员，每个人都各司其职。

对于一些公司来说，转变客户体验需要对内部进行适度调整；对于其他公司来说，这种渴望可能意味着，至少在短期内，它们需要重新评估业务的所有方面。无论如何，转变客户体验首先必须从愿意做出转变开始。到那个时候，也只有到那个时候，它才能转化为一个整体使命——一个公司围绕它团结起来的"正确方向"。

故事 1

丝芙兰
一场美之体验

> 在当前的零售环境下,很少有什么东西是恒常不变的,客户的预期也在不断变化,但对丝芙兰而言有一件事情依然是正确的:再也没有比通过个性化体验和私人定制美容产品更好的方法来与客户建立有意义的联系了。[20]
>
> ——卡尔文·麦克唐纳(Calvin McDonald)
> 丝芙兰美洲总裁兼首席执行官

毫无疑问,在过去10年里买方的行为发生了显著改变。我们只需看一下自己的消费习惯便可证实这一点。小规模但更注重体验的零售商开始崛起,与大型商场形成对垒之势。

重新定义零售的公司之一就是丝芙兰,数十年来它一直是美妆(零售)行业的先驱。2016年,它在各个地区的市场份额都有所增长,收入和利润均实现了两位数的增长。丝芙兰在2016年有100多家门店开张,而仅2017年其在美国就开设了70家新门店。[21]

从成立之初,丝芙兰就致力于创造新方法,为消费者带来有趣且迷人的美妆购物体验。最初,丝芙兰只不过是销售其他公司的产品，那么是什么让它变得如此与众不同呢？很多人会说，让它与众不同的原因不在于它卖什么，而在于它怎么卖——它关注客户与品牌和员工接触时的感受。毋庸置疑，丝芙兰一直并且会继续走在客户体验的道路上，因为它要追求额外的增长机会。

丝芙兰是敢为人先的美妆零售商，它根据产品而非品牌来安排门店，推出电商平台，发布本地移动应用程序，利用美丽会员（客户忠诚度）项目发送个性化交流与推荐信息，联合拼趣（Pinterest），运用店内灯标等先进技术，引进移动销售点系统……这样的尝试不胜枚举。

丝芙兰的最新概念丝芙兰工作室（Sephora Studio），融合了高科技美妆升级的小型门店概念，进一步推动了客户体验这一策略的发展。研究发现，43%的消费者愿意为个性化购物体验额外支付10%的费用；[22]通过融合先进数字化技术和专利数据为客户创造个性化体验的品牌获得了6%～10%的收入增长[23]——增速比那些不这样做的品牌快两到三倍。这对丝芙兰来说是一个好消息，根据通航（Sailthru）第一年的年度零售个性指数[24]，丝芙兰提供了美妆行业最具个性化的客户体验。因此，这也就不足为奇了——2010—2017年，丝芙兰在美国的收入每年有望以10%的速度增长，远超行业平均值。

体验式零售

消费者没有消失，也没有减少消费：只是他们的品位（市场环境）改变了。这种永不停息的经济模式让消费者不单用他们的金钱，也用他们不断发展的品牌忠诚度来投票选择产品。丝芙兰不想沦落为另一家顾客只是来买东西的商店。相反，它渴望变成一个由志同道合的人组成的社区，在那里任何人都可以了解、试用大量的产品并且从中获得乐趣。

当提到化妆品和美妆产品的创新时，人们脑海里浮现的通常是巧妙新颖的品牌名称、富有创意的包装、抓人眼球的销售形象以及明星代言。而1969年在巴黎创立、如今归奢侈品联合企业路易威登（LVMH）所有的丝芙兰，却是一家很不一样的公司。

丝芙兰以摩西（Moses）最美丽的妻子的名字来命名，它利用自身高超的能力开拓新市场（市场加速）、创造新的美妆产品（客户和产品多样化）、开发数字化和移动平台（优化销售），而所有这些行动都伴随着其对客户体验全面而广泛的关注，丝芙兰因此成为世界上最大的美妆零售商之一。丝芙兰对产品的创新意愿和与顾客的互动方式从一开始就明确了公司的定位。

早期，丝芙兰及其企业家首席执行官多米尼克·曼多诺（Dominique Mandonnaud）意识到，美妆行业的环境正在从精品店转向大型的多产品商店，从有限数量商品的大批量生产转向越来越多由消费者定义的巨大品类生产。

曼多诺也是最先认识到离散行业（如化妆品和香水）之间日益增强的互联性的人之一，这些离散行业形成了一个多以整体式"方案"为导向的"美容"行业。因此，丝芙兰的历史讲述的就是曼多诺和追随他的人如何把这些不同的行业结合起来，并且将其转化为互动式（最终是数字化）客户体验的故事。

丝芙兰的崛起与其独特的推销方式和它想要顾客感受到的购物体验有着莫大的关系。其门店流畅的布局可以使购物者毫不费力地从一个品牌逛到另一个品牌，从一个产品看到另一个产品。

曼多诺最初的产品创新之一被他称为"自助服务"——本质上意味着，与同时代化妆品门店的规矩不同，他允许顾客在购买之前真正试用产品。他运用这一创新把更多的产品卖给现有顾客（客户基础渗透），吸引新顾客（市场加速）并进一步优化销售。更不必说这一概念被复制使用，后来席卷了美妆零售行业。丝芙兰在改变品牌忠诚范式方面打了头阵，将旧模式引向了一个"试用更多，购买更多"的主张。

丝芙兰要进行新尝试的第一个讯号出现在1999年，彼时正值电商蓬勃发展的高峰期，公司宣布开设第一家网上店铺（市场加速），目标直指美国市场。随着互联网的成熟，一种新的零售形式出现了，消费者对品牌给人们带来的在线体验越来越感兴趣。

在一个几乎所有其他的美妆产品公司仍然通过超市、药店来销售产品的时代，此举颇显另类，甚至可以说有些令人震惊。确实，丝芙兰的很多竞争对手在接下来的10年里都没有迈出同样的一步——这让丝芙兰抢占了先机。除了在市场上可能拥有的显著领先优势之外，你必须记住，仅仅因为一家公司复制了另一家公司的东西，甚至可能是一个竞争者的东西，并不意味着这家公司会获得同样的结果。丝芙兰的成功归功于多种因素的组合与排列，即增长路径的成功。

2006年，不断创新的丝芙兰在追求客户体验的道路上又一次推动了这一策略。它想接近一批全新的顾客——那些对光顾一家独立的美容化妆品店不感兴趣的人。丝芙兰通过在美国杰西潘尼百货内开设小型（通常是1 500平方英尺）"快捷"门店开始了行动。到2017年年底，丝芙兰有将近650家门店在运营，占所有杰西潘尼百货店铺的75%。

这种客户体验路径和合作伙伴关系路径的组合能够让顾客当天就在杰西潘尼百货拿到在线购买的丝芙兰产品，最终满足客户对可触及性和便利性的期待。自这一组合推出之后，杰西潘尼百货就"极大地扩展"了其在线销售的丝芙兰产品的种类。该百货商店也表示，它很快会增添一项能够让顾客在其门店里向丝芙兰美容顾问直接预约美容的功能。常规的看法是实体零售业的时代已经终结，甚至竞争激烈的零售商们也可以走向合作竞争来服务共同的顾客，而这种合作关系违背了传统的观点。那么这种合作还能成功吗？在2017年11月—12月这段时间里，杰西潘尼百货的销售额增长了3.4%，而家居用品、美妆产品和精品珠宝是该公司的主打产品。

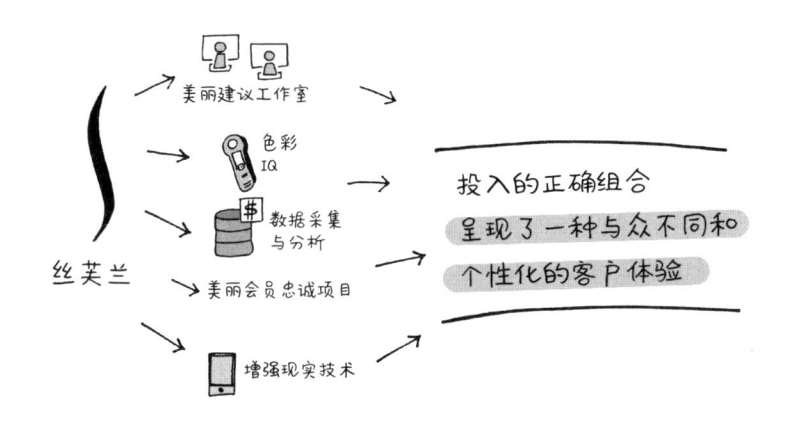

```
丝芙兰 → 美丽建议工作室
       → 色彩IQ
       → 数据采集与分析      → 投入的正确组合
       → 美丽会员忠诚项目    → 呈现了一种与众不同和
       → 增强现实技术          个性化的客户体验
```

　　对丝芙兰的成功至关重要的是，它达成了这些合作关系，推出了自己的计划，还和之前的竞争对手进行了合作。这些举措在很大程度上都让丝芙兰能够继续寻找增长机会，而其他公司可能还在纠结如何利用这些收集到的数据。通过售货机、客户忠诚度项目、网上购物和社交媒体活动，丝芙兰能够了解到它的顾客现在想要什么以及他们未来可能想要什么。随着时间的推移，这种能力可以帮助丝芙兰在呈现有吸引力的客户体验方面一直保持领先优势，从而收获重复购买产品的忠诚顾客。个性化的线上、线下购物体验给丝芙兰带来了显著的客户体验优势，但远不止如此。从美丽建议工作室、色彩IQ、数据采集与分析到增强现实技术，丝芙兰不畏尝试进步的、未经验证的方法，以推动客户重复购买、客户忠诚度提升和销售增长。

我们不断挑战自我以发现更好的新方法，从而让客户体验更加鼓舞人心。[25]

——克里斯托弗·德·拉普恩特（Christopher De Lapuente）
丝芙兰董事会主席兼首席执行官

不要让现有的成功蒙蔽了你的判断，让你自鸣得意。在一个市场或一个顾客群里获得极大的成功并不意味着最终的成功。例如丝芙兰，它知道美妆产品的顾客有两种：一种是知道自己想要什么的，一种是想先试用产品的。这意味着丝芙兰无论是单枪匹马还是和杰西潘尼百货合作，要想带来强有力的增长，它都要开始在亚马逊上售卖自己的产品了，以再次运用合作竞争之道来更好地服务共同的客户。无论是在自己的品牌零售店铺里还是在杰西潘尼百货的快捷门店里，或是通过（线上）与亚马逊合作，一旦涉及增长，只要能够达到客户的预期，满足被压抑的客户需求，丝芙兰就认为没什么是不能讨论的。最值得肯定的一点是，只要这种方法有助于呈现一种更有吸引力的客户体验，丝芙兰就一定会加入。

丝芙兰
关键要点导读

- 如果一家从成立之初就决心致力于提升客户体验的公司拥有高管的支持及必要的投资,那么它追求甚至加倍注重作为增长动力的客户体验路径也相对容易得多——特别是比起那些不太重视客户体验的公司。前者可能会发现自己只需要顺着这条路径进行一些细微调整,而后者则需要在客户体验增长路径上对人员、体制、流程和文化做出很大调整。
- 正是对人员和技术投资的平衡让丝芙兰对客户体验的追求如此有效,特别是对于更为年轻的消费者来说——他们越来越多地寻求一种引人注目且与众不同的客户体验。
- 利用大数据、分析手段以及客户关系管理(CRM)系统来识别和吸引最忠诚的客户。通过相关的教育内容、个性化的促销活动以及其他有助于培养积极品牌情感的信息,让那些最具价值的消费者更深层次地参与进来。

故事 2

奶昔小站
热情好客

我们不是在汉堡行业里，我们是在表演行业里。[26]

——雷·克拉克（Ray Kroc）

麦当劳"创始人"

自1919年艾德熊（A&W）出现以后，接着出现了白色城堡（White Castle，1921年），然后是麦当劳（1940年），再然后是肯德基（Kentucky Fried Chicken，1952年；自1991年以后被称为KFC），全球开张的快餐店数量一直没有减少，它们相互竞争的激烈程度也未曾减弱。这么多年过去了，人们可以推测快餐店在产品（它们销售的食品）和价格方面仍在竞争。然而，伴随我们很多人（无论如何，超过40岁）一起长大的传统快餐正在不断演变，这在很大程度上是由于市场环境的变化。

其中有两个显著的变化需要考虑：一是消费者对他们的食物越来越注重，要求食物更健康、加工更少、本地货源且口感更好；二是消费者想要以更合理的价格获得一种"餐厅般的体验"。这两个转变为新的竞争者进入市场和争夺快餐行业的利润打开了大门。"休闲快餐"（Fast Casual）是1983年出现的以熊猫快餐（Panda Express）为代表的一种新型餐厅，2016年其市值为470亿美元。2017年，"快餐休闲"引领了餐饮业的增长。

有一个品牌充分利用了新的市场环境和客户需求，它就是奶昔小站，这是丹尼·迈耶（Danny Meyer）的创意。奶昔小站的开端不甚起眼，它始于2004年纽约城麦迪逊广场公园（Madison Square Park）的一辆热狗餐车——社区艺术项目的一部分。它很快就变得非常受欢迎，以至于获准开了一个永久性的售货亭，在菜单中增加了新品，并且不断吸引着能排长达45分钟的顾客队伍。

> 你可能会想，我主要从事的是提供美味食物的业务，当然我以前的确也是这样做的。但是实际上，比起更为重要的东西，食物是次要的。最后，最有意义的事是为人类体验和人际关系创造积极向上的结果。商业就同生活一样，都是关于你给人们的感受如何。这就是这么简单，也就是这么困难。[27]

——丹尼·迈耶
联合广场酒店集团（the Union Square Hospitality Group）首席执行官

迈耶开始着手将他的其他高端餐厅里的一流客户体验和产品质量结合起来（特别是其生产牛肉和采购本地产品时的精细方式），运用休闲快餐的概念来提供食物。与丝芙兰的创始人多米尼克·曼多诺一样，迈耶所做的一切都根植于客户体验高于其他一切的理念，这使得公司适时地走上了客户体验之路——客户体验已成为公司基因中不可或缺的一部分，这也是其一直以来追求的成功方向。

奶昔小站的理念深入人心

迈耶认为，客户体验的49%源于食物，"这或多或少也是服务"[28]。

但另外51%则是由员工所做的体贴周到的事情组成的——客户服务和文明的待客之道。换句话说，就是以人为本。为了确保奶昔小站正常运行，公司采用实时反馈（为员工提供评论卡、圆桌讨论和月用餐券）的方式来提供始终如一的餐饮（客户）体验。没有什么对其有限制，没有任何细节是小到不能考虑改进的。

奶昔小站的整个客户体验理念是以员工为先，并将其作为一种提供优质服务和体贴行为的方式。迈耶在他的《全心待客》（Setting the Table）一书中表示，自己能够仅根据员工"看起来是如何专注于他们的工作、互相支持并享受彼此的陪伴"来推测自己在任何一家餐厅或公司中将会拥有什么样的体验。太多的公司认为，改善客户体验需要高度关注客户，但迈耶证明通过关注员工也可以改善客户体验。《客户服务革命》（The Customer Service Revolution）的作者约翰·蒂基利斯（John DiJulius）说："你的客户永远不会比你的员工更容易满足。"汤姆·彼得斯（Tom Peters，亦称管理思维中的"红牛"）在推特上引述了蒂基利斯的话，并评价其"道出了全部"。

奶昔小站最初可能只是曼哈顿的一辆热狗餐车，但现在它在全球拥有超过136个站点，并在莫斯科、迪拜、伊斯坦布尔和伦敦等城市拥有海外特许经营权。随着奶昔小站在国内和国际上的扩张（市场加速路径），它拥有了忠诚的且直言不讳的（通过社交媒体）客户群，这一事实证明了奶昔小站对客户体验的强大品牌承诺，并激励人们去尝试奶昔小站。它对质量和客户服务的全心奉献打破了人们对传统快餐的刻板印象——快餐必须预先烹制甚至快速准备才有利于获得优质的原料和客户体验。奶昔小站几乎没有在营销方面花什么钱，而是专注于提升食品质量和员工的热情态度，以此来创造品牌的"狂热粉丝"。这种专注使奶昔小站在这个食客拥有众多"休闲快餐"选择的时代里一直备受欢迎。

2015年，奶昔小站的首席执行官兰迪·加鲁蒂（Randy Garutti）在马萨诸塞州（Massachusetts）波士顿的第66家奶昔小站的开业典礼上对满屋子的员工表示："让我们破产的原因是你们对走进这扇门的人过于慷慨。如果有一个孩子在哭，谁会拿着一杯免费的蛋奶沙司走过去呢？我向你们发起挑战，用你们的慷慨让我们破产吧！去这样做吧！去免费赠送吧！"[29]

回到本章开头所说的：客户体验不是"有也不错"的东西，不是事后的想法，也不是你偶尔才做的事情，它必须成为你的公司基因的一部分和成功的正确方向，特别是当你想将客户体验路径作为增加顶线收入的方式时。对于奶昔小站而言，这不仅仅关乎员工偶尔会做的事情，而是关乎他们是谁的问题。

**奶昔小站
关键要点导读**

- 敞开心扉接受各方的建议。奶昔小站是客户反馈的忠实信徒，它为员工提供评论卡、圆桌讨论以及月用餐券，以利用实时反馈提供始终如一的餐饮（客户）体验。
- 如果你要追求客户体验路径，那么你必须确保自己的员工参与其中。许多在客户体验方面表现出色的公司也名列"最佳工作场所"榜单，这绝非巧合。快乐的员工能让你有更好的机会拥有快乐的客户。
- 有吸引力的客户体验不仅涉及一件事情——它是许多事情的组合。你必须有很好的，或者至少足够好的产品；你必须有快乐的员工；你必须能够追踪并回应客户的情绪；你必须始终如一。如果你做得不对，那么你就坦白承认错误，解决问题，然后继续前进！

故事 3

星巴克
丢失了往昔的灵魂

> 损耗是缓慢而安静且不断递增的,就像一根线脱了,会把一件毛衣一寸一寸解开一样。[30]
>
> ——霍华德·舒尔茨
> 星巴克前首席执行官

　　星巴克不仅是世界上最大、最知名的品牌之一和全球咖啡引领者,而且还拥有行业领先的77分[31]净推荐值(NPS)[32],而在其竞争的快餐类别里,行业均值为40分。因此,你可能会惊讶,我怎么会选择星巴克作为客户体验路径中"如何行差踏错"的案例研究。但是,请暂时先将你的怀疑搁置一旁,听我讲一下星巴克咖啡在它最黑暗的日子里的故事。

　　当提到星巴克时,你通常关注的要么是它爆发性的开端——从1976年派克市场(Pike Place Market)出现的一个小型"第二代"咖啡开拓者到21世纪成人饮品手工时代的引领者,要么是它目前在全球的主导优势——在全球拥有25 000家咖啡店,年收入近200亿美元。

　　人们常常忘记的是,从2007年开始,星巴克就陷入了困境——

路径1:客户体验

股价暴跌，各方面都面临着来自竞争对手的挑战，客户和员工的忠诚度与士气都在下降。原因是什么呢？讽刺的是，咖啡时代最伟大的成功故事已经失败了，好吧……看上去是它的灵魂丢失了。实际上是它增长过快，给整个组织带来了巨大压力。星巴克没能理解客户与咖啡的关系，以及客户所期待的品牌体验。

每天，在世界各地喝咖啡的人都要做一个决定——是在家里自己煮一杯咖啡喝，还是在某个地方停留，然后花掉辛苦钱买一杯咖啡喝。星巴克不太可能成为最便宜的选择，所以如果你想让客户即便花更多的钱也能一次又一次地光顾，那么你就需要给他们提供一种高度差异化和独特的体验，而忽视这一点就足以成为其增长停滞的理由。

三连胜：并非所有的增长都是有益的增长

1987—2007年，星巴克平均每天开设两家分店，越来越多的分店（目前是1/3）开在美国境外。最终的结果就是，在发达地区的任何一个城市或大的乡镇里你都至少能找到一家星巴克。至于店铺本身，其部分吸引力在于它们在装饰上的统一——旨在为路人和想寻找一个舒适之地享受一杯咖啡、聊聊天……或享受免费无线网的当地人提供一个温暖的避风港。

霍华德·舒尔茨在担任星巴克首席执行官13年后，于2000年辞职，然后带着专注于公司全球增长战略的使命担任董事长一职。当时，星巴克只有2 800家门店，包括美国境外的350家在内，年收入约为20亿美元。在舒尔茨卸任后，继任者为奥林·史密斯（Orin Smith）和吉姆·唐纳德（Jim Donald），星巴克开始进行一系列的努力。它的业务爆炸式增长，毫无疑问，它处于极速增长阶段。

星巴克追求市场加速路径，门店数量增加了3倍，达到9 000家。

在2004财政年度，其收入增加了一倍以上，达到50多亿美元。到2007年，该公司在全球大约拥有13 000家门店。与市场加速路径相结合，星巴克还追求产品拓展与客户和产品多样化增长路径——增加零食、健康食品、CD（光盘）、礼品和其他零售商品，旨在进一步将客户货币化。

这不是很棒吗？难道所有的增长都是有益的吗？其实并不是。不幸的是，尽管星巴克获得了顶线增长，但所有的增长都伴随着意想不到的代价。快速的变化步伐、爆炸式的产品供应和店铺开张（很少考虑让员工消化所有变化并分析这些变化对客户体验的影响）成功地冷落了每个人——既有忠诚客户，也有新客户。

> 增长停滞：公司发现自己的收入放缓，导致持平或无增长，更糟糕的是负增长。如果一家公司连续两个季度的收入或利润较低，或者与去年同期相比有所下降，那么这家公司就可能进入了增长停滞期。

回到源头

星巴克发现自己陷入了一个全面的增长停滞期。霍华德·舒尔茨预见一场灾难即将来临——他给当时的首席执行官吉姆·唐纳德写了一份备忘录，预测如果情况没有得到任何改善，那么星巴克最终将会消失。在媒体拿到这份备忘录时，星巴克的股价已经在下跌，甚至进一步下跌——到当年年底股票已经损失了近一半的价值。董事会解聘了唐纳德，并请舒尔茨再次担任首席执行官一职。

对于大多数公司来说，这场灾难发生的时机原本是最糟糕的，因为全球经济本身正在陷入大衰退。但是对于陷入困境的星巴克来说，这正是一个停下来点击重置开关的完美时刻。而这也正是舒尔茨所做的事情。在他回到星巴克的那一天，股票市场显示了对他的信心——星巴克的股价上涨了8%。

舒尔茨于2008年重返星巴克担任首席执行官，他说："我们面临的最严峻的挑战是我们自己的所作所为[33]，并且我们对客户关系和咖啡体验的热情降低了[34]。我们把时间花在了效率而非体验上。"

在舒尔茨重新担任首席执行官的一周时间内，他专注于将星巴克从官僚作风中解放出来，使其重新回归客户。他希望所有员工都能设身处地地为自己的客户着想。战斗的口号变成："以客户的方式来经营和感受星巴克。"[35]

舒尔茨着手寻找增长停滞的原因。他的方法与丹尼·迈耶的方法类似——丹尼相信客户和员工之间存在强大的反馈闭环。舒尔茨的第一步是让星巴克的客户和员工通过电子邮件告诉自己公司出了什么问题，以及公司是如何迷失方向的。几天之内，他收到了5 000多封电子邮件——他接受了所有的投诉和抱怨。他还给全美的各个星巴克门店打电话，并询问它们的问题所在。

舒尔茨听到的两个最大的问题是，星巴克咖啡的质量参差不齐，而且许多咖啡师似乎都没有足够的能力煮出一杯好咖啡。这里需要注意的是，星巴克咖啡收取的费用很高，所以如果客户支付这么高的费用却得到了一杯品质较次的咖啡，那么不仅你和你的员工会感到失望，你的客户也会感到失望。

作为回应，现代商业史上有一个非凡的时刻。2008年2月，舒尔茨一次性暂停了全美7 000多家星巴克门店的营业——长达3个半小时，以重新对咖啡师进行"浓缩咖啡艺术"的培训。[36]公司当天估计损失了600万美元，但是媒体对该事件的全面报道完美地传达了星巴克对质量和体验的新承诺。而且由于培训，星巴克的产品质量确实有了显著改善，让它有机会重获昔日的辉煌，且一次只服务一个客户。

你的优质品牌最好能提供一些美妙的东西，否则它是拿不到业务的。[37]

——沃伦·巴菲特（Warren Buffett）

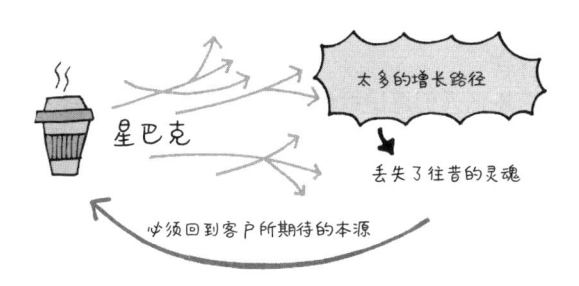

[图：星巴克咖啡杯，指向"太多的增长路径"——"丢失了往昔的灵魂"，箭头标注"必须回到客户所期待的本源"]

再小的细节也重要

正如我曾多次说过的，客户体验不仅涉及一件事情——它是许多事情的组合。但有时，最微小的事情却可以产生最大的影响。星巴克在不知不觉中放弃了对客户体验的关注。如果它能有意识地将客户体验作为增长战略的一个关键组成部分，那么它原本有可能限制这种最终会稀释自身品牌的过度加速或扩张。总而言之，业内人士列出了舒尔茨为扭转星巴克的困局所采取的19项行动（其中一个示例如下）。

没有快速的修补方案——任何一件单独的事情都不可能帮助星巴克修正路线。星巴克花了两年的时间重新定位自己，并再次找到了正确的方向。2010年，星巴克的收入超过100亿美元，雇用了15万人。星巴克从艰难时期和增长停滞中走了出来，它比以往任何时候都更加强大。从2008年1月8日起，霍华德·舒尔茨重新担任星巴克的首席执行官，并决定加速发展客户体验，而且在核心业务上不做妥协——直到2017年4月，这段时间其股票的总回报是551%[38]。关注客户会有回报吗？在这种情况下，我会说会！

路径1：客户体验

霍华德·舒尔茨领导的关键行动

- 星巴克暂停了美国7 100家门店的营业长达3个半小时，以对其咖啡师进行如何制作完美的浓缩咖啡的再培训。那一天它损失了600万美元。
- 舒尔茨邀请人们直接给他发电子邮件——他收到了5 000封电子邮件。
- 公司更换了所有过时的收银机和计算机，以便提供更加快捷的服务。
- 公司把所有的浓缩咖啡机都换成了瑞士制造的精密咖啡机Mastrena。
- 公司创建了客户奖励卡。在5个月的时间里，客户们就已经给奖励卡充值了总计1.5亿美元。
- 公司为所有门店推出了一种新设计。
- 公司禁止将加热过的早餐三明治列入菜单，因为其气味盖过了咖啡的味道。
- 公司要求咖啡师在门店里研磨咖啡豆。任何已经放置超过30分钟的咖啡都要倒掉。
- 公司推出"我的星巴克创意"项目来增加员工对客户及其需求的关注。到2013年，这一理念已经产生了超过150 000个想法，其中277个想法已被实施。

星巴克
关键要点导读

- 你必须以正确的顺序和节奏来组合增长路径，以免损害你从其他路径中获得的动力。如果你过快地从一条路径跳到另一条路径，那么你就无法暂停并反思结果。它们是你所期望的吗？它们提供了你想要的助力吗？同样，在一条路径上过快地加倍投入——或者更糟糕的是，在只需要多花一点儿时间去巩固时你却过快地扼杀了一条路径——也可能会损害增长。
- 所选择的增长路径之间存在联动性，有时单独做出决定所带来的意外后果可能会抵消其他所有增长路径提供的动力。追求最多条增长路径的公司并非一定就是赢家。
- 即使你在特定的增长路径上一直极其有效地将业绩最大化，这也并不能保证未来的成功。
- 任何增长决策都不应该损害可持续盈利增长的重要来源：忠诚且满意的客户、快乐且积极的员工。

综而观之

支付工资的不是雇主,雇主只是处理这笔钱的人。支付工资的是客户。[39]

——亨利·福特(Henry Ford)

客户体验几乎可以成为每一家成功公司的重要组成部分,这就是为什么它在追求增长时如此强劲有力。但是,引导一条成功的客户体验增长路径可能是一个长期的且常常令人困惑的过程:说它是长期的,是因为你与客户的关系可能会持续多年;说它是令人困惑的,是因为它在不断变化和演变,并且在某些情况下与直觉相悖——现在大部分情况都是由客户掌控的,而不是你。换句话说,你是通过最小限度地控制客户对你的反馈,来最大限度地把控自身命运的。

行之有效的方法以及潜在的陷阱

我经常将正在经历增长停滞的公司看作一项大规模的《卧底老板》(Undercover Boss)试验。你可能还没看过这部电视剧,它是一部真人秀电视剧,每一集都讲述一个故事——在一家大型企业担任高管的人伪装成一名新手员工,然后去发现公司里真实发生的事情(有好有坏)。每一集所揭露的问题都是极其明显的,因为首席执行官或其他高管实际经历了(亲眼看到)他们的员工和客户每天必须处理的日常事务。

突然，一切都变得清晰起来——拖了很久都未曾实现的改变突然就成了企业待办事项列表中的首要任务。为什么《卧底老板》要强调一些显而易见的事实呢？我相信，这是因为那些做重大决策的人离客户太远了，离在提供客户体验方面发挥着重要作用的一线员工也太远了。他们有时在不知道确切背景的情况下就做出了管理决策——使用电子表格和报告将客户及自己的员工转变为数字，而非宝贵的资产。

到目前为止，有一个共识是将净推荐值作为额外标准，与传统客户满意度调查（CSAT）和客户之声（VOC）研究结合在一起，来帮助你了解客户的真实想法，以及专注于如何让产品始终超出客户的期望。如果你还没有着手了解这三件事（净推荐值、传统客户满意度和客户之声）的动向，那么在踏上这条特定的增长路径之前，你应该先从这里开始。

好心有时会办坏事，而平庸甚至更糟的恶性循环会成为新的常态。如果你尚未理解它，那么就让我明确一点：客户体验不是非此即彼的决定，它必须是嵌入公司基因的哲学。你能从中得到什么呢？忠诚的拥护者，他们在购买类似产品时愿意向你支付更多的钱。与不靠谱的顾客相比，他们追随你的时间更久，并且更有可能一次又一次地从你这里购买产品。

使用以客户为中心的方法来实现增长是为了在整个组织中推动客户至上的理念。今天，你需要一支非凡的销售团队，你需要一支强大的营销团队，你需要一支响应迅速的客户服务团队。相较而言，你可能只需要一个"足够好"的产品，但单一的东西不足以维持增长。如果你选择追求这条路径，那么你就需要所有这些东西——这条路径必须与其他所有路径相结合。

在这条道路上，你是没有办法伪装的，再多的资金、广告或庞大的产品组合也无法弥补糟糕的客户体验。

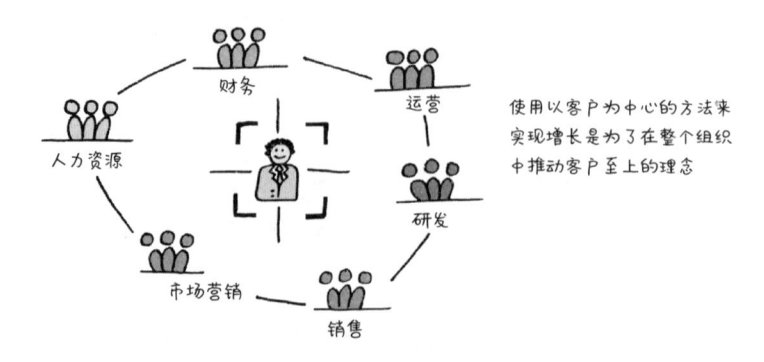

使用以客户为中心的方法来实现增长是为了在整个组织中推动客户至上的理念

现在请不要误解我：你不可能在城里拥有最好的客户体验的同时，却提供糟糕的食物或一杯品质较次的咖啡，或者销售一种没什么用的产品。请记住：这条路径是一个以某种方式支持其他9条路径的组合游戏。你在追求一条或多条（额外的）增长路径时，如果不把它当作一个组合游戏，那么你实际上是在冒着让自己陷入与星巴克的情况相类似的风险——对客户来说，你稀释了自己的品牌价值。

此外，如果你确实对自己的产品或服务做了改动，那么它们可能不会立即被市场接纳（请想一下苹果移除耳机插孔，或推特增加可输入字符数）。但你不要惊慌——有时短期的客户不适是需要为客户体验的长期改善让步的。

路径 2

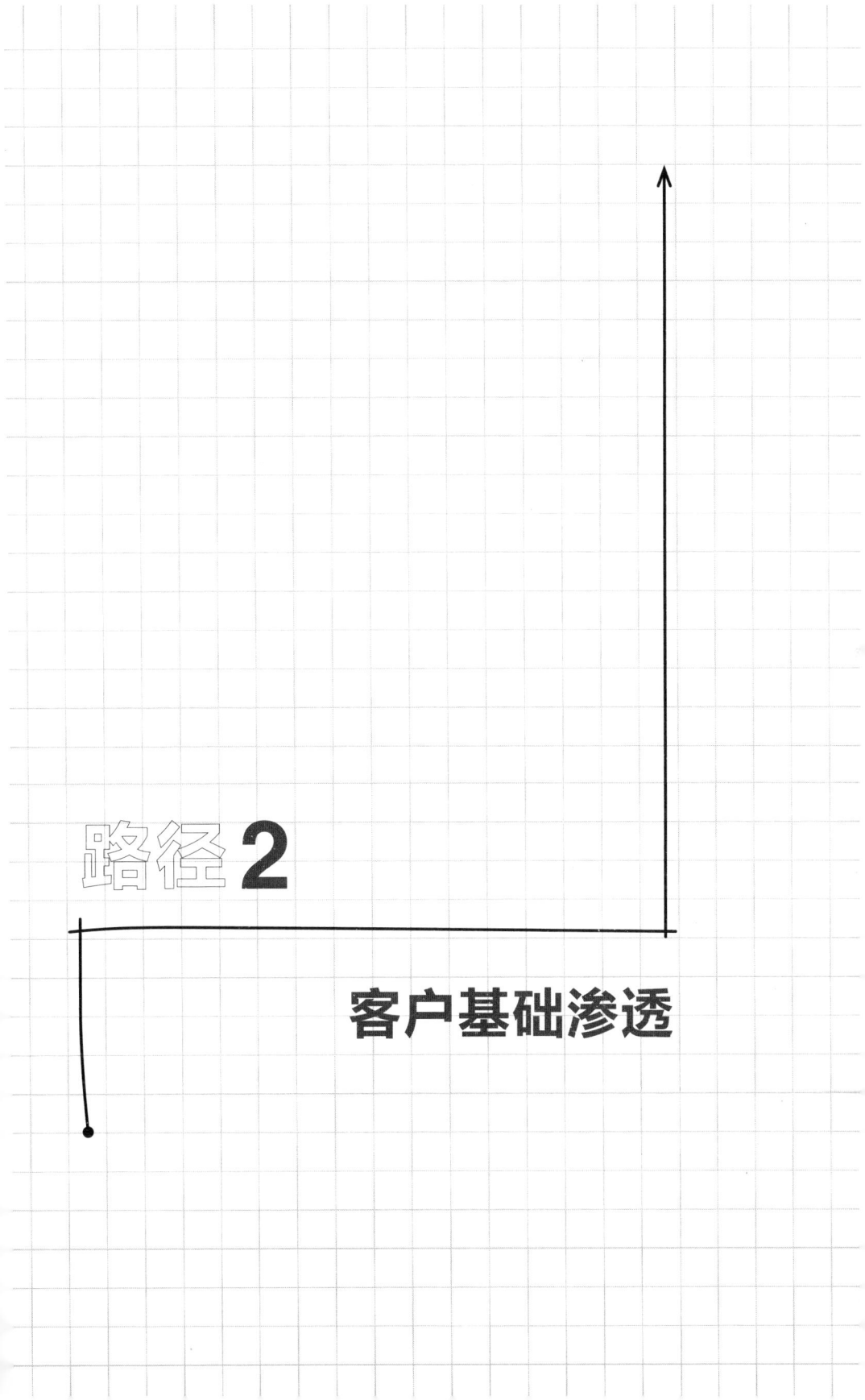

客户基础渗透

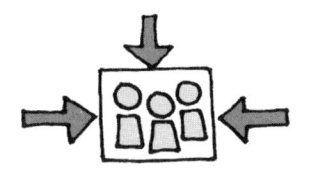

客户基础渗透

> 结交新朋友,也不要忘掉老朋友。一个是银,一个是金。[40]
>
> ——佚名

为什么客户基础渗透至关重要

- 获得一个新客户的成本是保留一个现有客户的成本的5～25倍,在任何地方都是这样。
- 获得一个新客户的成本比保留一个现有客户的成本多6～7倍。[41]
- 70%的公司表示,保留一个客户比获得一个新客户更便宜。[42]
- 向现有客户售出产品的概率为60%～70%,售卖给新的潜在客户的概率是5%～20%。[43]
- 回头客的平均消费额会高出67%。[44]
- 忠诚客户的回购可能性是普通客户的5倍,选择原谅的可能性是5倍,推荐的可能性是4倍,尝试新产品的可能性是7倍。[45]

那些山丘上有金子

这是一个非常常见的问题:"我怎样才能增长我的业务?"有一次我结束一个与财富500强企业负责人的见面会后乘飞机回来,我记得会上自己坐在一家小型纺织公司的首席执行官旁边,这家公司位于加利福尼亚州的洛杉矶。当机遇来敲门时,该首席执行官已经成功建立起了300万美元的业务。他最终卖掉了自己的公司,但留任了首席执行官一职。新的"所有者"希望他能百分之百地专注于获取新客户并推动顶线增长,而且对他委以重任,要求他使公司成为沃尔玛和亚马逊的授权(在线)供应商。他也的确在沃尔玛和亚马逊更新自己的网站时完成了这项任务。这就是这家公司的短期增长战略。

我想了解更多。于是我从基本的问题开始,询问该公司有多少客户(即有多少客户至少从他这里购买过一次产品)。他回答说:"超过10万。"我试图深入了解。我询问了这些客户多久购买一次产品,平均订单量有多大,新客户的主要来源是什么,以及获取一个新客户的成本是多少。所有关于现有客户群的问题都让他有些困惑——他认为,人们可以在全球最大的两个在线市场上买到他们公司的产品的这一事实是更具吸引力的话题……但他跑偏得太离谱了。

也许"搭建完市场客户就来了"的想法曾经有一段时间是适用于在线业务的。但如今,情况已不是这样了。建立一个网站,打造一款产品,构建一款移动应用程序——由你来选,无论你选择做什么,我猜都有数百甚至数千种替代方案可供选择。市场环境已经发生了变化。随着无数行业和产品类别竞争的加剧,各行各业都在努力寻找方法来吸引和获取新的消费者。更复杂的事实是,许多公司发现,不断增长的客户获取成本(CAC)使公司难以与投入更多广告和营销预算的其他公司来竞争,甚至很难保持它们过去见证过的获取新客户的速度。

无论是初创企业、小型企业还是大型企业，这都没有关系——没有人能够免受这些新现实的影响。例如，2013年，网飞（Netflix）在美国获取一位客户大约要花费45美元，大致相当于现今获取一位国际客户的成本。但是，这一数字的稳步增长贯穿了2014年和2015年，随后，在过去的一年半时间里出现了爆炸式增长。在过去的12个月（2016年）中，网飞获取一位美国客户的成本是4年前的两倍多。[46]

在过去的5～10年里，客户获取成本已经成为一项重要的跟踪指标，特别是在"软件即服务"的商业模式里或一个想吸引投资者的初创企业中。但是很多人过度执着于它，这使得一旦客户从他们那里真正购买了产品，他们就会忘记客户的价值。相较于只考虑如何获取大量客户，以及如何能够以低成本获取客户，你更应该考虑终身价值（LTV）或已有的全部客户的客户终身价值（CLV）。市场环境的变化意味着公司在发现新的增长机遇时应该考虑得更为广泛。

这让我感受到了这条增长路径里暗藏的紧张局势。通常情况下，销售和市场营销主管受制于管理层要求扩大（净新增）客户基础的任务，而对于自己给现有客户带来的潜在的关注失衡则几乎没有考虑。公司如何分配销售资源和营销资金可能是一个富有争议的过程。如果你的分配过度倾斜于客户获取计划，而非增加销售、交叉销售或客户忠诚度计划，那么你实际上最终可能会疏远现有的客户群。

如果你不小心，那么忽视你的客户群将会导致公司的增长停滞。如果你通过市场营销努力获得了一个新客户但却失去了一个现有客户——因为你没有对客户给予足够的关注，那么你的最终客户的数量是一样的，不过盈利能力却更低了。为什么？因为获得新客户的成本远远高于维护现有客户的成本。因为客户"转移"很容易（在成本和时间方面），所以花在获取客户上的资金可能永远都收不回来。

路径2：客户基础渗透

赢得客户（一次）和让客户一次又一次地向你购买产品是两件很不一样的事情。根据贝恩公司的一项研究，60%～80%自称满意的客户不会回头与最初让他们满意的公司做更多的生意。[47]这转化过来就是这样一个事实：公司尽管花费了更多资金且极其努力地去争取客户，甚至满足他们的需求，但却没能在事后获得任何客户回购的机会。这是多么遗憾啊！

向现有客户群售出产品的可能性比获取新客户的可能性要高出数倍，尤其是针对相同或类似产品的销售。[48]向现有客户卖出产品的典型概率为60%～70%，而卖给新的潜在客户的概率是5%～20%。虽然这可能是一件显而易见的事，但这也让它成为一个安全的选择，因为它提供了一个潜在的权宜之计——可以解决隐藏在当前成功背后的且通常更为复杂的问题。

最大的尚未开发的机会之一是了解客户终身价值（客户未来可能会在你这里消费什么），并且你要利用其额外的收入潜力来快速追踪你的业务增长，尤其是在你面临增长停滞的时候。基于现有客户来提高销售额的策略与你首先要做什么来获取新客户同等重要。事实上，这些策略可能会被证明对你的长期成功更为关键。为什么？回头客的平均消费额会比新客户高出67%[49]，而且向现有客户销售更多的产品要比尝试获取全新的客户更容易，成本也更低。

这就是为什么如果你选择以专注和精心策划的方式去追求客户基础渗透路径，你就可以用更低的客户获取成本找到额外的增长机会，进一步建立客户忠诚度并防止竞争对手抢走你的客户。获取或"落地"一个新客户是促进公司增长的一种方式，而"落地"后"扩大"他们的未来消费则是另一种方式。这是客户基础渗透路径的核心。

这条路径恰好是十大增长路径中风险最小的一条，因为它的核心是与你已有的客户合作。虽然它带来的风险较小且成功的可能性较大，但这并不意味着你要停止正在做的其他所有事情，只在客户基础渗透路径上加倍投入。

通过这条路径来最大程度地发挥增长潜力的致命弱点有两个：一个是要有足够的数据，另一个是实际上要有规模可观的客户基础用以渗透。在前述的纺织公司的故事里，那位首席执行官的公司有足够多的客户来追求这条增长路径，但他没有关于这些客户清晰的、可获得的数据，这也就是为什么他被迫去追求净新的潜在客户而非挖掘已获取客户的价值。

随着技术的进步，特别是客户关系管理软件（如Salesforce.com及其他软件）的发展，现在公司有能力捕获大量的客户数据。你必须了解你的客户（可能是一个账户中的多个联系人），了解他们的购买习惯，识别客户可以购买却没有购买的产品或服务，并且能够运用适当的资源（销售、客户服务和市场营销）来进一步向现有客户群销售产品。这些信息有助于你确定净新获取的理想客户的样子，而这将能帮助你减少客户获取成本。

这也可以让你了解你的客户是谁，以便你可以找到更多像他们那样的客户，特别是在你希望结合客户基础渗透路径来追求市场加速路径时。这条路径假设你实际上已经拥有了一个可行且规模可观的客户群来渗透并以此发展，这要么是因为你正在创建它（先行者），要么是因为你试图从其他人那里获取份额。如果你没有一组客户可以着手渗透，或者没有一个产品类别、行业或正在增长的客户基础，那么这条路径对你来说是不可能实现的。如果无法获得足够的增长，那么你必须确保自己没有浪费太多时间或金钱去获取客户。如果是这种情况的话，你可能就要考虑等成功所需的正确元素到位时，再去追求这一路径。

路径2：客户基础渗透

故事 1

红牛
一位泰国药剂师与一位奥地利实业家的酒吧相遇

> 我们并不是将产品带给顾客,而是将顾客带给产品。[50]
> ——迪特里希·马特希茨(Dietrich Mateschitz)
> 红牛联合创始人兼首席执行官

1984年的一天,一位泰国药剂师和一位奥地利实业家确实在泰国见了面(只不过不是在酒吧里),当时奥地利牙膏销售员迪特里希·马特希茨正在寻找治疗自己的时差反应的方法。幸运的是,药剂师许书标(Chaleo Yoovidhya)推荐了一款本地的甜味能量饮料,名为Krating Daeng(泰语,意为红牛),它是在20世纪70年代被发明的。

几个世纪以来,人们一直在饮用不同种类的饮料来感受额外的能量爆发。随着时间的推移,这一趋势已经从茶叶变到咖啡、软饮料,然后又变了回来。但正如人们一直在寻找比咖啡因更有效的东西一样,他们现在寻求的软饮料里面也添加了额外的提升能量的化学物质。让我们来了解一下红牛。2008—2012年,红牛能量饮料市场增长了60%,到了2012年,美国的总销售额达到125亿美元。正如创始人马特希茨所说:"如果我们不创造市场,市场就不会存在。"这是一个很好的市场。

红牛最初是为工厂工人和卡车司机研发的一款非碳酸饮料,旨在让他们在长时间的轮班中保持清醒。由于其对拳击比赛和体育赛事的精心赞助,它在泰国取得了巨大的成功。但是直到马特希茨品尝了这款饮料,他才意识到,如果自己能把Krating Daeng从一个不知名的当地人用来提神醒脑的方法变为一个更普遍的概念,那么他就可以创造出一个全新的饮料类别。他把饮料装在一个银蓝色的罐子里,略微修改了一下标识,然后用一种古怪且高效的营销方式对其进行了宣传。

尽管红牛在今天大受欢迎,但它在当时并没有立即取得成功。在推出后,它在东欧市场的销售相当缓慢,直到1997年该公司将业务扩展(客户和产品多样化以及市场加速)到美国后,此款饮料才获得了巨大的成功。红牛现在是能量饮料领域的领先品牌,全球销量每年超过620亿罐[51]。

红牛股份有限公司于1987年在奥地利成立。该公司重新设计了原来的泰国饮料配方(产品拓展),淡化了超甜的口感并做成碳酸饮料,以便更好地适应其即将面向的西方消费者的口味。从那以后,红牛就成了能量饮料的同义词,它(实际上)创造了一个类别,并且是当今软饮料行业的最大品牌之一。正如有些人将可乐说成"可口可乐"(Coca-cola),或将复印说成"施乐(Xerox)一下",抑或将在互联网上搜索说成"谷歌一下",许多人将所有的能量饮料都直接称为"红牛"。

从边缘发动奇袭

可口可乐和百事可乐(Pepsi)之间的竞争富有传奇性,以至于这场长达数十年的竞争战被戏称为"可乐战争"，因为谋求市场领导地位的竞争永远不会结束。此战始于1886年，当时约翰·S.彭伯顿（John S. Pemberton）开发了可口可乐的原始配方。12年后，一位名叫凯莱布·布拉德汉姆（Caleb Bradham）的药剂师则发明了百事可乐。这些年来，这两大饮料巨头一直在互相竞争，如在市场营销活动中邀请名人，增加新的风味、配方和包装，以及搭建独家合作伙伴关系——此处仅举几例。

喝可口可乐或百事可乐的人都是过分忠诚的顾客，他们不会想换饮料，尤其是换"另一种"可乐来喝——直到一个新品进入碳酸饮料市场，它规避了所有传统的广告策略并利用口碑来吸引新客户。不同于百事可乐与可口可乐之间由来已久的竞争，红牛创造了一种"能量饮料"，引申来讲，这是一个"无竞争的市场"，没有其他人提供类似的产品。这意味着它不需要自己去调整正在进行的事情来满足当前客户不断变化的需求和预算，不需要扩展产品线来与其他人竞争，也不需要应对增长停滞——它要做的所有事情就是继续将自己最擅长的事做好。在这种情况下，它通过融合非正统的手段（学生品牌经理，消费者教育者，将自身与体育赛事和参赛团队绑在一起）来吸引顾客，再加上对潜在买家的敏锐理解，它创造了完美的增长风暴。这让红牛于1984—2002年在它所创造的饮料类别中占据了主导地位，并在全球范围内占据了大部分市场份额，这也是可口可乐和百事可乐想用自己的能量饮料品牌继续追逐的一大份额。

在此期间，没有其他公司来争夺红牛的客户，所以它前5年就在本土市场追求客户基础渗透路径，从而获得了爆炸式增长。1992年，它扩张到本土（奥地利）以外的市场，随之而来的是市场加速路径。实现本土增长，学习并建立强大的品牌意识，以及在扩张业务之前汇集一个忠诚的客户群，这一系列事情都帮助它在新的（区域）市场快速增长。如果它一开始就试图走向全球，那么我怀疑结果会大不相同。它可能会过度扩张，从而导致供应链产生问题（有销售但没有产品出货），并提醒（未来的）竞争对手能量饮料会带来的高增长机会。请记住，出于各种意图和目的，其他"碳酸饮料品牌"竟然没有注意到红牛正在做的事情。

如前文所述，通常情况下，大型现有品牌过于专注自己的成功或竞争对手，这导致它们忽视了即将来临的客户和市场（环境）变化。结果呢？它们忽视了那些在它们产品类别的"边缘"上发挥作用的小型且不知名的公司。有时候，就像这个案例一样，它们最终会陷入一场它们没有期望过甚至没有预料到的战争里。2011年，尽管红牛在美国碳酸软饮料领域所占的市场份额仅为1%，但它控制了迅速扩张的能量饮料市场的44%，并且年销售量达46亿罐。[52]

红牛目前专注于客户和产品多样化路径，但也结合了它一直追求的其他路径。倘若它之前过早地将产品多样化，它可能会疏远自身忠诚的客户群。直到今天，红牛新推出的口味相较于原味依然不是顾客的首选。非传统的市场营销、战略合作伙伴关系、简单的产品阵容、清晰的品牌特色以及显著的客户参与度，这些组合已被证实特别有吸引力，从而导致红牛的竞争者无法取代它在能量饮料领域的全球领导者地位。

了解你的客户

请记住，如果你要追求客户基础渗透路径，那么你就必须了解并理解你的客户——他们喜欢什么，以及他们对你的期望是什么。毫无疑问，红牛的成功是其对客户群深入了解的结果。从一开始，红牛就利用古怪的广告和营销活动来定位以行动和冒险为导向的客户和

"Y一代"男性（年龄范围为18～34岁）。它是通过极度关注那些"买家"，在他们经常去的地方（如学校校园和极限运动赛事）与他们接触来实现营销的。多年来，红牛已经成为多项运动的主要冠名赞助商，比如方程式赛车。红牛甚至拥有了自己的一级方程式赛车队——滑板滑雪、悬崖跳水和越野摩托车比赛，并与全美运动汽车竞赛协会（NASCAR）建立了大联盟，在此仅举几例。

无须花费数百万美元进行一对一的客户获取活动，红牛的营销和情感品牌战略早就已经在消费者和品牌之间建立了持久且有意义的联系——红牛存在于他们的基因里，这也正是客户所期望的。[53]红牛的成功不是通过说服顾客喝它，而是通过创造一个场景，在这个场景里客户想成为"红牛生活方式"的一部分。

红牛

创造一个场景，在这个场景里客户想成为"红牛生活方式"的一部分

爱冒险的人

将客户带到产品面前

公平地说，红牛之前从未出售过任何一件产品，它现在也仍然没有。它出售的是一种形象——以生活方式为导向的品牌和社交媒体输入，它也只是随意地将产品作为这种形象的一部分。20多年来，"红牛给你翅膀"一直是它的口号，但在它了结了一桩1 300万美元的诉讼后，我们都知道红牛并不会真的给你翅膀，即使是在比喻意义上。尽管其言论缺乏科学依据，但它的形象仍然存在，这使得红牛收取的价钱高于常规"可乐"的价格，有时甚至是常规"可乐"价格的两倍。

红牛拥有先发优势，建立了一个无可争议的"滩头阵地"，其他公司如果想要"窃取"它的客户，就只能取而代之。直到摇滚明星能量饮料（Rockstar Energy Drink）于1999年问世，汉森天然饮料公司（Hansen Natural Corporation）于2002年推出怪物能量饮料（Monster Energy），红牛才发现自己面临着严重的威胁。百事可乐直到2013年推出激浪（Mountain Dew Amp）才进入了能量饮料市场；可口可乐一直等到2014年才推出全力加速（Full Throttle），其于2015年被怪物饮料公司（Monster Beverage Corporation）收购。让我们把这些日期放到大背景中来看：红牛是1987年成立的，这意味着百事公司和可口可乐公司让红牛领先了20多年。

正因如此，凭借领先的市场份额和深厚的品牌忠诚度，红牛在主导欧洲市场的10多年里一直坚持客户基础渗透路径，之后它才决定随着地域扩张跳转到下一条路径——市场加速。

随着能量饮料市场的增长，红牛又花了将近10年的时间才进入产品拓展路径，当时它增加了额外的口味，以及低卡路里和低糖的产品。对于红牛这一品牌来说，添加新的口味是其下一步的自然选择，红牛营销副总裁埃米·泰勒（Amy Taylor）在接受《今日美国》（*USA Today*）采访时这样表示。"口味是这一类别的障碍，也是红牛的障碍。红牛在美国发展12年了，我们现在可以毫不犹豫地推出不同口味。这关乎客户基础的扩大。"[54]红牛选择了正确的顺序——最初并没有过度多样化或稀释品牌，这也是客户对它的欣赏之处，所有这些行动都只是打着用过多的新产品追求新客户的名义。请记住，在考虑客户基础渗透路径是否适合你的时候，你所追求的市场必须是正在增长的，否则你就是冒险在错误的增长路径上浪费时间、金钱和资源。在这种情况下，红牛是不断增长的细分市场里的掌控者。到2025年，全球能量饮料市场预计将达到848亿美元。[55]

路径2：客户基础渗透

红牛
关键要点导读

- 如果你选择创建一个新的类别,那么你必须要有耐心并且要尽早集中精力。分心去尝试与那些生产类似产品(苏打水和能量饮料)的大型企业竞争会让你本末倒置。
- 客户基础渗透路径不仅仅是"向上销售"给现有客户。你也可以拓展"客户",以有计划地获取类似消费者的份额,这些消费者现在正在其他品牌上花钱。前者是常规操作;后者则被证明更加困难,因为你没有实际的客户数据可供挖掘。然而,你确实知道客户喜欢什么,这样你就可以通过有针对性的营销和广告活动来获取客户,而不是直接销售。
- 如果你的现有客户正在为你创造新的需求,那么市场加速就变得相对容易多了。红牛出现在大学派对、图书馆、咖啡店、酒吧和人们闲逛的其他地方,以直接面对目标客户。红牛让客户谈论自己,并且让客户替自己免费宣传。如果潜在客户正在等你去他们的城市、国家或社区,那么这对你来说就更好了。
- 不要害怕使用非传统的方式来围绕产品制造(市场)轰动效应。这并不意味着你必须赞助甚至拥有一支一级方程式赛车队,或者通过让某个人在太空边缘创下一个12万英尺高空跳伞(Red Bull Stratos Jump,红牛高空跳伞)[56]的世界纪录来炒作。但你能做的是向红牛学习——红牛一直利用活动来接触消费者,它把营销活动的受众放在首位,把销售产品放在第二位。
- 红牛将内容和活动作为自己的销售团队。一切都围绕着一个理念:即使人们不关心能量饮料品牌,你也可以围绕人们喜爱的内容和感兴趣的体验来创建内容。

故事 2

麦当劳
准备、摆好、开动

和诸多其他大公司一样，麦当劳最初也是一家家族企业，1940年由理查德·麦克唐纳（Richard McDonald）和莫里斯·麦克唐纳（Maurice McDonald）兄弟俩在加利福尼亚州圣贝纳迪诺（San Bernardino）创立。最初的麦当劳与餐馆相比，更像是一个路边摊，它保持着明晰、简单和专注的风格，出售的产品有热狗、汉堡、芝士汉堡、奶昔和炸薯条。

1953年，麦克唐纳兄弟开始寻求特许经营商，并很快吸引了奶昔机销售员雷·克拉克的注意，他自愿帮助麦当劳在全国各地设立新店。麦当劳的连锁店发展缓慢——1958年有34家，到1959年有102家，后来才迅速发展起来。克拉克最终对麦克唐纳兄弟的缺乏远见感到非常失望，并于1961年以270万美元的价格买断了他们的产权。

克拉克的目标是让麦当劳成为美国领先的快餐连锁店，这一目标为今日被称为麦当劳公司的这一巨大特许经营企业奠定了基础。它用开心乐园餐（Happy Meals）哺育了几代人，它用巨无霸（Big Macs）、足尊牛肉堡（Quarter Pounders）、麦乐鸡块（Chicken McNuggets）以及焙烤苹果派（Baked Apple Pies）哺育了无数家庭。

路径2：客户基础渗透

麦当劳

- 麦当劳每秒钟销售超过75个汉堡。[57]
- 麦当劳已售出36亿份开心乐园餐。
- 麦当劳仅在美国就已售出5.5亿个巨无霸。
- 麦当劳已售出900万份炸薯条。
- 每天有6 200万人光顾麦当劳。

然而,2004—2014年,世界上最著名的麦当劳连锁店却显示出了年老和衰退。它给很多人的感觉是陈旧的、不健康的,象征着工业化世界大规模生产、包装、营销以及服务的那种忙碌和粗制滥造的方式。

与连续几个季度并不存在的增长相呼应,2006年麦当劳发现自己处于增长停滞状态。它放弃了烟熏辣椒(Chipotle)、波士顿烤鸡和多纳托比萨(Donatos Pizza),并决定专注于包括汉堡、炸薯条和其他旗舰店商品在内的核心业务——这就是为什么麦当劳的下一个决定如此偏离其既定的目标和市场背景,这实在令人困惑。麦当劳决定扩充菜单并销售更多商品,而不是缩减菜品并去掉非核心产品,比如鸡肉、鱼、酸奶、饼干、咖啡、沙拉、卷饼、薄饼、甜点和小吃。它的目标呢?向已有客户销售更多产品的同时吸引新客户(客户和产品多样化、市场加速以及客户基础渗透)。从实际情况来看,2004—2014年,麦当劳的菜单扩充了75%。[58]结果:2013—2015年,麦当劳的股价基本上没有变动,但是自2012年起它却失去了5亿多次的访问量[59]。

公司高管们自豪地谈论着麦当劳"强大的新产品线",却没有意识到员工以前只需准备59种食物或食物组合,现在不得不准备121种。麦当劳表面上已经放弃了烟熏辣椒以便重新专注于自己最擅长的事情,但通过扩充菜单,它最终却做了截然相反的工作。这家连锁公司似乎并不明白选择过多和视觉混乱的菜单会使客户应接不暇,由此导致客户服务变慢、质量控制问题以及混乱的品牌形象,所有这些都对公司的顶线增长和底线利润产生了负面影响。

这家公司的衰退并非是在一天、一个月,甚至一年之内就发生的。这是麦当劳在过去10年中做出的数十个甚至数百个决策的结果,这些决策对整个组织产生了乘数效应,但不是以一种积极的方式。

麦当劳(像星巴克那样)已经过度使用了它的厨房、员工和客户的菜单"选择"(产品),导致客户满意度(客户体验)下降,在免下车通道生产线上这一问题尤为突出。这一教训是关于麦当劳如何在客户和产品多样化路径上追求有机增长的——推出新产品不仅是为了吸引新客户,而且还要通过倾斜客户基础渗透路径让现有客户花更多的钱。这两个互补的组合在"理论上"似乎是一种可行的强劲增长战略——尽管取得了一些成功,但总体而言,公司的顶线收入并未像预期的那样出现显著的提升。在几年的时间里,麦当劳发现自己被增长停滞包围了。它能做些什么来重回正轨呢?

处于这10条路径的其中之一,却发现自己陷入了增长停滞,这并不意味着你必须完全跳到另一条路径才能恢复——有时你需要的只是在一条路径上后退,甚至只是稍微后退一点儿,以让其他方案有机会被实施。在这种情况下,麦当劳需要从客户和产品多样化路径上退出,以便再次"重新聚焦"汉堡、炸薯条以及其他非常受欢迎的核心业务,这样它就可以将客户基础渗透和客户体验作为有效的增长路径。

成功的秘诀

1970年,麦当劳的特许经营商吉姆·德利吉提(Jim Delligatti)

路径2:客户基础渗透

开始在他的餐厅里尝试一些简单的早餐项目。一年之内,早餐业务占了德利吉提每日收入的5%。他的想法引起了赫布·彼得森(Herb Peterson)的注意,赫布·彼得森当时为总部在圣巴巴拉(Santa Barbara)的达西广告(D'Arcy Advertising)工作,负责麦当劳的广告投放。"借用"竞争对手玩偶匣快餐(Jack in the Box)在西海岸销售本尼迪克特(Benedict)鸡蛋三明治的想法,彼得森向克拉克提出了这一建议,克拉克欣然接受了(据说,他当时还一口气吃了两个鸡蛋三明治)。麦当劳的高管帕蒂·特纳(Patty Turner)后来为其创造了一个名字,即我们熟知并喜爱的传奇食物——烟肉蛋汉堡(Egg McMuffin)。

麦当劳的早餐销量在整个20世纪70年代都有所增加,而且领先了大多数竞争对手10年,占销售额的15%。客户特别喜欢这些早餐,甚至一整天都想要吃到它们。但多年来,麦当劳并未向客户提供他们想要的东西。为什么呢?

麦当劳首席财务官凯文·奥赞(Kevin Ozan)在2017年的加拿大皇家银行资本市场消费者与零售会议上发表讲话时说:"现实有些像全日早餐。[60]这在美国是被要求最多的东西,而我们不这样做的理由一直是,这会使运营变得困难。"他继续说:"所以我不知道我们是否真的是以客户为中心的,因为真正驱动我们的是'它会损害我们有效运作的能力吗'这一问题。"

选择太多,时间太少

麦当劳在生意好转时,做了哪些决定来创造成功增长的乘数效应?为了摆脱增长停滞的状态,麦当劳需要"倾听客户的心声";长期以来,它一直无视客户的最高要求——认为自己比客户本身更了解客户的需求。但最终，加倍关注现有产品（早餐）、提高可获取度（全日早餐）和改善客户体验（缩减菜单）才是其成功的组合秘诀。

现在讲一下有难度的部分。麦当劳在2015年推出全日早餐菜单之前必须要改变什么呢？它聚焦了菜单发布前所需的一系列步骤及顺序。麦当劳缩减了菜品数量，以缩短客户的等待时间，并降低了现有菜单和厨房的复杂性。它说服了3 000多名自有经营者对厨房进行升级和重组，以便在供应汉堡和薯条的同时供应早餐。

如果麦当劳没有做这些事情会怎样呢？全日早餐的选择原本可能是一个伟大的想法，但却在客户和市场的高预期下以失败告终。如果公司在缩减菜品之前就推出了全日早餐菜单会怎样呢？也许全日早餐的选择仍然会大获成功，但是消费者将会继续不知所措，而客户服务也依然达不到最佳状态。

2016年10月，麦当劳推出了全新的全日早餐菜单，这距它首次发现自己处于增长停滞状态已经过了10年。麦当劳总裁兼首席执行官史蒂夫·伊斯特布鲁克（Steve Easterbrook）在接受《纽约时报》（New York Times）采访时表示，不管麦当劳未来可能取得什么样的发展，都是"今天做出的决定"[61]的结果。他承认，一两个季度的增长并未带来成功的机遇。

事实上，精减的菜单为麦当劳接纳全日早餐创造了空间。扩大早餐业务（客户的一个长期要求）是麦当劳扭亏为盈战略的一个关键部分，它帮助公司摆脱了国内（美国）销售的下滑。2015年，麦当劳的股价上涨了17%，美国同店的销售额增长了5.7%。2018年第一季度，全球同店的销售额增长了5.5%，美国门店的销售额增长了2.9%。麦当劳在早餐上的成功引发了它与塔可钟（Taco Bell）和汉堡王（Burger King）之间的"市场份额之战"。

当全日早餐菜单带来了积极的回报时，麦当劳继续在成功的全日早餐菜单的基础上推出了价值菜单（2017年）、外送［与优步外送（UberEats）合作测试］以及移动售货亭订购，所有这些都被证明在客户中大受欢迎。史蒂夫·伊斯特布鲁克说："我们会继续以广泛的业务发展势头为基础，连续11个季度实现正向可比销售额，连续5个季度实现客流量正值。"[62]

麦当劳
关键要点导读

- 如何最好地解决一个从增长缓慢到停滞的系统性问题,答案可能一直都在麦当劳的眼皮底下。客户想要整天都能享用早餐——尽管我在客户体验路径中提到你无法满足客户的所有需求,但在这种情况下,忽略一致性的需求便是一个错误。获取、理解并回应客户之声实际上可能会引导你找到自己正在寻找的答案。
- 客户基础渗透是指向现有客户销售更多的现有产品,但这并不意味着你必须继续销售同样数量的产品。当面临增长停滞时,你必须将所有选项都摆到桌面上来考虑。在这种情况下,一旦麦当劳愿意减少它们销售的产品数量,而专注于自身最受欢迎的产品——烟肉蛋汉堡,全日早餐业务就能提供它们一直在寻找的东西。
- 麦当劳的故事就是一个关于如何有效地使用组合和顺序的完美例子。推出全日早餐菜单的增长策略,其中包括已经拥有的产品(特别是烟肉蛋汉堡),大大缩短了上市时间;增长路径是客户基础渗透、客户体验和市场加速的组合;为了确保每个门店都能够升级厨房以适应新的菜单,同时又不会对运营效率产生负面影响,公司对时间顺序做了安排。

故事 3

西尔斯百货
颠覆零售

我们不需要更多的客户。我们已经拥有了我们可能需要的所有客户。[63]

——埃迪·兰伯特（Eddie Lampert）
西尔斯百货首席执行官

在杰夫·贝索斯、皮埃尔·奥米迪亚（Pierre Omidyar）和山姆·沃尔顿（Sam Walton）之前，有一个叫理查德·西尔斯（Richard Sears）的火车站代理人，他因在1891年让一批无人问津的过剩手表增值而成为历史上最著名和最值得尊敬的零售商之一。

即使在今天，西尔斯运用的大部分营销技术——他是第一个这样使用的人——也仍然被全世界的线上和线下的零售商继续使用。

在19世纪末，美国农村与其他城市化程度更高的国家的农村相比甚是不同。当理查德·西尔斯和阿尔瓦·罗巴克（Alvah Roebuck）偶然间想出有史以来最伟大的销售和营销理念——邮购商品目录时，所有这一切都发生了变化。西尔斯的邮购商品目录对他那个时代的影响是巨大的。它允许任何可以使用邮政服务的人发送订单、付款，并从西尔斯百货购买商品，然后它将通过邮局或铁路运送商品，无论客户身在何处，商品皆可送达。

西尔斯称该目录为"驯服西方"（Tamed the West），其也被称为"农民的朋友"、"愿望书"、"省钱宝典"、"定价指南"和"消费者圣经"。国有商店的店主是很反感这些目录的，这使得西尔斯不得不对它们的封面进行伪装（在某些商店里），这样店主才不会把它们扔掉。西尔斯百货的成功非常简单，但在当时却意义深远；人们很开心有一家公司可以将各种商品送到家中。在20世纪初，这是对小型经营门店的最初颠覆。

西尔斯百货的创新

- 在产品目录中包含客户评价（品牌宣传）。
- 超过10美元的订单可减免0.25美元的运费（免费送货）。
- 低价或物美价廉是其口头禅。
- 供社区集体购买的"俱乐部订购计划"（购买俱乐部）。
- 专业目录。
- 季节性目录。
- "不满意就退款"。
- 圣诞节目录。
- 强调客户满意度高于一切。
- 最先进的工厂曾激励过亨利·福特的汽车制造工厂。
- 提供信用卡。
- 标准化的尺寸和质量。

西尔斯目录是客户基础渗透路径的缩影——西尔斯了解自己的客户，并且知道他们想要什么。西尔斯百货的管理层在与现有客户取得初步一致后决定：为什么不去吸引新客户并将目前所销售的产品提供给更多人呢？于是，西尔斯目录随着时间的推移增加了新产品（产

路径2：客户基础渗透

品拓展）——扩充至数百页（像麦当劳和星巴克的菜单上有数百个菜品一样），售卖任何东西，甚至包括预制房屋（西尔斯）。西尔斯百货的早期策略创造了一个相当大的滩头堡（目录），这使得当它通过开设零售商店来扩大影响范围时，它能够进一步优化销售，将任何对手都拒之门外，同时越来越接近客户的购买习惯（客户体验）。

客户基础渗透路径为西尔斯百货很好地服务了几十年。在20世纪50年代到80年代消费市场大规模增长的时期，西尔斯百货几乎常常是所有房主和孩子的首选，人们在西尔斯百货基本上可以买到任何东西，而其凭借便利的郊区和乡村位置来销售玩具、工具、服装和家电。这听起来是不是很熟悉？应该是很熟悉的。如果你将上述场景替换成如今的在线零售商使用当前技术所做的事情，那么你就看到了一家现代电子商务公司，它其实直接模仿了西尔斯百货100多年前所做的事情。

在追求客户和产品多样化增长战略的同时，西尔斯百货在建立肯摩尔（Kenmore）、匠人（Craftsman）、倔强者（DieHard）、银石（Silverstone）和韧衣（Toughskins）等品牌方面也表现得相当老练。它是20世纪中期的一家综合性企业，兼并了添惠公司（Dean Witter）和科威国际不动产（Coldwell Banker），并推出了发现卡（Discover Card）。

具有讽刺意味的是，考虑到后来发生的情况你可能会感到惊讶，西尔斯百货、哥伦比亚广播公司（CBS）和美国IBM竟然在1984年一起创办了合资企业奇才（Prodigy）。[64]该公司自称是第一家消费者在线服务公司，其订阅用户可以享受一系列广泛的网络服务，包括新闻、天气、购物、公告板、游戏、民意调查、专家栏目、银行、股票、旅游以及其他各种功能。到1990年，西尔斯百货通过奇才成为第二大在线服务提供商，仅次于计算机服务公司（CompuServe）。这并非是它涉足互联网的唯一一次尝试——西尔斯百货在2009年收购了社交搜索引擎发掘者（Delver）。

关于终身支持

短短几十年，西尔斯百货就从势不可挡变成公开宣称它可能无法继续生存。西尔斯百货曾经一度是美国最大的零售商，却在2018年之前的10年里每年都在亏损，在这段时间里其亏损数字已超过100亿美元。这个曾经的标志性品牌被迫关闭无数家门店［该公司在2017财政年结束时共有1 002家门店，前一年同期为1 430家。2018年（1～4月），西尔斯百货宣布将会关闭另外的100家门店，并将在2018年晚些时候开设更多"小概念"门店］。[65] 与此同时，其股价自2017年年初以来已下跌超过72%。

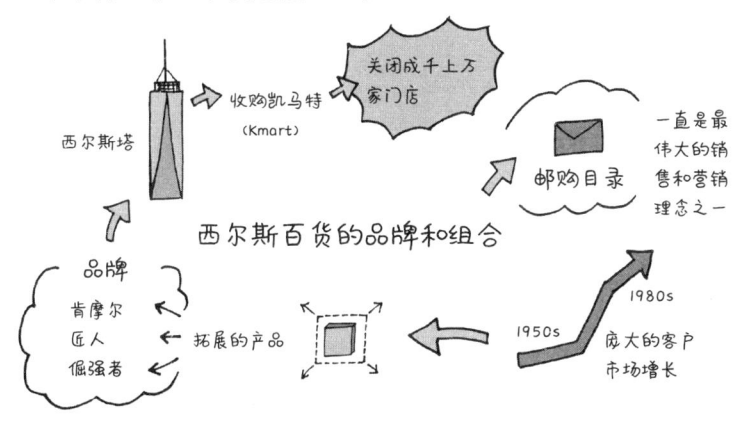

西尔斯百货在19世纪90年代扮演过零售巨头新贵的角色，现在却发现自己与农村的综合商店处于相同的地位，而这些农村商店是以前被自己从市场中赶出去的。发生了什么呢？客户改变了，西尔斯百货却没能随之改变。2017年5月，西尔斯百货首席执行官埃迪·兰伯特指出消费者行为的转变"改变了游戏规则"[66]。在过去，由零售

路径2：客户基础渗透

商决定客户应该购买什么以及如何购买。而今天，顾客正在定义购物体验，但是西尔斯百货却无法快速响应不断变化的市场环境。

1989年，经过一个世纪之后，西尔斯百货被一家实际上"采用"西尔斯模式的零售商沃尔玛超越。该公司表示模仿是最好的赞美形式，但当它们这样做，并且将能够简化自身供应链渠道以及允许史无前例的价格折扣技术和流程附加到模仿之上时，这就不是最好的赞美形式了。其他的零售商全都使用创新的技术解决方案和更为复杂的营销技术，比如塔吉特（Target）、百思买（Best Buy）、家得宝（Home Depot）和好市多（Costco），而它们也很快就超越了西尔斯百货。与此同时，西尔斯百货决定放弃它的"滩头堡"，并在1993年结束了它的邮购业务——恰恰就在电子商务公司将它的"目录"模式应用于互联网之前。

> 滑行到冰球将要去的地方，而不是它已经去过的地方。[67]
>
> ——韦恩·格雷茨基（Wayne Gretzky）
> **全美冰球联赛（NHL）球员，名人堂成员（Hall of Famer）**

不幸的是，西尔斯百货在客户基础渗透战略上纠缠得太久，以致难以跟上不断变化的买方偏好。因此，它选择与另一家苦苦支撑的零售商凯马特合并，将其作为重新获得增长的一种方式。

虽然增长智商并不是要利用并购（Mergers and Acqnisitions，简写为M&A）来增加顶线收入，但这笔交易的发生凸显出西尔斯百货完全错过了市场环境转变的这一事实。它没有预测"冰球将会去哪里"，而是在求解"冰球已经在哪里"。合并后的公司希望通过向上销售和交叉销售彼此的旗舰店产品来提高两个品牌的竞争力，并且通过新的门店来获取彼此的客户，这是一种典型的客户基础渗透路径加市场加速路径的组合。

在为增长制订计划时，请记得考虑市场环境。在西尔斯百货或凯马特的实体店里展出匠人工具（Craftsman Tools）、陆地送达（Lands'End）或玛莎·斯图尔特（Martha Stewart）的家居产品，并不会削弱其他已经转移的产业和客户需求。在西尔斯百货的故事里，可怕的讽刺之处在于，许多问题的解决方案实际上已经在公司的眼皮底下晃了将近30年。

"要是……就好了"

邮购目录的发明者没能意识到互联网只是其原始商业模式的现代版本。西尔斯百货也未能看到仍在健康发展的家电安装业务的价值，这赋予了公司进入美国家庭的独特方式。它也没能看到产品拓展的成功模板在肯摩尔、匠人、倔强者等品牌以及其自有的加拿大最大的电子商务公司之一西尔斯加拿大商店中的应用，这比起像沃尔玛这样的竞争对手来说更为成功。西尔斯百货拥有100多年的客户数据和"理论上"的购买偏好，但是不幸的是……它没有把这些优势利用起来做点儿事。

假如它在2012年利用肯摩尔和惠而浦（Whirlpool）品牌走进美国的厨房和洗衣房，成为未来智能住宅的展示厅［然后再收购奈斯特（Nest）或飞利浦（Philips）Hue灯泡等人们喜爱的品牌］；假如它利用发现卡创建一个巨大的社交网络，将折扣和客户忠诚度计划与那时数以百万计的稳定客户联结起来（或者购买初创公司Square并将移动支付和信用卡整合起来）；假如它将自己的健身设备与健身房网站

FitStudio.com捆绑在一起；假如它重塑Shop Your Way[①]客户忠诚度计划[68]，减少其与折扣的相关性，并创建自己的闪购网站Gilt.com。

相反，当西尔斯百货发现自己正处于一个显著的增长停滞期时，它做出了几项重大的决定，这些决定证实了一个事实——它没有考虑21世纪的买家们、它已经拥有的客户群以及它该如何：（1）进一步渗透客户基础；（2）继续让客户在西尔斯百货购物，并最终帮助自己恢复一定程度的增长。首先，西尔斯百货开始出售自己的一些知名品牌。最令人震惊的是，它在2017年以9亿美元的价格（以及在交易结束后15年内的一部分未来销售额）将匠人品牌（拥有90年的历史）出售给了史丹利百得（Stanley Black & Decker）。

西尔斯百货失去的不仅仅是一个家用品牌，而是卖给下一代智能家居——物联网（IoT）一个切入点，为其带来了一个全新的客户群和增长类别。此外，在出售该品牌的同时，它失去的最重要、最赚钱的资产之一就是它的客户。当然，西尔斯百货并不是被动地失去他们，它只是卖掉了他们。再说一遍，这太可惜了！几十年来，它的忠诚客户群在业界无人能及，以至于其他公司愿意支付数亿美元来获取他们。一个很好的问题是：史丹利百得是只对这些产品感兴趣，还是实际上对客户群感兴趣？我认为后者是其利益和估值的重要组成部分。

让我们换个角度来看：为什么这些客户如此有价值？记住，首次获得客户远比在他们进入你的品牌"轨道"后再将产品卖给他们昂贵得多。西尔斯百货拥有过他们——成千上万的客户以及数代人，但它在出售这些标志性品牌时，却完全忽略了这些品牌对企业的内在价值。随着许多消费者继续寻找其他的购物地，百货商店已经建立了强

---

① Shop Your Way，一个会员积分体系，本质是给消费者提供积分，然后根据积分回馈消费者。——编者注

大的且由（客户）价值驱动的忠诚度策略。在这个领域，一些类似丝芙兰的零售商已经开始使用客户忠诚度计划来奖励它们的最佳客户并增加其购买频率。这些决定（消极地）会对西尔斯百货的Shop Your Way忠诚度计划的会员资格产生影响吗？据西尔斯统计，自2011年以来，西尔斯百货的Shop Your Way忠诚度计划的会员销售渗透率已经从58%增长到了75%。为什么忠诚的客户很重要呢？举个例子，诺德斯特龙的1 000万活跃忠诚度计划客户占其总客户群的50%以上。[69]

出售旗下部分主要品牌的决定，可能给了这家曾经占据主导地位的家电销售商最后一击，它可能永远无法从中恢复过来。价格纠纷终结了这家百货连锁企业与该国最大家电制造商之间长达101年的合作关系，随之而来的是购物者再也不能在西尔斯百货买到惠而浦、凯膳怡（KitchenAid）、尊爵（Jenn-Air）或美泰克（Maytag）的家电了。[70]在它们百年合作伙伴关系中唯一原封不动地被保留下来的是，惠而浦将继续为西尔斯百货的自有品牌肯摩尔生产电器。西尔斯将这一决定描述为"支持客户的努力"。这看起来有点儿不合常理，因为家电业务竟然是西尔斯百货最后仅存的优势。西尔斯百货的一大卖点是，它是唯一一家拥有十大主要家电品牌的零售商。尽管多年来其市场份额不断下滑，但该公司仍然在美国主要家电市场名列第三[71]。西尔斯百货可能有些过于自信，认为自己能够继续以更有限的品牌选择来完成历史数量的电器销售量。2017年7月，西尔斯百货与亚马逊（合作伙伴）达成协议，在亚马逊上试销肯摩尔电器。[72]随后于2017年12月，它又与亚马逊达成了销售倔强者汽车电池、轮胎和其他相关产品的协议。

让我们考虑一下不断变化的客户背景。如果你是往后看（冰球到过的地方），那么提高家电价格实际上可能是剥夺了客户甚至是最

路径2：客户基础渗透

忠诚客户的权利。但如果你是向前看（冰球将会滑向哪里），面向21世纪的客户，并且能够提高产品的价值和体验，那么提高价格似乎并不是那么不切实际。

快进到2018年：

- 惠而浦在CES（消费电子展的官方名称）上宣布，苹果手表（Apple Watch）佩戴者将很快就能够远程控制20台联网的家用电器。[73]这意味着智能手表拥有者可以改变烤箱的温度设置，延长洗衣机的运行周期，或者检查烘干机的剩余运行时间。
- 惠而浦还宣布，家庭用户将能够通过发送语音指令给亚马逊的Alexa和谷歌的家庭助理来控制其2018年推出的系列设备。[74]

如果西尔斯百货选择在放弃所有这些知名品牌之前做这些事情，那么今天西尔斯百货的故事可能看起来会大不相同。相反，该公司选择了继续榨取现金并利用自身庞大的房地产投资组合，而不是修复核心业务。西尔斯百货未能看到零售业的环境随着互联网的发展发生了根本性的变化，而且它的客户也在不断变化，它坚持了自己的老路，没有太远地偏离过去100多年成就它的东西。

追求客户基础渗透路径对西尔斯百货来说并非是错误的增长路径——恰恰相反，西尔斯百货试图向客户群销售更多的产品是正确的，特别是考虑到它庞大的规模。西尔斯百货所犯的错误在于不懂得客户想要更多而非更少。他们想要实体商店和在线商店之间的跨渠道功能；他们想要更好的（购物）体验；他们想要更具相关性和吸引力的产品；他们想要种类繁多、价格合适的产品。不幸的是，让西尔斯百货过去如此成功的因素现在却阻碍了它的发展。它过去不愿意，现在也仍然不愿意进行必要的调整，特别是在客户和产品多样化、优化销售和客户体验方面。

> 失去任何一个客户都是我们无法承受的。[75]
>
> ——理查德·西尔斯
>
> 西尔斯罗巴克公司（Sears, Roebuck and Company）联合创始人

西尔斯百货完全有能力在竞争对手面前表现强劲，但它缺乏超越现状的意愿。西尔斯百货需要的是更多而非更少的合作伙伴关系［如沃尔玛和优步或科尔士（Kohl's）和亚马逊］，也需要更加注重客户体验［像丝芙兰、乌尔塔（Ulta）、苹果甚至百思买一样］，关键在于：通过减少客户流失来留住现有客户。这不是一个非此即彼的零和决定。这是关于那些正在努力寻找增长机会的公司如何利用它们的优势——包括庞大而忠诚的客户群，并利用技术进步的正确组合和增长路径实现现代化，以近一步延展客户的终身价值，同时又允许公司有时间去适应变化。

西尔斯百货
关键要点导读

- 为了战略性地转变自己的业务模式，西尔斯百货没有利用与客户基础相关的资产，而是出售了极其宝贵的资产，在不断恶化的战略环境中加倍投入。
- 追求客户基础渗透路径对西尔斯百货来说并非是错误的增长路径——恰恰相反，西尔斯百货试图渗透其忠诚的客户群是正确的，特别是考虑到它庞大的规模。它所犯的错误是，当它的客户已经开始拥抱那些新经济（数字化、社会化以及智能家居技术等）的零售商时，它还是不愿意做出必要的改变来留住客户……也许直到现在它还是老样子。
- 仅仅因为它是"你发明的"，并不意味着竞争对手将来不会使用成就你的东西来对付你。这就是市场环境变得如此重要的原因。如果你过于关注公司内部，或者认为摆脱增长停滞的唯一方法是减少开支或并购另一家公司，那么你就忘记了你做任何事情最重要的原因：你所服务的客户。始终将客户作为你行动的真正方向，并让他们指导你在恰当的时机、以恰当的原因去考虑在特定的增长路径上撤退或加速。
- 随着消费者在网上消费的比例越来越高，像西尔斯百货这样的零售商需要改变自己的价值主张，以便吸引购物者重返商店。举个例子：塔吉特通过给店内员工配备移动设备来帮助他们更便捷地处理在线订购和店内取货订单，并且使网上下单、店内送货更为便利，所以其在2017年将数字化增长率提高了25%。塔吉特声称，在2017年假日购物季，所有被购买的商品中有70%是从门店运出的。[76]
- 即使是杰西潘尼百货也实施了一项灵活的计划，推出了"在线购买，店内取货"——当天在所有商店都可以取货。杰西潘尼百货表示，超过40%的在线订单现在都是在门店内完成的，而超过33%的客户会额外在店内花费50美元。[77]这就是你如何以交叉渠道销售和市场营销方式来实现客户基础渗透的方法。

综而观之

客户成为你的客户的首要原因，也许会决定你选择的任何一条增长路径能否成功。如果客户是因为你提供最低的价格而选择了你，那么他们可能很快就会转向另一家提供更低价格的供应商。但是，如果客户是因为你提供很棒的客户服务（附加价值）而选择了你，那么这些客户更有可能保持忠诚，并成为交叉销售和向上销售主张的积极接受者。进一步渗透现有的客户基础意味着你必须"找到自己的利基市场"——了解你最有价值的客户是什么样的，以及他们为什么向你购买产品。是什么阻碍了很多追求客户基础渗透路径的公司崛起？是它们对向现有客户群销售产品不像对获取新客户那样重视。

行之有效的方法以及潜在的陷阱

你追求这条路径的顺序至关重要。即使你拥有一个大规模的现有客户群，并且他们愿意向你购买更多产品，但如果你不能确保优化销售、再分配资源和资金，从而使你所追求的市场营销策略更为有效，那么结果也会事与愿违。客户基础渗透增长路径依赖于公司对市场和竞争对手活动的详细了解，也依赖于你在一个已经很熟悉的市场中是否拥有成功的产品。请记住，这不仅仅是一次吸引客户的过程，你还要确保客户在再次"购物"时能首先想到你的品牌。

你不仅需要经常与现有客户交谈，还要与竞争对手的客户定期交谈。大数据分析可以帮助你深入且细致地了解客户的态度、行为和兴趣，并且在此过程中建立一个清晰的客户需求档案。最好的情况是，你比客户还要了解他们自己以及他们与你的产品的关系。这样，你不仅可以随时改变定价和营销策略，还可以预测客户下一步想要什么，并且在客户出现时迎接他们（即"冰球将要去哪里"）。

如何将客户基础渗透增长路径应用于你自己的公司呢？如果你所针对的市场仍在增长中，或者还可以发现更多"类似"的客户，抑或你有能力向现有客户群销售更多产品，那么这种策略很可能会成功。一个衰退的市场，或者一个你已经占据了80%潜在客户的市场，不太可能只给这一条路径提供回报。

路径 3

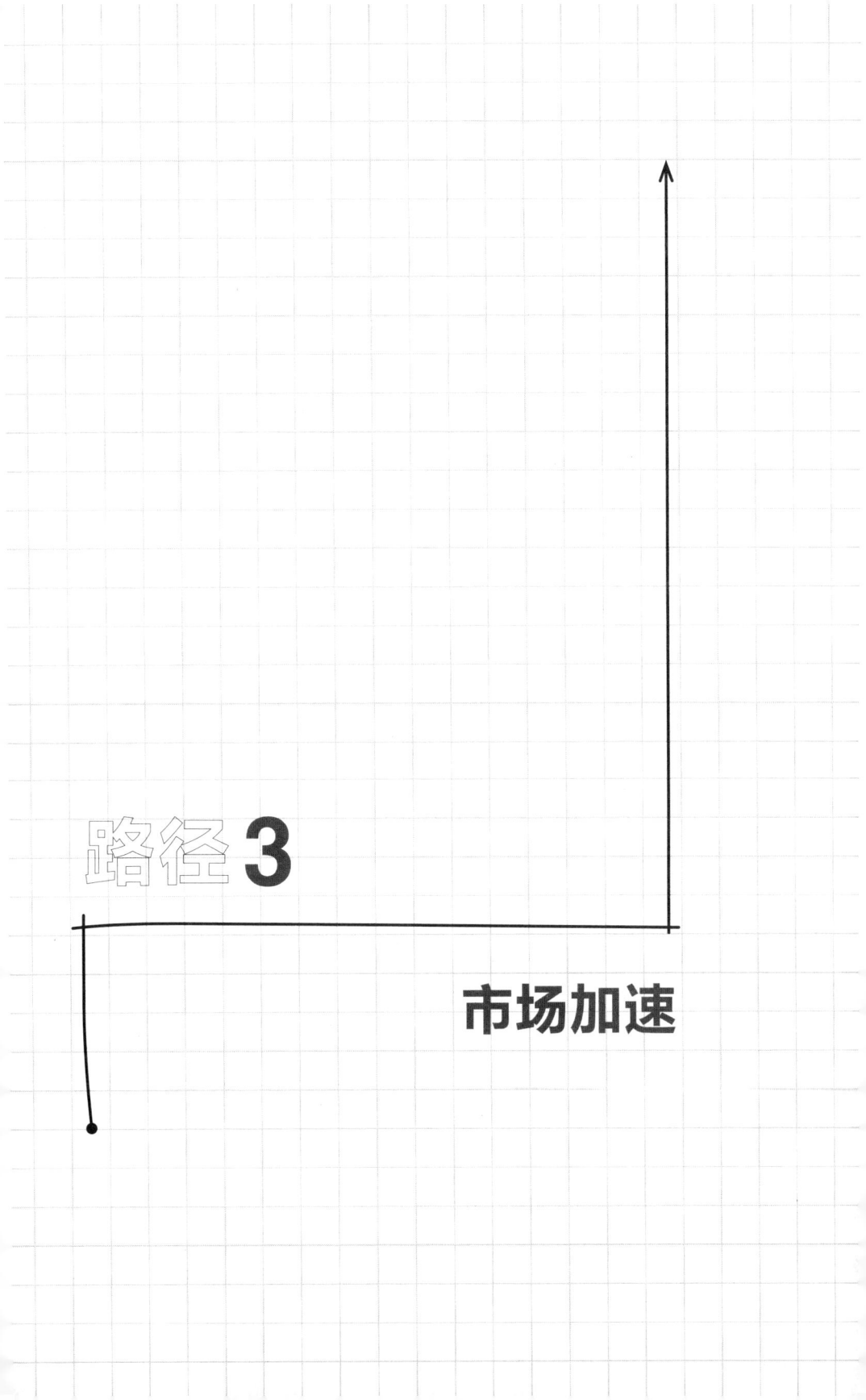

市场加速

市场加速

中国将成为世界上最大的消费市场,而这一引擎会推动世界经济发展。[78]

——马云

阿里巴巴集团(Alibaba Group)创始人兼执行董事

为什么市场加速至关重要

- 预计2018年全球经济增长率将微升3.1%,在2019—2020年则稍有放缓。[79]
- 信息技术公司和建筑相关公司在美国发展最快的行业中占据着主导地位。[80]
- "新兴欧洲"的所有23个经济体在2018年都将实现正增长。[81]
- 截至2018年,中国占全球贸易的42%——超过法国、日本、英国和美国之和。[82]
- 弗若斯特沙利文公司(Frost & Sullivan)在一项调查中发现,63%的受访者表示,他们将新兴市场的客户视为未来利润的源泉。[83]
- 到2020年,跨境贸易预计会占到全球电子商务市场的约22%。[84]

- 在2020年，1/5的电子商务资金将由跨境交易产生。[85]
- 在未来几年内，中国将继续见证零售电子商务的大幅增长，2020年的销售额将达到2.416万亿美元。[86]手机支付也在蓬勃发展，今年将占到电子商务销售总额的55.5%，而到2020年它将达到68%。

更近一步，更为深入

历史上最伟大的商业成功——从通用电气（General Electric）到脸书（Facebook），都源于公司有能力通过开拓新市场来实现增长。这些市场可以产生额外的顶线增长来源，并增加公司的客户群。对于大多数选择追寻这条路径的公司来说，其短期的吸引力在于，它们通常不需要重新考虑整个产品策略。

竞争不应该是为了占据市场份额，而是为了扩大市场。[87]

——W. 爱德华兹·戴明（W. Edwards Deming）
美国统计学家，《走出危机》（Out of the Crisis）作者

视角
达到5 000万用户所用的时间

航空旅行	68年
汽车	62年
电话	75年
灯泡	46年
无线电广播	38年
电视	13年
个人电脑	14年

智能手机	12年
美国运通（AmEx）	12年
优步	8年
互联网	4年
油管（YouTube）	4年
脸书	3.5年
苹果音乐播放器	3年
谷歌	3年
拼趣（Pinterest）	2.75年
美国在线（AOL）	2.5年
推特	2年
愤怒的小鸟（Angry Birds）	35天
神奇宝贝（Pokémon Go）	19天

市场加速路径与之前的客户基础渗透路径密切相关。尽管如此，为了满足本地或重新定位的市场需求，你仍然有很大的可能性需要产品授权。这相比之前的路径要稍微承担更多的风险，因为在确定需要哪种组合和顺序来支持此路径的执行和实施时，你可能难以理解新市场环境下隐藏的复杂性、不同的客户需求以及地理上的限制。

然而，这条路径带来的回报值得你冒这些风险，尤其是伴随着21世纪的技术。过去，加快产品的普及速度和增加用户数量需要数十年，但随着市场环境（互联网、社交媒体、智能手机）的变化，数十年已经变成了几天。令人难以置信的是，航空旅行花了68年的时间才获取了5 000万的"飞行者"，而今天的公司（如"愤怒的小鸟"）在短短35天内就能够获得5 000万用户！如果你希望公司加速增长，那么开拓新市场可能就是你一直在寻找的答案。

市场加速路径是将一个品牌的现有产品带入新市场，而不是将全新的产品销售到新市场。为了实现这一目标，公司将横向拓展以利用现有产品获取类似的新客户。这些新客户可能在一个新的地理区域或相邻的不属于当前客户组合的垂直细分市场，或者具有不同的规模（小型企业到中型企业）。或者，公司甚至可能在当前客户群中将产品销售给不同的人（如从销售给信息技术部门到销售给营销部门）或地理区域。其决定因素是，市场对于一家公司而言实际上是"新的"，在当前"卖给谁"或"卖去哪儿"的外围。如果一家公司真的决定进入一个新的市场，那么选择这样的目标——客户已经或多或少花钱购买了某家公司正在销售的同类产品——要容易得多。虽然产品很有可能会以不同的方式交付或出售，但是在一天结束之时，让潜在客户购买他们熟悉的产品比要求他们购买他们不了解的产品的风险要小得多。

优步可能就是一个例子。优步最初是作为人们已经熟悉了的传统出租车服务的替代选择出现的——它重新构想了商业模式。如果你确实选择了一个不熟悉你所销售的产品或服务的市场，那么你首先要做好在产品教育和品牌知名度上花更多的营销资金而非驱动领先的准备。这就是为什么选择一个新市场——这个市场上现有产品的客户和你现有的客户类似——是测试追求这一特定增长路径的理想方式。

故事1

安德玛
汗水T恤

> 围绕颠覆性的核心产品,也就是让你参与其中的东西,推出一款能够彻底解决目标客户问题的完整产品。[88]
>
> ——杰弗里·A. 摩尔
> 《跨越鸿沟》作者

全球运动服装市场的市值到2020年预计将达到1 846亿美元,2015—2020年的复合年增长率(compound annual growth rate,简写为CAGR)预计为4.3%。[89]由于人们健康意识的提高以及瑜伽和旋转训练课程等健身活动的增多,运动服装市场在过去的几年中出现了强劲的增长。世界上最大的3家运动服装公司——耐克(Nike)、阿迪达斯(Adidas)和安德玛——都利用了各自的行业有利趋势,这些趋势将在未来几年甚至几十年里继续支持增长。

这些大公司追求增长的方式是如此相似却又如此不同,但有一点可以肯定:三大实力品牌之间的激烈竞争似乎并没有放缓。每家公司都试图通过大量代言和赞助协议,以及3D打印定制鞋甚至基本款

T恤等创新产品来超越其他两家公司。

我一定可以

1995年，凯文·普朗克（Kevin Plank）在乔治城（Georgetown）的一个连栋住宅里，用约15 000美元和一些在当地购买的面料以及一个雄心勃勃的计划，创办了一家公司，旨在撼动运动服装行业。耐克创始人菲尔·奈特（Phil Knight）是一名田径运动员，与其相似，普朗克是马里兰大学（University of Maryland）橄榄球队的特别队长。普朗克一直在寻找一种优势来对抗那些发展更快、规模更大的竞争者。正是这个简单的目标触发了20年后一笔10亿美元的业务。普朗克的想法是制作一款更好的夏季短袖棉质T恤和冬季长袖棉质T恤来解决运动时的排汗问题。在一些马里兰大学的队友穿着他的T恤衫打长曲棍球和棒球（不是橄榄球）之后，他意识到自己想到点子上了。正如红牛的故事那样，其最初是为工厂工人和卡车司机开发的"非碳酸"饮品，以让他们在长时间的轮班中保持清醒，而普朗克的想法则有着更为广泛的吸引力。

> 伟大的企业家只选择一种产品，只让一件事情变得很棒。可以说，安德玛营销成功的首要关键——对任何公司的成功都是——简单明了，即专注。[90]
>
> ——凯文·普朗克
> 安德玛首席执行官

虽然普朗克没有发明"性能服装"，但他是第一个看到其潜力的人，这种服装不仅仅是给运动员穿的，还有大众市场。创新T恤是一个全新的概念，因为它极有可能从未出现在制服里，并且没有其他类别（如鞋子）所享有的性能增强标签。很多运动领域的创新都发生在装备和鞋子上，服装似乎是人们后来才产生的一种想法，这意味着这一类别已经成熟。

为什么会有人选择在阿迪达斯和耐克等品牌已占据主导地位的行业类别中进行竞争呢？与任何成功的"蓝海"（Blue Ocean）战略一样，你不要去追求较大型现有企业的核心业务。追求一个较小的利基市场，取得胜利；了解市场；开辟一个滩头堡；将人们拉进你的产品和品牌轨道——那个时候，也只有到那个时候，你才能开始拓展你的市场和产品。像红牛一样，安德玛能够开发出具有品牌声誉和特色的合适产品，并以一种独特的方式将它推向市场，从而抓住了各地有抱负的运动员的心和思想。安德玛的每一项举措都针对其"目标市场"——一个更年轻的群体、千禧一代和Z一代，他们同样崇尚职业运动员和大学运动员，并希望穿得像他们那样和成为像他们那样的人。

去对手没去的地方

对于安德玛而言，它的早期发展是围绕一种产品（T恤）对一个市场（足球）、一个目标客户（运动员）的重点战略的结果。一旦这种发展势头开始增强，这位马里兰大学的前橄榄球运动员就只花了5年时间（到2000年）将安德玛变成了一家价值500万美元的公司。到2004年它的销售额已经超过了两亿美元，到2017年它的销售额超过50亿美元，而所有这一切都源于一个简单的理念——"紧身涤纶混纺衬衫能在保持肌肉凉爽的同时吸走水分"。安德玛在与史大品牌的对抗中是如何迅速地获得令人难以置信的动力的呢？

在第一个5年里，我们只有一款产品，即弹力T恤。[91]

——凯文·普朗克
安德玛首席执行官

安德玛的第一笔交易是销售给佐治亚理工学院（Georgia Tech）的价值约17 000美元的产品。很快就有24支国家橄榄球联盟（NFL）的球队随之购买。在第二年结束时，安德玛已经卖出了价值100 000美元的产品。就像红牛的故事那样，安德玛在运动服装市场领域攻巨头品牌之不备。它一开始并没有从正面对它们发动攻击，而是站在这一类别的边缘用一款创新产品进攻，这证明：你可以想得长远，也可以从大处着手或从小处着手，但从长远来看，你仍然会大获全胜。

一旦它知道自己有一款理想的产品（创新的T恤），知道自己的理想客户是谁（职业橄榄球运动员和有抱负的运动员），并在运动服市场创造了客户需求，它的下一步就是横向加速，利用自己的现有产品进入其他（新）市场。安德玛的不同之处在于，将自己的产品推向新市场并不意味着它必须彻底改变已经在做的事情，它只需要明确如何将更多的现有产品销售给更多类似现有客户的客户的最佳方式即可。为了进一步追求市场加速，安德玛不能再单打独斗，它需要将目前的业务与第三方本地零售商（合作伙伴关系）结合起来，这样它最终就会拥有与理想目标客户群的（交易）关系。

这一决定是以正确的顺序来运用客户基础渗透路径和市场加速路径的完美范例。如果安德玛决定开发自己的T恤并立即与主要的零售商建立合作伙伴关系，那么它很有可能会因为缺乏品牌知名度或消费者需求而被拒之门外。安德玛一直等到自己在性能服装市场上有足够影响力的时刻，这时大的零售商会对达成协议非常感兴趣，而在其目前销售渠道以外的潜在客户就可以很容易买到它的产品了。

安德玛的第一个大的且比较难得的成就是在2000年取得的，当时盖言贸易公司（Galyan's Trading Company，一家大型零售连锁商店）最终被迪克体育用品（Dick's Sporting Goods）收购并与安德玛签约，随后全球成千上万的其他零售商也纷至沓来。最近，安德玛开始在美国百货连锁商店科尔士销售它的鞋子和服装，也在设计师鞋类货仓（DSW）和名品鞋类（Famous Footwear）销售鞋子。它甚至开设了自己的"品牌之家"（Brand House）商店（目前在美国有6家，预计接下来将进行国际扩张）来与阿迪达斯和耐克进行更有效的竞争，这不仅补充了现有的分销渠道，而且将重点放在了运动员和（客户）体验上。

安德玛于2005年上市时，仅有2%的收入来自北美以外的地区。从那时起，它一直在通过国际市场大力投资（有机）市场加速。2017年第四季度，其国际市场份额增长了47%，占总销售额的23%，预计国际增长率将超过25%，而北美销售额将会出现中等水平的下降。[92] 安德玛继续在国际范围内开设品牌之家和工厂之家（Factory House）商店，甚至还有很大的空间来进一步扩大这一足迹。当然，由于产品拓展以及客户和产品多样化，其目前的产品种类比单一T恤要广泛得多，但安德玛希望通过市场加速寻求顶线增长的愿望一直持续到成立22年后的今天。

零售合作伙伴关系是安德玛早期发展的关键，即使考虑到零售商最近面临的挑战，它也仍然是下一步增长战略的一个主要部分，现在售卖其产品的直销店的数量约为13 000家。[93] 现在唯一真正的不同之处在于，安德玛正在追求一种更为精细的零售策略，在这种策略里，它对自有品牌店面较之以往更具控制力。如果你开始在杰西潘尼百货看到与丝芙兰类似的"快捷"商店，在百思买看到苹果产品，那么你不要感到惊讶，因为安德玛在福特洛克（Foot Locker）等零售商中已经占据一定空间了。

"他们衬衫上的东西是什么"

2011年，当数百名大学生橄榄球运动员在印第安纳波利斯（Indiaapolis）的卢卡斯石油体育场（Lucas Oil Stadium）参加全美橄榄球联盟联合训练时，四分卫卡姆·牛顿（Cam Newton）和外接手胡里奥·琼斯（Julio Jones）是两位最热门的球员。

> 全美橄榄球联盟训练营是每年2月份举行的一个为期一周的展示活动，大学生橄榄球运动员将在全美橄榄球联盟的教练、总经理和观察员面前进行体能和脑力方面的测试。

在这一周的某个时候，人们都在问同样的问题：他们衬衫上的东西是什么？牛顿和琼斯穿着紧身的红色背心，上面有一个黄色的"东西"。它看起来像一个大的圆形按钮，你可以用中间的安德玛标志和指向两侧的箭头来按推它。

实际上那是E39——一款带有可拆卸生物识别传感器的健身运动衫，可以测量人们在场上做的任何事情。当琼斯跑步的时候，他的这件运动衫可以追踪他的心率、加速度和动力。当牛顿跳起来的时候，其可以测量他在垂直方向上的重力和动力。

安德玛认为，运动员可以利用这些数据更好地进行训练，观察员也可以利用它们做出更明智的决策。这是安德玛下一个篇章的开始，也是公司全面发展的转折点。"智能运动衫"的想法源于早些年的一次对话，那时普朗克手拿一件0039——他16年前在祖母家的地下室发明出来的紧身运动衫，此运动衫宣告了安德玛帝国的成立。普朗克在将此运动衫交给他的首席产品主管基普·富尔克斯（Kip

Fulks）时说："把它做成电子的"。[94]

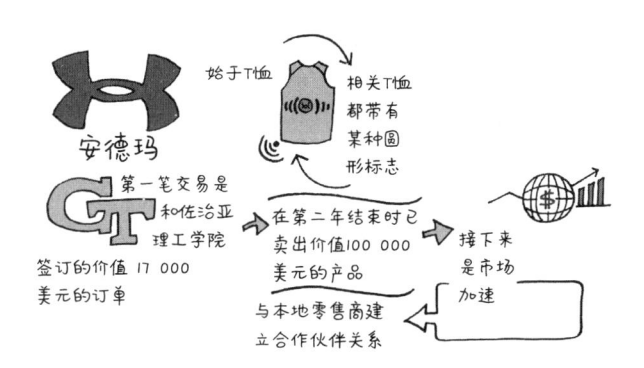

安德玛 始于T恤
相关T恤都带有某种圆形标志

GT 第一笔交易是和佐治亚理工学院签订的价值17 000美元的订单

在第二年结束时已卖出价值100 000美元的产品

与本地零售商建立合作伙伴关系

接下来是市场加速

虽然这个项目没有成功——这并不重要，但这是安德玛融合技术+服装+健身的热情的开始。这件T恤是未来增长战略的重要一部分，就和1995年一样——现在唯一的差异是，T恤可以告诉你什么时候该换一件新的了。

安德玛
关键要点导读

- 多年来，安德玛始终忠于自身的根基，同时随着每一个新产品类别的推出向更广阔的市场发起冲击。在历史早期，安德玛非常专注于自己所做的事情，并且做得很好。安德玛没有通过过度追求积极的产品拓展或客户和产品多样化的战略来走得更远，而是从单一产品——T恤——中学到了一些方法，转而将开发的创新面料扩展应用到与其核心T恤类似的其他服装类别里。2003年，安德玛推出了自己的第一款女装系列，直到2006年它才推出"防滑鞋类"系列。在2009年，它以自己的第一批跑步鞋系列与耐克和阿迪达斯进行了直接对决。
- 安德玛早就清楚地认识到了合作伙伴关系的价值，包括高级代言。不开设自有零售店的决定，特别是在安德玛超高速增长的第一个10年里，让它能够以更低的（金融）风险和更广泛的销售足迹覆盖更多的客户，而不是自己单独发展。在产品首次推出时，你必须记住当时的市场环境是什么样子的。1995年，电子商务甚至不是市场环境的一部分，安德玛是通过实体零售、邮购目录和其他线下销售渠道来发展的。
- 建立一个滩头堡，从边缘奇袭更大的竞争对手，在不过度扩张财务的情况下建立客户需求和忠诚度。安德玛首先在运动服装市场用单一产品创造了影响力，然后与主要零售商建立了合作伙伴关系。这个决定是以正确的顺序来运用合作伙伴关系路径和市场加速路径的完美范例。

故事2

诚实公司
化学让生活更美好

42%的全球受访者表示，他们愿意为使用有机或由全天然成分制成的产品支付更高的价格。[95]

——"资金背后的东西"（2016年尼尔森报告）

现在，初创企业和大型企业在对第二次世界大战前的口号"化学让生活更美好"的重新解读中拥抱"绿色化学"。被称为绿色化学之父的耶鲁大学化学教授保罗·阿纳斯塔斯（Paul Anastas）表示，这场运动"不是简单地从货架上选择一个不那么糟糕的东西，它关乎设计出一些真正的好东西"。

曾经被视为根植于嬉皮士运动的非主流生活方式的一部分——自然和有机，正在成为主流。在法规、消费者需求和环保经营理念的推动下，大型企业、零售商和制造商正在淘汰一些化学产品，将其下架，并重新设计其他产品——特别是在婴儿护理市场。

直到2016年，1976年颁布的《有毒物质控制法》(Toxic Substances Control Act)才得到更新，其提高了生产日常用品所用化学成分的透明度，并保护了孕妇和儿童等弱势群体。

2017年，全球婴儿个人护理市场的市值约为56亿美元，预计2016—2024年的年复合年增长率约为7%。"天然有机且对婴儿的健康没有威胁"[96]的产品正在经历显著的增长。

对有机个人护理产品的需求预计将为婴儿个人护理产品制造商提供巨大的机会。尽管这些产品更贵，但父母仍然更倾向于为孩子选择最好的品牌产品，从而忽略了其价格。

然而，这种增长与（表面上）小型初创企业不成比例。近年来，父母们一直在冷落强生公司（Johnson & Johnson's）的含有较少化学成分的婴幼儿产品。[97]2016年上半年，强生公司的婴儿护理产品销售额自2007年以来首次跌破两亿美元。嘉宝（Gerber，归雀巢公司所有）的市场份额不断被地球最好（Earth's Best）、普拉美有机（Plum Organics）和艾拉厨房（Ella's Kitchen）抢走；[98]甚至婴儿纸尿裤的巨头——宝洁公司（Procter & Gamble，帮宝适）和金佰利克拉克［Kimberly-Clark，好奇和乐芙适（Huggies and Luvs）］预计都会出现一段"干旱期"。

不是为了我的女儿

2009年，女演员杰西卡·阿尔芭（Jessica Alba）生下了她的第一个孩子，是一个女孩。大多数初为父母的人都会在一夜之间感觉这个世界毒瘤暗涌、危机四伏。当阿尔芭因使用了在商店买的衣物洗涤剂而导致女儿得了荨麻疹时，她决定成立一家致力于销售无毒家居产品的消费品公司。从那时起，诚实公司就经历了惊人的增长。2012

年，即它成立后的第一年，它的销售额达到了1 000万美元，2016年超过了3亿美元，并在2017年经历了一个"稳定增长年"[99]。

诚实公司以一个非常具体的买家角色来瞄准婴儿用品市场。这既是对消费者需求的回应，也是对消费者需求的创造。特别是它传达的信息打动了新父母，因为他们担心自己购买的婴儿用品中含有石油化学物质和合成香料。市场环境正对诚实公司的销售胃口。在过去的20年里，"养育子女"和"呵护孩子"成了品牌理念，并且客户现在和过去一样愿意为自己和家人支付高价来购买环保、值得信赖和高品质的有机产品。

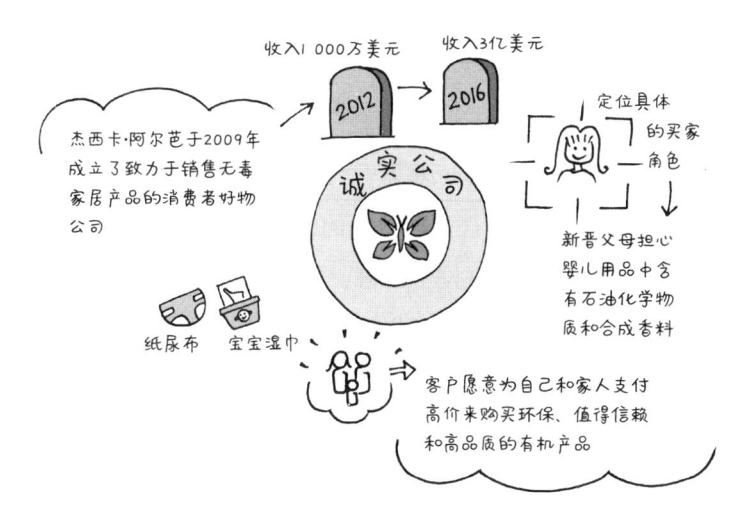

诚实公司通过使用多种增长路径的组合实现了10亿美元的估值。诚实公司最初关注的是纸尿布、婴儿配方奶粉和居家清洁用品，它可以以订阅服务的方式快速提供更多的现有产品给现有客户，并以此来快速地最大化销售额（客户基础渗透）。

诚实公司为其纸尿布和湿巾推出了（产品拓展）每月79.99美元的循环订阅模式，以改善客户体验和收益预测能力，这些都是基于它对客户群以及什么会对客户群有吸引力的深入了解——它再也不希望

路径3：市场加速

初为父母的人用完了纸尿布后还要半夜跑到商店去买。

诚实公司也通过避开广告和实体店销售等传统市场营销方式，打破了行业传统。相反，它注重直接面向客户（direct-to-consumer，简写为D2C）的网上销售以及纯洁和善意的形象，尤其是从一开始就给慈善事业大笔捐款（非传统策略）。因此，即使在今天它的电子商务根基也仍然深厚。

把你带到此处的东西，也许会把你带到彼处

作为联合创始人和前首席执行官的布赖恩·李（Brian Lee）是一位成功的线上企业家，他与罗伯特·夏皮罗（Robert Shapiro）联合创立了合法变焦（LegalZoom），与金·卡戴珊（Kim Kardashian）共同创办了鞋光闪耀（ShoeDazzle）。李在推动诚实公司走向行业领先地位时发挥了重要作用，甚至使公司的线上实力超越了行业领导者。诚实公司的产品几乎全部在网上销售，但随着它对客户基础渗透路径和市场加速路径的追求，线下销售渠道不仅变得对增长更重要，而且对整体销售额的贡献也更大了。

当然，阿尔芭是一位大牌电影明星，也是本国最知名的新晋妈妈之一，不过这对她并没什么妨碍。明星效应让她获得了知名度，而这是该行业的首席执行官很少能够实现的——包括在国会就消费品中危险化学物质的测试提供证词。因为阿尔芭，诚实公司在商业杂志和其他非传统渠道中获得了无可比拟的宣传率，这可以吸引其他新晋妈妈。然而，仅凭名人效应并不能保证公司的成功或成长；如果产品不好，那么客户就没有需求。你只有按照顺序运用两者，才能充分利用"名人"效应。

对于《增长智商》一书所涉及的大多数公司来说，做出追求新增长路径的决定要么是因为当前的路径正在成熟老化或逐渐消退，要么是因为公司正在遭遇强劲的新竞争对手。但对于诚实公司来说，做出这个决定却是出于相反的原因——它取得了巨大成功。尤其是公司找到了一个理想组合，其结合了正确的市场环境、正确的产品、品牌承诺和明确的目标市场来实现增长。

即便对于更大的品牌来说，这些个体属性之间的关联性也是极难复制的。如果你把一家尝试新事物以刺激增长的公司的状态想象成"爬—走—跑"，那么诚实公司最开始的时候就是在客户基础渗透路径上"爬"。它以正确的顺序专注于扩大公司的客户基础。当它开始"走"的时候，它聘请了合适的管理团队，建立了适当的供应链和战略合作伙伴关系，并且随着发展，它开始（跑）探索市场加速，其中包括线下的合作伙伴关系。

诚实公司的首席执行官尼克·弗拉霍斯（Nick Vlahos）在接受《财富》(Fortune)采访时表示，当他看到品牌追求增长的空间和机会时，亚马逊是一个明确的目标：与这家电子商务巨头合作将使品牌与吸引更多消费者支出的在线领域更具相关性。[100]他解释说，工会是"我们正在积极推动的全渠道战略"的一部分。

诚实公司也曾进退两难。是应该继续将业务扩展到现有客户（客户基础渗透），还是在当前的北美市场之外追求计划增长（市场加速）呢？

它还有第三种选择——随着数月的推移，这个选择也越来越清晰：开始扩展产品谱系，承认第一批客户（婴儿及其父母）的年龄正在变大，其需求和兴趣也在不断变化——不仅仅是婴儿产品了，现在是面向整个家庭了（产品拓展以及客户和产品多样化）。

纸尿布和湿巾业务确切证明了这一点。诚实公司相信，它可以

路径3：市场加速

开发出一个单独的品牌，在更多无毒产品中建立自己的声誉。

它还将通过包括大规模融资（这就是为什么追求首次公开发行会被提上日程）、发展相邻市场（地理、时间以及应用）以及在主要（80%～90%）在线电子商务业务中添加实体在内的组合，在很大程度上并行推进这些举措。

为了优化销售，诚实公司选择拓宽客户的购买渠道，并且与各种零售商建立合作伙伴关系，从而追求市场加速增长路径。诚实公司已经通过全食超市（Whole Foods）、好市多和塔吉特来销售产品，其产品在诺德斯特龙里也有销售。

在2017年年中，该公司增加了便利店和婴儿反斗城（Babies R Us）。在2017年7月，它增加了最大的玩家：亚马逊——尽管在2015年西南偏南（South by Southwest，简写为SXSW）盛会上，阿尔芭公开表示她对与亚马逊合作并不感兴趣（特别是考虑到自己已拥有纸尿布网站Diapers.com和肥皂网站Soap.com的事实）。美国全国广播公司财经频道（CNBC）报道称："她希望与客户保持一对一的关系，并且不想把对客户体验的控制权交给亚马逊。"她要重新考虑之前立场的决定，凸显了该品牌对客户体验的关注。走向客户并回应不断变化的市场环境正是高绩效公司与其他公司的区别所在。

诚实公司原本可以凭一己之力做到这一点，但正如你稍后将在合作伙伴关系增长路径中看到的（也正如你刚刚在安德玛的故事中读到的），与独自努力相比，这是一种成本效益更高、风险更小的方式，可以加速产品在其他市场的销售。事实证明，向自己的线上电子商务店铺之外开放自己的销售渠道是一个很好的决定。诚实公司现在拥有的业务更加平衡，目前约有50%的收入（3亿美元）是来自18 000多家实体店和亚马逊等线上合作伙伴的。

在两年前，这家公司还主要是通过在线销售产品给中上阶层父母的，而现在它将自己的产品放在两大洲线上和线下的主流商店以及药店里，面向不同经济阶层的家庭销售——尽管如此，它仍努力保持了自己在质量和独特性方面的声誉。

增长战略之间的曲折变化正是《增长智商》要体现的，这使得诚实公司成为历史上发展最快的生活方式公司之一，即使它是在与世界上一些最大的品牌竞争也是如此。与安德玛和红牛类似，曾经有一个机会，一个已经成熟待采的"蓝海"，但它被其他更大的品牌忽略，那些品牌还是卖着类似的产品。事实证明，从侧面包抄现有企业进而改善自己的滩头堡是一个很好的举措。

从最初的纸尿布和湿巾在线供应商开始，诚实公司迅速发展成为一个通用的生活方式品牌。今天，诚实公司销售超过135种产品，包括化妆品、牙膏、防晒霜、复合维生素、厨房清洁剂和幼儿园家具。

对于5 000多万27岁以上的千禧一代来说，为人父母变得再寻常不过。[101]皮尤研究中心（Pew Research）表示，有1 600万千禧一代的女性成为妈妈，而且有60%的千禧一代认为，为人父母对他们的身份来说非常重要。

通过回顾其决策的组合和顺序，我们可以更好地了解诚实公司是如何像过去那样迅猛发展的，这就是为什么我说理解市场环境会对决策产生惊人的影响。

如果没有这些特定的客户特征，那么诚实公司可能会有一个不合市场时机的好主意。但与之相反，仍有传言称诚实公司即将进行首次公开募股["独角兽"地位（Unicorn status）]，引入资深首席执行官尼克·弗拉霍斯［曾任职于一家消费品包装公司（CPG），其前身是高乐氏（Clorox）］，这表明它无意从一个如此巨大的市场机会中退

路径3：市场加速

出——无论与谁竞争，它都不会退出。

就像安德玛对T恤衫进行的现代化设计一样，诚实公司以全新工艺设计的一次性纸尿布，让它的滩头堡产品保持着清新、实用和有趣的特点，甚至可能帮助它在这条路上获取全新的顾客。

诚实公司
关键要点导读

- 与客户基础渗透一样，市场加速需要你深入了解目标客户的想法、需求和购买偏好。这使得公司可以满足客户想要的购物地点（线上和线下）和方式（直接对接品牌或对接第三方零售商）。如果公司选择坚持过去行之有效的做法，而不考虑目标客户的购买模式的转变，那么它就有可能会被甩在后面。

- 值得重申的是：对于《增长智商》一书所涉及的大多数公司来说，做出追求新增长路径的决定要么是因为当前的路径正在成熟老化或逐渐消退，要么是因为公司正在遭遇强劲的新竞争对手。但对于诚实公司来说，做出这个决定却是出于相反的原因——它取得了巨大的成功。

- 仅仅因为你的公司没有"蓝海"战略，并不意味着你无法应用从这些公司学到的东西。在诚实公司的故事中，杰西卡·阿尔芭并没有发明或煽动"无化学成分"运动。她接受了市场环境的转变，并将其应用到了一个几乎忽视这一机遇的行业。

- 这可能有点不合常理，但在一个新市场上快速增长的捷径的确是瞄准小目标。通过在立足市场中为特定类型的买方创建一个足够好的方案，公司可以避免满足广大客户需求所需的时间和费用，然后公司就有了一个狭窄的销售目标。公司也可以在利基市场实现规模化，比如新晋妈妈和准妈妈，她们可以作为强有力的客户基础，特别是当这些客户对一个品牌或产品表示满意时。

故事 3

美泰
玩具总归是玩具

> 我们的愿景是通过游戏来激发儿童的潜能，使之成为学习和发展的全球领导者。随着我们在新的战略方向上积极转变业务并改变运营方式，我相信我们有实力实现这一愿景，并且塑造玩具行业的未来。[102]
>
> ——马戈·乔治亚迪斯（Margo Georgiadis）
> 美泰公司首席执行官

和诚实公司面临的情况一样，只要全球每年有超过1.3亿的新生儿，那么市场对玩具的需求就不会很快消失。根据调研公司新产品开发集团（NPD Group）的报告，2016年美国玩具的销售额增长了5%，2017年增长了1%（美国和全球），销售额达到了207亿美元。[103] 2013—2016年，该行业在许多关键的细分市场（游戏或拼图、玩偶、户外和运动、毛绒、婴幼儿）领域增长了16%。

成立于1945年的美泰公司创造了世界上最知名的一些品牌——美国女孩（American Girl）、费雪牌（Fisher-Price）、风火轮（Hot Wheels）、火柴盒（Match-box）以及托马斯和朋友们（Thomas &

Friends）。从收入方面来看，美泰是全球最大的玩具制造商（2016年的销售额为54.5亿美元）。

近年来，美泰面临着一个问题。在过去的半个多世纪里，它几乎一直享有持续不断的成功和增长——其中大部分是由芭比娃娃这一有史以来最具标志性的产品推动的。现在，该公司却处于增长停滞状态。在这个世界上，85%的3～5岁的孩子都可以使用家用平板电脑来观看节目和玩游戏，玩具公司发现与这种方便简单的方式来争夺孩子的注意力越来越难了。市场环境的这种转变导致美泰面临着令人失望的季度业绩和不断下滑的利润率。

在整个2016年，该公司的股价下跌了23%，当其宣布圣诞节销售疲软并减少股息以资助一项全面周转计划时，其股价有所升高。该公司促进销售的转变之一是关注新兴市场，随着工资和生活质量的稳步提升，新兴市场的增长仍然强劲。到2024年，全球玩具市场和游戏市场预计将达到1 660亿美元，其中欧洲是最大的市场，拉丁美洲是增长最快的市场，其复合年增长率为9.6%。[104]而这恰恰是美泰所需要的机会。

然而，在2017年6月，也就是第二季度末，投资者焦急地等待着这一转变计划的结果——当它未能实现这一计划时（销售额比上一年仅增长了2%，达到9.74亿美元，但是成本过高造成了净亏损），投资者以再降7%的股价来惩罚该公司。美泰的股价在2017年下跌了27%，创下了2015年夏季以来的最低交易水平。

显然，美泰犯了一个严重的错误。它在还没有完全明白不使用其他必要的增长路径（产品拓展、客户和产品多样化以及合作伙伴关系）组合会带来怎样的影响的情况下，就去追求了一条增长路径（市场加速）。

请记住，这绝不仅仅是一件事，这种产品和销售渠道的结合是不恰当的。它无法对芭比和肯（Ken）这样的旗舰品牌进行国内和国

路径3：市场加速

际新市场的改造——考虑到年龄和性别，它没有全面的数字战略，它过于依赖传统（美国）订单，它也没有任何获利丰厚的许可协议（合作伙伴关系），比如孩之宝（Hasbro）和迪士尼的合作协议——最著名的有星球大战（Star Wars）、漫威超级英雄（Marvel Superheroes）、迪士尼公主（Disney Princesses）、《美女与野兽》（Beauty and the Beast）、《冰雪奇缘》（Frozen）和《海洋奇缘》（Moana）。

具体而言，这家玩具制造商恢复增长的策略有5个方面：[105]

- 创建有联系的360度游戏体验；
- 积极定位新兴市场，特别是中国市场；
- 推动创新管道；
- 改善内部运作；
- 重新点燃文化。

玩具行业的环境已然发生了变化，但美泰却没有及时做出反应。作为其扭亏为盈战略的一部分，正如人们所料，美泰采取了跟进资金的行动。国际销售预测强烈支持美泰在美国以外的市场进行双倍投资加速。尽管美泰几十年来一直在全球销售自己的产品，但是专注于哪个市场才能够为它提供最大的回报呢？美泰决定选择中国市场。

乍看之下，当运用市场加速来逆转增长停滞时，瞄准一个规模较大且相对未开发的市场似乎是一个很容易做出的决定。然而，就中国分散但利润丰厚的玩具市场而言，任何有兴趣积极寻求新兴市场的品牌的成功都取决于，它能否实行严格监管并适应当地消费者的偏好。

出于这个原因，美泰在中国迅速建立了多个合作伙伴关系，希望获得更广泛的市场渗透。特别是，美泰与中国电子商务巨头阿里巴巴达成了协议。凭借（国内）覆盖范围，阿里巴巴可以为美泰提供其所需的动力。除了阿里巴巴，美泰公司还与另外两家专门从事儿童发展的公司合作：复星集团（Fosun Group），创建了游戏俱乐部和儿童学习中心；宝宝树（Babytree），销售基于费雪牌玩具的互动学习产品，并且利用中国对教育的关注开发在线育儿平台，其目标是让中国消费者熟悉费雪品牌并为之感到振奋。

这三个合作伙伴关系标志着美泰的重大转变。记住，把你带到此处的东西也可能会把你带到彼处。美泰的新战略反映出对"一体不能万用"这一事实的认可——特别是在中国，1/5的顾客愿意在网上购买玩具而不是去"大型超市"和玩具店。美泰正在竭尽全力进行比2002年首次进入中国时更好的尝试。

那时，美泰开始在分店出售芭比娃娃，后来又推出了玲（Ling）——一个黑头发、身着传统中国服装的芭比娃娃（客户和产品多样化）。一进入中国，它就开始强势进攻（市场加速）以进一步扩张。2009年，它在上海推出了一个36 000平方英尺的"芭比娃娃之家"（House of Barbie），是当时世界上最大的娃娃店。以现有玩具开设门店的决定与当前市场环境（客户的意愿和期望）不匹配。不幸的是，由于高成本和低销量，它没能获得市场支持，于是在两年后停业。这一挫折证明，中国客户更喜欢量身定制的产品，而且他们的购买决策并不总受价格驱动。

一个新的视角

让增长停滞变得更加糟糕的是，美泰公司所经历的衰退不仅仅发生在基础芭比系列方面，也发生在其他产品系列方面，包括美国女孩娃娃，费雪牌和力量之轮（Power Wheels）。这意味着在其他产品系列的经营好转时，它不能用一个产品系列来守住堡垒——它必须提出一个全新的策略，而且必须是现在。

中国市场只是美泰公司扭亏为盈战略的一部分，该公司还计划在其旗舰产品芭比娃娃的外观上做出一点儿改变。在社交媒体时代，人们对多样性和包容性越来越感兴趣，传统芭比的金发美女形象看起来越来越不合时宜。

美泰早在2000年就已经认识到了这种市场环境的变化，但即使它已推出了芭比娃娃玲以向中国扩张，它对变化的回应也非常保守。现在，该公司准备全力以赴：设计新的娃娃身体——身材娇小的、身材高大的、曲线玲珑的，以及不同的种族和各式各样的服装风格。美泰甚至与一位总统、一名医生、一名教师和一名游戏开发人员一起进一步推动了芭比的职业发展，以此来提高女孩对STEM（科学、技术、工程和数学）的认识。

美泰　芭比　→ 一直是一个符号化的产品

为什么不瞄准世界上最大的市场中国呢？

所追求的市场加速

→ 产品线增长停滞

→ 在中国建立了几个合作伙伴关系（复星集团、宝宝树），以此创建儿童游戏俱乐部和儿童学习中心

这对美泰来说存在巨大的风险，因为对于很多人来说，芭比不仅仅是一个玩具，它也是美国文化的一部分。该品牌每年在150多个国家的销售额达到10亿美元，92%的3～12岁的美国女孩都拥有一个芭比娃娃，这在一定程度上要归因于芭比10美元的实惠价格。[106]

"随它吧"

你在阅读本章时要记住的重要一点是，如果你要追求市场加速增长路径，那么你不仅必须考虑自己计划销售的产品，而且还要考虑自己所需的能够支持和推进增长的诸多合作伙伴。因此，虽然所有这些产品变化对美泰来说都是有益且必要的，但如果它不能维持和培养自身备受觊觎的、行业领先的合作伙伴关系，比如与迪士尼的合作伙伴关系，那么这一切都将是徒劳的。

自1955年以来，美泰一直与迪士尼合作，当时它是米老鼠俱乐部（The Mickey Mouse Club）的第一个赞助商。1996年，美泰成为迪士尼指定的公主玩偶制造商——制造茉莉公主、灰姑娘和睡美人等公主娃娃。据说该合同的价值约为5亿美元，甚至还不包括最受女孩子欢迎的最新玩偶——来自迪士尼《冰雪奇缘》里的艾尔莎（Elsa）。然而，当芭比娃娃的销售开始放缓时，迪士尼感到"被忽视"了，因为美泰似乎将更多的注意力放在了它自己的旗舰产品上，而不是与迪士尼的合作产品和合作机会上。在继续寻找新的收入来源之际，美泰在2013年推出了"童话高中"（Ever After High）（产品拓展）——一系列基于童话人物的玩偶娃娃，促生了一个网络系列、一部电影和两套图书系列，这些在很多方面都直接与迪士尼的公主品牌展开了竞争。

- 生产芭比娃娃的美泰自1955年以来一直与迪士尼合作。
- 美泰自1996年以来一直在生产和制造迪士尼公主娃娃。
- 但现在这份利润丰厚的合约却属于它最大的竞争对手——孩之宝。
- 尽管美泰是市场上最大的玩偶制造商，但它却将合同输给了一家主要生产男孩玩具的公司。[107]
- 迪士尼最近塑造的最为成功的故事之一是2013年的电影《冰雪奇缘》，其被当作一个独立的特许经营权。据新产品开发集团的调查，去年以公主艾尔莎和安娜（Anna）为原型的玩偶和连衣裙在美国的销售额达到了5亿美元。

路径3：市场加速

不幸的是，在美泰做出了一系列内部决定后，迪士尼在2014年9月正式将其玩偶业务交给了已经拥有漫威和星球大战经营许可权的孩之宝。虽然美泰仍在为迪士尼生产包括米老鼠在内的玩具，但失去这份合同却让美泰的年销售额损失了7%，约合4.5亿美元。2015年年初，时任首席执行官的美泰董事会成员克里斯·辛克莱（Chris Sinclair）坦言："我们把迪士尼的合约认为是理所当然的，我们没有重视它们。对此我们感到羞愧。"这提醒人们，选择一条新的增长路径和加倍注重现有增长路径不能分离开来。

这个案例告诉我们，如果你不注意跨团队或跨部门做出的某些决策可能带来的后果，那么事情就很可能会往错误的方向发展。如果产品开发与合作伙伴和联盟团队不一致，那么这实际上最终可能会导致一方与另一方产生竞争，或者更糟糕的是，成为破坏长期收入来源的催化剂。这种后果可能是灾难性的，就像美泰和迪士尼的案例那样。

美泰
关键要点导读

- 消费者要求销售渠道具有更大的灵活性,而那些正在考虑利用市场加速从增长停滞中恢复的公司不能只运用相同的策略(如通过零售商来销售某些产品)来扭亏为盈。

- 在开拓新市场的同时,美泰正在利用其产品阵容追赶当前的市场环境,这意味着采取的顺序真的非常重要。在没有适当产品的情况下进军新市场可能会损害一家公司的成功机会。你可能有正确的增长路径(市场加速),但你可能同时在销售错误的产品(没有经过区域调整的或过时的),或者你正在扩张的市场本身可能正在衰退,不值得你去追求。

- 全球品牌或有志于成为全球品牌的品牌必须考虑自身所需的区域性调整,并在推出现有产品之前做出这些调整(小的或大的)。

综而观之

请记住，在客户基础渗透路径中，如果你决定通过在新市场中定位相似的客户类型来追求增长，那么做好研究工作并更好地了解现有客户将会给你带来好处。这条路径很少独自存在：如果一家公司想要扩张到新市场，那么它可能首先要确保自己在正式进入市场之前就已经具备了必要的销售和营销能力（优化销售）。探索合作伙伴关系以降低某些风险并实现更快地上市可能是具有吸引力的。你为新市场所准备的计划能否成功在很大程度上取决于它与你当前的策略有多么相似和你对新市场环境的了解——无论那可能是什么。

首先也是最重要的是，你必须能够根据对自己的业务类别、产品或客户群的未来增长预测来确定你将要追求或规避的市场。其中的窍门在于：以这样一种方式了解市场环境，你就可以足够快速地调整产品、营销和销售策略，并实现投资回报。这最终会给你的销售和营销人员或合作伙伴（而不是产品）带来更大的压力，因为他们更有可能限制执行此特定路径的速度。

行之有效的方法以及潜在的陷阱

如果你做对了，那么市场加速路径带来的长期影响可能意义重大。

- 开拓先前被排除在外的市场和客户细分市场来促进增长，进一步扩大市场份额。
- 用新的收入来源弥补目前可能发生在本国市场和客户基础中的增长停滞。
- 考虑更具竞争力的定价、营销和销售渠道,以与某些市场隔离开来,避免渠道的"冲突"。
- 挖掘发展中的市场,你的产品类别正在这个市场中经历着高增长,这能在国内市场中为你的公司提供资金以提升其他增长路径的效力。

如果你做错了,那么市场加速路径带来的长期影响可能是显著的。

- 过度扩张业务会导致产品质量和客户体验受到负面影响。
- 你积极地追求市场,但当事情开始往错误的方向发展时,你就会退出市场。如果你再次尝试进入同一市场,那么这会让你面临风险。客户可能会记住你之前进入市场又退出的事情,并且担心你会再次做出同样的事情。
- 走向全球意味着你必须对当地习俗和法律保持敏感度。如果你不这样做,你就有可能在缺乏考量的情况下冒犯潜在客户,而这是极其难以挽回的。
- 利用伙伴关系扩大影响范围和进入新市场是提高企业成功可能性的一种可行方法。然而,如果你将它做得太片面(即一切都与你有关),那么你就会阻碍其他投资。

组合:路径3——市场加速+路径8——合作伙伴关系

这一点很有道理:你已经利用现有产品的变体成功进入了一个

新市场。既然你已经站稳了脚跟，那么你所面临的下一个挑战就是拓展并开发这一举措所创造的所有新机会。

如果你已经做好了准备，并且已经确定了新市场中的主要参与者，那么优先考虑潜在的战略合作伙伴关系、人际关系和渠道应该是简单的一步，这将使你更有效率和更具竞争力。

最终，你在这个新市场生态系统中的位置应该至少与在原来的市场中一样复杂、有影响力和富有经验。正如我们在安德玛故事中所看到的，当它想在国内和国际上进一步扩张时，它的零售合作伙伴关系是非常宝贵的，它强调了与知名且有信誉的品牌建立本地合作伙伴关系的重要性，这些品牌拥有它可以利用的客户基础。

组合：路径3——市场加速+路径6——优化销售

你已经进入了新市场并且势头正旺，但是你与该市场及其参与者的关系仍然是粗糙的、未经检验的。这看起来像已久经考验的东西，事实上可能仍然还是新奇事物。

你需要巩固自己在这个新市场的地位。其中一个最好的方法就是让你的销售运作高效、反应迅速、适应性强。它需要你重复销售，并让你在此过程中拥有一个先是稳定、然后忠诚、最后世代相传的客户基础。这两条增长路径——市场加速和优化销售——是密不可分的。如果你要开拓新市场，那么你的销售工作必须保持均衡。

组合：路径3——市场加速+路径10——非常规战略

这是三种组合增长路径中最有风险的一条，所以为什么要采用它呢？当情况不那么明确、流动性更强时，这可能是一个开拓新市场、尝试新事物的最佳时机。如果你孤注一掷却失败了，那么损失可能很小，市场几乎不会注意到。

如果你打算在一个新市场里大获全胜,那么再也没有比你第一次进入这个市场更好的时机了:消费者充满好奇,竞争对手毫无准备,而你正享受着一种新奇感和自由。这虽然存在风险,但风险很小:一旦大获成功,你就可以节省资金并避免多年的艰难竞争。

路径 4

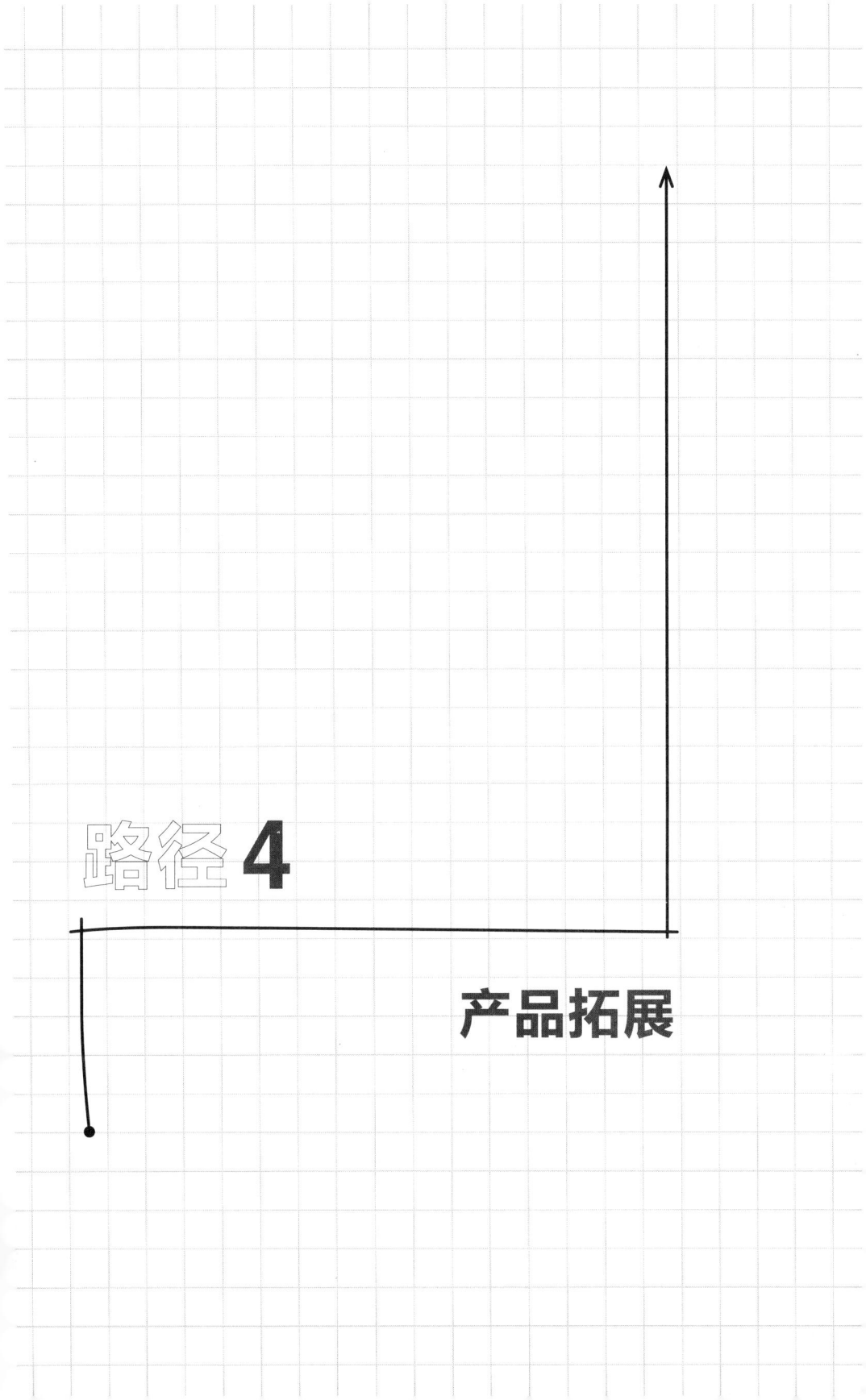

产品拓展

产品拓展

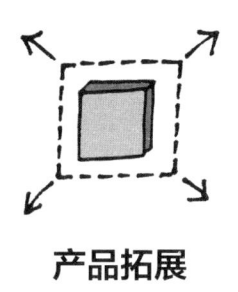

当我们购买一个产品时,我们实际上是在"雇用"它来帮助我们完成一项工作。如果它能很好地完成这项工作,那么我们下次在遇到同样的工作时,就会再次雇用该产品。如果它表现糟糕,我们就会"解雇"它,并寻找替代品。[108]

——克莱顿·克里斯滕森(Clayton Christensen)
《创新者的困境》(*The Innovator's Dilemma*)作者

为什么产品拓展至关重要

- 现有客户尝试新产品的可能性比新客户高出50%,并且现有客户的消费比新客户的消费要多31%。[109]
- 全球60%的网购消费者更喜欢购买自己熟悉的品牌的新产品,而不是转向新品牌。[110]
- 在消费品业务方面,54个主要类别中有42个类别的市场份额已经被那些曾名不见经传的年轻公司夺走。[111]
- 到2025年,汤森路透(Thomson Reuters)的数据显示世界上72%的消费阶层将生活在发展中国家。[112]

- 每300件产品中就会有一件产品对客户购买行为、产品类别或公司的增长轨迹产生重大影响。[113]

什么是产品

在当今节奏快、竞争激烈的商业领域中,公司在考虑开发和推出新产品以推动增长时,没办法也没必要仅仅依靠精确的研究和开发(R&D)预算与长期连续的生产计划。

不要为你的产品寻找客户,而要为你的客户寻找产品。[114]

——塞思·戈丁

《关键人物》作者

例如,几年前我和一家非常大的科技公司讨论其针对中小型企业(SMB)推出的新产品计划。该产品本身并非"新"产品,但它是针对特定客户群和买家而打造的现有产品的延伸产品。这种做法提供了巨大的规模经济、更快的上市时间,并且该公司可以从中挖掘过去已经奏效(以及没有奏效)的业内共识。相比许多其他产品和服务领域,该公司在中小型企业领域已经成为市场份额的引领者,它使其成为一个现有市场,因为公司正在寻求额外的收入增长,而这次新产品的发布也成了一次完美的相邻市场的产品拓展。对于一家每年在此(产品)类别中销售数百万件产品的公司而言,这次尝试成为该产品线历史上最成功的一次。

这表明,如果你正在努力考虑产品拓展路径,那么你完全没有必要每次都从头开始设计"新"产品。如果你要开发新产品,那么最重要的目标应该是通过满足个人、商业或社会需求来为客户提供"价值"。否则，他们就没有理由为你所提供的东西买单。新的和不断增加的价值是客户回归和公司发展的动力。如果公司提供的价值没有增加或产品停滞不前，那么公司就有可能在市场上失利，因为竞争对手甚至新入场的公司都会增加自身的价值，并将停滞不前的公司甩在身后。在这个案例中，该公司的产品可以满足所有客户的价值需求。

但是在21世纪，产品的定义和价值可能不像上面的例子中说得那样简单。

福布斯榜十大全球最具创新精神的公司

看一看2017年福布斯榜[115]十大全球最具创新精神的公司[116]名单，你会发现这些公司销售的"产品"绝不单一。其中一些公司成立于20世纪，在新世纪依旧不断进行创新，而另外的公司则得益于21世纪的技术，进而可以打造极具创新性和革命性的产品。在服务领域，共享经济已经颠覆了产品的"所有权"概念。优步并不拥有车，爱彼迎（Airbnb）并不拥有任何一家酒店，然而它们出售了大量出行订单和房间。它们仅仅是一个渠道、一个数字市场，一个供消费者获得可用产品（汽车和房间）的网络。那么，产品究竟是什么？

事实是：正是由于上述原因，这条特殊的增长路径才既充满挑战，也充满机遇。

仅仅拥有一款出色的产品并期望它能获得成功是不够的，仅仅拥有一个好产品（哪怕是同品类中最好的产品）也已然不够。很显然，你需要投资开发你的产品，而且"以产品为主导"并没有错。无论你是在制造服装、纸杯蛋糕、野营装备还是行李箱，这都不重要。

福布斯榜十大全球最具创新精神的公司（2017年）

排名	公司	国家	行业
1	软件营销部队	美国	应用程序软件
2	特斯拉公司（Tesla Inc）	美国	汽车制造商
3	亚马逊	美国	互联网和直接市场零售
4	上海莱氏血液制品有限公司（Shanghai RAAS Blood Products Co LTD）	中国	生物技术
5	网飞	美国	互联网和直接市场零售
6	因塞特医疗（Incyte Corp）	美国	生物技术
7	印度联合利华有限公司（Hindystan Unilever Limited）	印度	家庭用品
8	亚洲涂料有限公司（Asian Paints Limited）	印度	特种化学品
9	NAVER（一韩国网站名称）	韩国	互联网软件和服务
10	再生元制药（Regeneron Pharmaceuticals）	美国	生物技术

当你过于以产品为中心时，你就遇到麻烦了。当今市场需要的是更大的灵活性和更多对客户的关注，也叫作"以市场为导向"或"以客户为导向"。在这个过程中，公司应该确定客户未来可能需要什么样的产品，然后去开发这些产品——无论产品大小。产品拓展的方式有很多种，本章难以尽数列举。不过本章将介绍一些优秀案例，探讨公司如何利用决策组合来结合当前的市场环境，采用正确的顺序，从而获得竞争优势。

故事1

凯莉化妆品
与凯莉·詹娜同行

> 千禧一代创造了自己的社区、自己的语言和自己的世界,并以一种截然不同的方式进行交流和消费。[117]
>
> ——祖·玛珑(Jo Malone)
>
> 祖·玛珑(Jo Malone)和祖系情人(Jo Loves)创始人

2016年,传统化妆品的市场份额下降了1.3%,但自主品牌的市场份额增长了42.7%。[118]这些较小的自主品牌的增长直接反映了市场环境、消费者偏好和消费者人口统计特征方面的变化。

例如,最近实施极具针对性和有效性的产品拓展增长战略最成功的公司是凯莉化妆品(Kylie Cosmetics),其创始人凯莉·詹纳(Kylie Jenner)因是卡戴珊·詹纳(Kardashian-Jenner)帝国中最小的女儿而被公众熟知。

无论你如何看待真人秀或卡戴珊家族,这确实是一个令人印象深刻的故事——充分利用了现今各种技术和不断改变的消费者行为给公司提供的优势,这也是《增长智商》一书的核心观点。

在美国，"女性在美容产品上的花费增加了，在粉底上多花了13%，在遮瑕膏上多花了18%。35%的女性每天使用5种以上的彩妆产品，80%的女性每天使用3种护肤品……美国每分钟要卖出6支睫毛膏……65%的青少年依靠社交媒体来了解和选择美容产品。"[119]

凯莉充分利用她在电视节目《与卡戴珊一家同行》（Keeping Up with the Kardashians）中的曝光，成为化妆品领域和时尚界极具影响力的人物。2012年，在她只有15岁的时候，她和她的姐姐肯德尔（Kendall）与服装品牌帕克森（PacSun）合作，针对十几岁女孩创立了服装品牌"肯德尔与凯莉"（Kendall and Kylie），这些女孩是她们的天然粉丝和目标客户群。在2014年和2015年，《时代》（Time）杂志将詹纳姐妹评为2014年"最具影响力的青少年"。如果这还不够，2015年凯莉推出了自己的化妆品系列——凯莉化妆品。是什么让她相信自己能够成功进入已经被一些世界最知名品牌所占据的化妆品行业呢？

> 自我15岁开始，我就一直沉迷于口红。我从没找到过完美匹配的唇线笔和唇膏，所以我有了创造自己产品的想法。[120]
>
> ——凯莉·詹纳

首先，凯莉对化妆和时尚充满热情。其次，她有能力利用节目和她不断增长的粉丝群所提供的巨大平台来组建（必需的）制造和分销合作伙伴关系。再次，她看到了市场上尚未满足的需求。最后，她想专注于像她一样的青少年顾客。

我们暂且先关注第二点，因为这是这一课的重点。2017年12月，年仅20岁的凯莉在照片墙（Instagram）上的粉丝数量就达到了1亿。她还拥有超过2 400万的推特粉丝和2 000万的脸书粉丝，这使得她的社交媒体覆盖面超过1.5亿人。简而言之，凯莉是全球社交媒体粉丝最多的人之一〔也许只有她的大姐金（Kim）可以与她相媲美〕。

作为产品拓展战略的一部分，凯莉化妆品最初的离散化妆品系列在随后的几个月内往两个不同的方向拓展。其中一个方向是化妆品类：凯莉眼影（Kyshadows）、凯莉眼线笔（Kyliners）、色拉布（Snap-Chat）教程（平均浏览量为1 000万）、移动应用程序和其他时尚产品。另一个方向是进行主题产品捆绑（凯莉的假日系列和凯莉的情人节系列）。

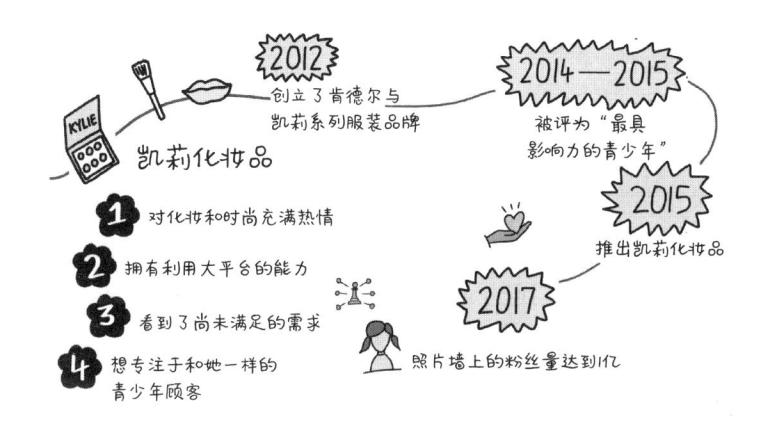

凯莉化妆品
1. 对化妆和时尚充满热情
2. 拥有利用大平台的能力
3. 看到了尚未满足的需求
4. 想专注于和她一样的青少年顾客

2012 创立了肯德尔与凯莉系列服装品牌
2014—2015 被评为"最具影响力的青少年"
2015 推出凯莉化妆品
2017 照片墙上的粉丝量达到1亿

如今，凯莉已经在她的目标市场站稳脚跟，并在此基础上利用新产品拓展市场边界（和她的年龄增长相关），不过她依旧关注青少年顾客群体——发布了#凯莉20岁的产品宣传活动。

这一战略的成功在很大程度上取决于组合和顺序。毫无疑问，凯莉的部分成功是基于对巨大平台的充分利用，不过平台的作用是有限的。与杰西卡·阿尔芭和诚实公司（杰西卡·阿尔芭创建的母婴品牌）相似，成为名人可能会让你一只脚迈进成功的大门，但如果没有出色的产品、忠诚的客户群和强大的客户体验，名人也无法保证企业

路径4：产品拓展

的成功。

许多其他（年纪更大且更知名的）名人试图进入商业世界来扩展自己的品牌，但都以失败告终。凯莉和她的业务经理兼母亲克里斯·詹纳（Kris Jenner），以及她的业务拓展团队，包括熙德美妆（Seed Beauty）的劳拉·尼尔森（Laura Nelson）和约翰·尼尔森（John Nelson），首先必须通过抓住凯莉的青少年明星效应和其庞大且忠诚的粉丝群来抓住相当庞大的目标市场份额。

这种大规模增长的顺序至关重要。在自己授权或发布任何产品之前，凯莉首先创立了自己的个人品牌。接下来，她在家庭帝国的基础上开拓了和姐姐们不一样但是适合自己的一片领域，并在这一领域保持专注，开发了一系列授权和合作伙伴关系。然后，一旦这些努力有了回应，凯莉就立刻推出了自己的产品系列"唇膏套装"（Lip Kits）——高价限量，并且在几分钟内售罄。

脸书的工业美容/时尚/奢侈品/零售业务主管卡琳·特雷西（Karin Tracy）指出："脸书拥有19亿用户，瓦次普（WhatsApp）拥有12亿用户，照片墙拥有7亿用户，脸书即时通（Facebook messenger）拥有12亿用户。在这些组合平台上，有6 000万家企业，每天发布的内容有5.26亿个与美容行业相关。"[121]

有些人可能认为这是典型的"稀缺性"营销策略，这种观点的确不无道理。这是刻意为之还是无意的呢？谁知道呢，不过凯莉已经对她的顾客群体（或者说粉丝群体）了如指掌，可以迎合他们的需求，并且随着顾客群体的年龄增长，持续追求产品拓展，延伸产品线。

营销和社交媒体互动的结合是凯莉成功的关键要素之一。随着社交媒体取代传统媒体，你可能很快在《青少年时尚》（*Teen Vogue*）

杂志上就再也看不到凯莉化妆品的广告了。凯莉正在利用各种社交媒体营销（视频、照片墙、推特、脸书）来拓展消费者参与的边界。

雅诗兰黛（Estée Lauder）的法布里齐奥·弗雷达（Fabrizio Freda）通过观察得出："年轻一代正在通过自我表达的形象来定义文化，他们平均每天拍摄的照片比父母一年拍摄的照片还要多。65%的青少年依靠社交媒体来发现和选择美容产品……波动性和变化的步伐并未减慢。我们所经历的并不是某一时刻，而是新的现实……领导变革的关键在于了解那些尚未改变的事物，以及如何利用我们的历史优势。"[122]

在不到两年的时间内，在没有采用任何付费广告活动的情况下，凯莉化妆品已经成为一个提供全方位服务、直接面向消费者的知名美妆品牌和社交媒体巨头，估计其产品销售额达6亿美元。凯莉最近被评为2017年快销公司榜单最具创造力的百名企业家，排名是第57位。[123]

我们综合上述内容分析一下。与其他美容巨头相比，凯莉化妆品的收入业绩表现如何呢？时尚天才汤姆·福特（Tom Ford）在2006年推出了自己的美妆产品系列，10年后其销售额才首次突破5亿美元。欧莱雅（L'Oreal）的兰蔻（Lancome）化妆品系列花了80年才达到10亿美元的销售额。化妆品巨头雅诗兰黛曾持有魅可（MAC）大部分的股份，后来持有其全部股份，尽管如此，魅可依旧花了13年才达到2.5亿美元的销售额，又花了10年才达到5亿美元的销售额。

> 只要足够真实，零花费就是有效的。数字化不是一种战略或渠道，而是我们生活的现实。我们的产品由非公司人员推广。团队是潜力无限的……通过社交媒体与消费者进行直接互动，允许为期4天的产品创

路径4：产品拓展

造,而且无须专门的焦点团队。当产品开发提前期只有几天时,你无须根据对消费者需求的最佳预测来确定库存。[124]

——劳拉·尼尔森
熙德美妆联合创始人兼总裁
约翰·尼尔森
熙德美妆创始人兼首席执行官

至于凯莉·詹纳,其公司目前的增长率表明,到2022年它将突破10亿美元大关,同时还会继续提速。[125]而且这种增长似乎没有尽头。

凯莉化妆品
关键要点导读

- 这种大规模增长的顺序至关重要。在自己授权或发布任何产品之前，凯莉首先创立了自己的个人品牌。接下来，她在家庭帝国的基础上开拓了适合自己的一片领域，并在这一领域保持专注，开发了一系列授权和合作伙伴关系。然后，一旦这些努力有了回应，她就立刻推出了自己的产品系列"唇膏套装"。假如她在实现个人品牌增长或客户群体希望购买更多她的产品这一目标之前，就推出了"唇膏套装"系列，那么她的产品很可能刚刚推出就要退出市场了。

- 凯莉化妆品对其庞大的客户群（粉丝）有着深刻的个人理解和联系。凯莉在自己身上发现了一项尚未被满足的需求，进而决定为其他人（喜欢化妆的青少年）满足这项需求。她在推出产品的前几年里，并没有开设研发实验室或测试产品。她利用战略合作伙伴（合作伙伴关系）熙德美妆来帮助她的公司快速生产产品并缩短上市时间——熙德美妆拥有17年的美妆行业经验。

- 凯莉化妆品能够使用多种路径的组合促进增长。它希望向现有客户销售更多已有产品（唇膏套装）（客户基础渗透）。此外，它推出新产品（产品拓展）满足不断增长的客户群，并用新产品吸引新客户（客户和产品多样化）。由于难以跟上销售渠道的需求，它还进行了优化销售，找到了一种经济有效的方式将产品销售给更多人。

路径4：产品拓展

故事 2

约翰·迪尔
随着"甜菜律动"

需要是发明之母。

——谚语

在20世纪，大多数美国人是农民或来自农民家庭，几乎一半的美国人仍然生活在农场里。这里有近600万个农场，而且这个数字仍在增长，农业用地数量也在增加。有两个因素促成了这一非凡的成就：一个是向西部的扩张，另一个则是农业机械的应用。

这些增长平稳持续到20世纪初，但到20世纪中叶，这两种趋势都已逆转。20世纪20年代见证了从马到拖拉机的巨大进步和"马力"的进步，到21世纪初，市场环境发生了天翻地覆的变化。

农场总数已缩减至不到200万个。目前，只有不到2%的人口长期生活在农场或从事农业生产，农业在经济总量中所占的比例远低于1900年。

然而，1900年从事农业生产的人只占总劳动力的1/3，而到20世纪末，美国农业的产量多出了7倍，农户的平均家庭收入增加到相当于或超过非农户家庭的收入。农民以及为农民提供产品和服务的人员数量，如约翰·迪尔（John Deere）和西尔斯·罗巴克（是的，就是西尔斯），正在增长。

向前耕进

谈到世界上最具创新性的行业时，农业机械可能不会浮现在你的脑海中。然而，拥有180年历史的约翰·迪尔不仅是世界上最大的公司之一，而且拥有标志性的绿色拖拉机和其他农场设备，以及黄色的跳羚标志；它也让大多数其他产品的创新者自愧不如。当涉及在恰当的时间向现有客户群销售新产品时，直接销售与合作伙伴的正确组合几乎无人能敌。

产品拓展一直是约翰·迪尔采用的策略。事实上，该公司由住在伊利诺伊州大迪图尔市（Grand Detour）的迪尔先生于1837年创立，最初旨在开发一项新发明。作为一名铁匠，迪尔注意到当地肥沃的土壤往往会粘在传统铁犁的表面上，所以他拿了一把苏格兰锯片并把它做成了犁刃。这一方法效果极好，泥土会从光滑的表面上滑落，而无须定期"冲刷"。

约翰·迪尔的免洗犁刀风靡市场——它是一个伟大的产品，满足了特定客户（农民）的需求，通过正确的销售渠道（店面）销售，提供有效的付款条件。约翰·迪尔的这些产品组合在帮助人们开辟大平原农业方面功不可没。其余的就是众所周知的历史了。

新世纪带来了新的挑战，对重型设备制造商而言尤为如此。第一个挑战很快来临：由一家新公司制造的汽油动力拖拉机几乎使约翰·迪尔目前的系列设备遭到全部淘汰——这家新公司就是万国收割机（International Harvester）。约翰·迪尔需要进入拖拉机市场，在行业内部努力制造自己的发动机被证明是不成功的，于是它决定在1918年收购滑铁卢汽油发动机公司（Waterloo Gasoline Engine Company）——一家小型双缸发动机制造商。

约翰·迪尔

1972

推出了好点子
（Sound Idea）
一代拖拉机

从以产品为中心转变为以客户或用户体验为中心的方法

它知道具有新软件功能且经过可靠性验证的约翰·迪尔硬件将改变未来的游戏规则

约翰·迪尔原本可以抵制市场环境的变化——忽略农场客户的需求。商业世界里满是那些不想改变的公司，即使市场正在改变，它们也不想改变。相反，在20世纪余下的时间里，约翰·迪尔会定期推出新一代拖拉机、自动式联合收割机、收割机、播种机、采棉机……并且推出建筑设备，按照20世纪传统的产品拓展过程，公司大约每20年推出一次新产品。

> 将客户的意见融入我们的设计过程，这一点非常重要。这是我们的工作，而且我们在世界各地的员工每天都在与顾客交流。对约翰·迪尔来说，最重要的一点是设计的产品要满足客户的需求——无论我们的产品是什么类型。[126]
>
> ——**格雷格·多尔蒂（Greg Doherty）**
> 约翰·迪尔全球商业和消费设备部门产品和技术营销集团总监

根据该公司的介绍，这几代机器中的每一代都代表了农业设备创新的顶峰。你可能会觉得，这家公司的产品拓展如此迅猛，它一定是一家产品主导型的公司。你只说对了一半。

约翰·迪尔根据对农民需求的多年研究和调查开发了新产品，

虽然其竞争对手难以建立销售网络，但约翰·迪尔的设备经销商却是它的制胜法宝，这一点早已不是秘密。经销商与农民密切合作，以定制机器的重量、牵引力和配件。强大的经销商网络与合适的产品相结合，使约翰·迪尔能够主导市场。

一个好点子

1972年，也就是约翰·迪尔成立135年后，该公司推出了"好点子"系列拖拉机，这是故事最精彩的时刻。在机械方面，"好点子"系列与之前的"新一代"（New Generation）车型几乎相同，不过它采用了现代化的方法。两者关键的区别在于一个可以称之为"软件"导向的转变。这并不是说约翰·迪尔会放弃它的"硬件"。相反，它知道具有新软件功能且经过可靠性验证的约翰·迪尔硬件将改变未来行业的游戏规则。

尤其是，驾驶员的第一次体验要优先考虑。这种转变不是转向产品拓展以外的增长路径，而是在产品拓展路径内进行转变：从以产品为中心转变为以客户或用户体验为中心的方法。

或者：它们已经部署了产品拓展路径，但它们决定将其与客户体验路径相结合。从以产品主导转变为以客户为主导的设计范式，这不仅是约翰·迪尔的一个重大转变，也是整个行业的转变，并且它现在已经没有回头路可走了。

新型拖拉机配有封闭式驾驶室、加热器、收音机和可调节座椅。在我们看来，这些变化似乎是微小的，但当时它们对产品是很大的提升，并且使公司处在一条全新的、利润丰厚的增长道路上。

客户体验（农民）实际上变成了产品——拖拉机却不是了。最重要的是，这些决定让公司走上了数字时代的轨道。

约翰·迪尔
关键要点导读

- 约翰·迪尔原本可以抵制市场环境的变化，因为它坚信自己在农业领域的悠久历史将继续激发客户的忠诚度。相反，它意识到具有新软件功能且经过验证的约翰·迪尔硬件将会改变未来的游戏规则，并且将帮助自己跟上21世纪农民的需求。
- 约翰·迪尔的最大转变可能是在以更全面的方式开发产品时将农民（顾客）放在第一位。这种转变不是转向产品拓展以外的增长路径，而是在产品拓展路径内的转变：从以产品为中心转变为以客户或用户体验为中心的方法。
- 任何公司都必须有意愿去颠覆自我，才能对周围被颠覆的市场做出反应。约翰·迪尔冒着失去一切的风险这样做了。"产品"的定义永远改变了。随着数字化的发展，它现在既是一家产品公司又是一家平台公司。它不仅打开了与其他农场设备制造商竞争的大门，还打开了与亚博科技公司（AgTech）竞争的大门。
- 要将新产品销售给现有市场，公司需要深入了解市场本身——包括客户。一方面，获取有关设备的数据将有助于确定提高性能的方法；另一方面，获取客户的使用模式将有助于进一步延伸其以客户为导向的产品拓展计划。

故事 3

百视乐
"善良一点儿,请不要松动我们的业务"

好吧,休斯顿,我们这儿有一个问题。[127]

——杰克·斯威格特(Jack Swigert)
美国国家航空航天局(NASA)《阿波罗13号》(Apollo 13)指挥舱驾驶员

    毫无疑问,百视乐(Blockbuster)拥有视频租赁业务——直到它消失为止。该公司于1985年在达拉斯(Dallas)开业。9年后,百视乐以84亿美元的价格被维亚康姆(Viacom)收购。现在人们几乎很难记得,但10年前无处不在的且灯火通明的百视乐商店是美国周末生活的核心。每个星期五,数以千万计的人挤进该公司的商店租用视频和DVD,并争抢最新版本。在所有主要电影公司的全力支持下,它在这个行业占据了一个重要的地位,拥有了一个行之有效的模式——它相当于一张印钞许可证。

    不幸的是,10年时间(1987—1997年)里的高速增长、积极扩张以及并购活动开始对其造成损失。百视乐发现自己陷入了增长停滞。为重回正轨,它开始与达美乐比萨(Domino's Pizza)和麦当劳

路径4:产品拓展

进行联合促销（合作伙伴关系）。它开始进行广告宣传，开始向国际市场推进（市场加速），开始在一些商店销售视频游戏设备和世嘉创世纪（Sega Genesis）视频游戏。该公司开始考虑出售录音带和CD，甚至拿到了1992年奥运会的磁带销售权（客户和产品多样化）。这是一次全面的闪电战。在美国，它于1990年6月开设了第1 200家门店；新门店的开设速度是每日一家。

在它完全致力于这些举措的同时，视频租赁行业的放缓也变得日趋明显。尽管该公司的收入在1988年增长了114%，在1989年增长率缩减到93%，但这还算不错，不过到了1990年它的增长率就降到了48%。顺着这一趋势，该公司1991年第一季度的财务业绩让人大失所望。

毫无疑问，所有这些增长使得百视乐成为市场引领者，成为美国各地家庭实际上的视频租赁选择。凭借强大的品牌，它能够轻松地获取客户，并能因库存量大而保持回头客，但其中很大一部分客户可能是由于别无选择。推出会员卡是一回事，而在顾客群中建立忠诚度则是另一回事。在遍布美国和其他24个国家的9 100家商店中，每天为大约300万客户提供服务并不容易。问一下星巴克就知道了。很难确定它是否曾经转向将客户体验作为一种增加租赁频率或租借电影数量的方式，但是从外部来看（以及作为前客户），情况似乎并非如此。

租借电影的体验可能会因缺乏库存（热门的新版本）而有些令人沮丧，而且对于在过道上走来走去的顾客而言，这也是浪费时间的，好像在参加寻宝游戏——对电影库存满怀希望。当找到影碟时，顾客必须检查盒子和里面的电影是否匹配，以及影片是否倒带了。如果是正确的影片，客户会租回家两到三天，然后不得不大老远地把它还回去，而且常常很晚才还。客户开始抵制交纳过多的逾期费用，在某些情况下，逾期费用甚至超过了租赁影片本身的价格。或许正是这些逾期费用加快了客户绕开百视乐并转向寻找替代品的进程。

你的逾期费用被免除了

虽然百视乐在过去10年里已将视频租赁市场标准化，也为家庭提供了娱乐，但是该公司即将面临会永远改变公司历史和遗产的挑战。首先也是最重要的一点是，百视乐并没有做好准备来应对市场环境的迅速变化。互联网正进入全国各地的家庭，消费者偏好也随之改变。这些情况为其他竞争性威胁打开了大门。

领导这一变革的公司是一家硅谷初创公司。1997年，一名叫里德·黑斯廷斯（Reed Hastings）的男子将逾期的《阿波罗13号》副本归还到当地的百视乐视频商店。经过估算后，他要交纳40美元的逾期费用。一年后，他受到一劳永逸地免除逾期费用的激励，创立了网飞。网飞的开端算是筚路蓝缕：它是第一家在互联网繁荣期通过定位相同的客户基础，利用创新的商业模式和新开发的互联网技术来提供产品以颠覆现有企业的公司。

> 红盒子（RedBox）和网飞都没有意识到竞争。[128]
>
> ——吉姆·凯斯（Jim Keyes）
> **百视乐前首席执行官**

网飞开始向百视乐发起了进攻，百视乐也已然感受到了这种痛苦。网飞提供了一种更简单的影片租述方式，这就消除了，或者说很大程度地消除了百视乐与客户之间的那种摩擦——特别是百视乐要求客户交纳高额的逾期费用。

路径4：产品拓展

网飞在分析用户偏好、租赁记录和愿望清单数据（类似于亚马逊现在所做的）方面起步很早，它以此来给用户推荐电影。这一举措实际上是第二种增长路径——客户基础渗透的高级运用。该公司一直致力于通过邮件来推广核心业务——电影租赁，并找到了吸引客户更多且更频繁地使用它的方法，所有这些都促成了网飞早期的成功。

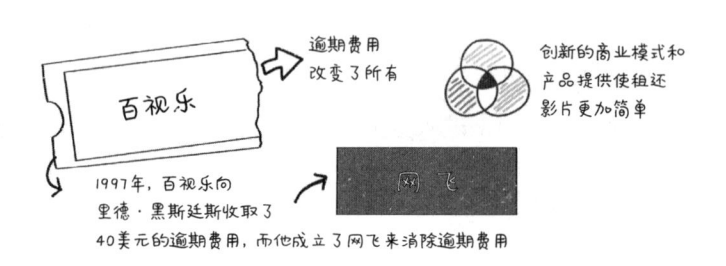

```
                 逾期费用
    ┌─────────┐  改变了所有
    │  百视乐 │→
    └─────────┘         创新的商业模式和
                        产品提供使租还
                  ┌───┐ 影片更加简单
                  │网飞│
                  └───┘
    1997年，百视乐向
    里德·黑斯廷斯收取了
    40美元的逾期费用，而他成立了网飞来消除逾期费用
```

> 我们对此没有任何顾忌。网飞提供了一项很棒的服务——一项很棒的家庭服务。它还有很多其他电影。网飞很像一家电视网络公司，与家庭影院（HBO）和美国电视网（Showtime）这几年来所做的不同，它做了一些原创产品。所以这些电影不是在影院放映，而是在网飞上播放。我们希望它在这方面取得巨大成功，但是我们不会把这当成和影院相关的问题。这并不是我们真正要讨论的问题。[129]
>
> ——马克·佐拉迪（Mark Zoradi）
> 喜满客（Cinemark）首席执行官

网飞在不断发展，而百视乐却还是一直在否认技术和消费者偏好方面席卷而来的变化。2004年，在网飞成立5年后，百视乐终于进入了在线DVD租赁市场。2006年11月，百视乐开始进行产品拓展，直接在网飞最引以为傲的模块推出全面访问DVD（Total Access DVD）——客户可以在线租赁电影，通过邮件收取DVD，然后将DVD归还到百视乐商店以换取"免费租赁优惠券"。但这远远不够，而且为时已晚。到2007年，百视乐总计有200万在线订阅者，而后起之秀网飞则突破了630万。

但百视乐并不是非得退出不可，特别是因为它还做了一些事情。之前的收购和合作伙伴关系显示出，百视乐还是很有欲望和意愿来扩大产品供应的。2000年，它与安然公司（Enron）开展合作，试图创建视频点播服务。起初，这种伙伴关系原本可以持续20年。然而，由于担心百视乐无法为此项服务提供充足的电影，安然仅在数月之后就选择终止了这笔交易。[130]

这个故事的不幸结局是，百视乐拥有和网飞同样的信息，但却没有好好地利用这些信息——即使拥有产品拓展历史［百视乐音乐（Blockbuster Music），百视乐街区派对（Blockbuster Block Party），全面访问DVD租赁服务，以及共和国图像娱乐和拼写娱乐集团（Entertainment With Republic Picture and Spelling Entertainment Group）］，百视乐也没能根据需要做出一个至关重要的决定——2000年，百视乐将以5 000万美元买下刚刚起步的网飞的机会拒之门外。

百视乐害怕变化，且犹豫过久——市场环境和客户改变太多，它无法追赶上来，而网飞则继续获取新客户，其中很多都是百视乐流失的客户。从此，网飞开始大步前进并获得市场引力，这给百视乐带来了巨大压力。网飞做出这些决定的顺序是至关重要的。如果它绕过邮寄DVD并直接跳到流媒体视频租赁，那么它可能在互联网泡沫破灭期间难逃同其他公司一样的命运。网飞在一个已经经过验证的市场——DVD租赁市场（算上订阅用户仍然拥有超过400万用户）吸引了客户，并且在此项业务中极其高效地运转，获得了巨大的利润。

百视乐在自己的游戏领域被网飞击败，而网飞如今在内容创建和交付业务方面也面临着更加强大的竞争对手[131]——特别是像迪士尼

路径4：产品拓展

这样的公司,其在2017年以524亿美元的价格收购了福克斯(Fox):"迪士尼首席执行官罗伯特·A.伊格(Robert A. Iger)正在引领公司转向流媒体服务,与网飞、苹果、亚马逊和脸书进行竞争。"

百视乐与网飞之间的对决
关键要点导读

- 从一开始,百视乐就似乎并没有完全理解它的"产品"究竟是什么,以及它对客户的价值是什么。它以为自己的产品是想看电影的客户到商店获取的,因此它构建了大量可供选择的电影,并为电影工作室的产品建立了一个庞大的分销网络。它忽略了它的客户想购买的是与家人和朋友一起的观影体验。这意味着,如果客户开始想要以不同的(分销渠道)方式获得、消费或使用产品,那么它就将自己完全暴露在危险之中了。
- 成功让百视乐产生了自满情绪。作为视频租赁领域的长期领跑者,它削弱了自身看到市场环境即将发生变化的能力,从而导致了潜在的威胁,即网飞抢走了自己将来的业务。千年更替之际,客户开始通过技术寻找一种更简单、更快捷的做事方式。因此,每个行业的公司都不得不重新思考它们的整个价值命题和进入市场的方式。慎重思考一下这种可能性,它们最大的对手可能不是街道上的竞争者,而是素未谋面的虚拟商店,其收取的间接费用更低,也更清楚地明白互联网和它的用户是如何运作的。
- 百视乐不仅进入在线视频租赁领域的速度缓慢;进入以后,它也未能充分调动自己独特的销售方式。百视乐拥有庞大的客户群,本应该像一名杀手一样进入线上舞台,宣传自身比网飞所具有的明显优势——网上租赁,店铺归还。相反,百视乐通过复制网飞已经做过的事情,声势浩大地进入了这个市场……此时网飞已做得更好、成本更低,并且已经开始撬动百视乐的客户群。
- 同时追求多条增长路径需要对顺序进行缜密的关注。当百视乐陷入增长停滞时,它尝试了多条路径试图回到正轨。太多增长路径的组合意味着,它并没有真正致力于其中一条,而是每一个都没有做到位。

路径4:产品拓展

综而观之

伟大的公司基于伟大的产品。[132]

——埃隆·马斯克（Elon Musk）

如果你正在追求这种增长战略，那么对于你的产品营销和市场情报部门来说，不断寻找可以通过新产品来填补市场的机会，增强现有产品，甚至通过建立新的合作伙伴关系来获得新客户，都是很有价值的。

的确，新产品的推出始终是有风险的，但现在对于21世纪的"产品"新定义来说，风险有所下降。在产品拓展增长战略中有一项特别挑战：不要让现有客户对新产品产生困惑，即在认知上，产品与客户所认为的公司的核心产品不太相符。相反，你要考虑围绕你的核心产品，选择临近产品提供给现有客户。

产品拓展增长路径如果成功的话，就为两条最令人兴奋的组合路径打开了大门，这两条组合路径都涉及与其他公司甚至竞争对手的合作，它们是合作伙伴关系也是合作竞争关系。这似乎不合常理，但请记住：将一款新产品推向市场通常是一项成本和劳动密集型活动。其费用可能包括研究和开发、原型设计、实验室测试、田间测试、建立生产线、知识产权备案、培训专门的销售人员、新的服务计划、手册、市场营销以及广告推广的费用。

因此，即使潜在的回报是巨大的，风险也同样巨大。将风险降至最低的最佳方法——即使这意味着你将失去一些潜在的收入——是通过合作伙伴关系与他人分担，特别是那些可能拥有你的公司尚未拥有的独特或成熟技能的合作伙伴。这些新竞争对手中有一些拥有更为完整的分销渠道和零售商关系，以及对客户有更深入的了解。没有时间让你放慢速度——放慢速度并不会降低风险，但可能会增加风险。你首次进入市场所获得的利润优势很快就会消失。快速行动——最好的方法就是与他人合作。在这种情况下，即使是最糟糕的竞争对手也可能成为你最好的朋友——至少在一段时间内。

行之有效的方法以及潜在的陷阱

当你还没有考虑过这样做的影响时，产品拓展就是一个坏主意了。但是在经过仔细考虑后，它可能会给你的企业带来增长。例如，最初麦当劳并没有推出全日早餐（产品拓展），尽管市场需求巨大，但它一直等到自己有能力在庞大的网络和供应链中实施拓展时才推出。否则，麦当劳可能会冒着陷入疲于应对的风险而无法满足客户需求，这可能会导致严重的品牌声誉受损。

组合：路径4——产品拓展＋路径8——合作伙伴关系

在产品拓展中，你几乎可以立即采用这一路径或其他组合路径。原因在于，如前所述，新产品在被整个支持生态系统（服务、销售和营销）包围之前是无法发挥其真正的潜力的。

这个组合路径是一个模板，通过定位和联系其他公司来创建生态系统，定位和联系的其他公司要能够填补你的公司的新产品或产品系列在计划进入市场时的"漏洞"。这其中包括通过与其他公司建立原始设备制造商（OEM）关系来扩大公司的销售足迹，或者你可能在很长时间内都不会利用的特定垂直市场上的授权销售。

如果你提议的产品需要巨大的开发投入，那么你可能希望与拥有更多资本但创新较少且日渐衰退的公司签订共同发展合同。你也可以与已经建立了强大的分销渠道但缺乏产品的公司合作。或者，你还可以通过合作进入另一家公司的广泛客户基础，而这也是你新的目标市场。

如果你正在追求一条基于产品拓展的路径，那么你不必单独运用它。利用你的新产品快速打入市场，以成熟的供应和分销渠道、可扩展的制造、经过测试的市场营销和销售项目为支撑，客户则全部或部分由合作伙伴提供——这基本上总是比你独自尝试或边试边学要好。

组合：路径4——产品拓展＋路径9——合作竞争

在这种情况下，你的新合作伙伴也可能是一个潜在的或真正的竞争对手。这家公司的目标好一点儿的是抢走你的业务，最坏的情况是将你压垮，那你为什么会选择与这样一家公司合作呢？答案就是实用主义。

商业世界的现实就是，基本上没有哪两家公司是完全纯粹的竞争对手关系。总有一些联系点，你们既分享共同的利益，也经受同样的挫折——只有通过合作才能改善这些情况。这些安排被赋予各种头衔，包括合资企业、外包协议、联盟、协会、合作研究和产品许可，但所有这些都含有公司的共同主题，竞争对手会以不同的方式找到共同利益来寻求合作——即使在其余的时间里，它们还是会进行激烈的竞争。

不幸的是，当两家公司或整个行业都面临严重的、潜在的威胁时，公司之间的竞争性合作往往是一个绝望的结局。更为明智的增长战略是，在机遇达到顶峰时签订这些协议，也就是你首次以新产品或新产品线进入一个新的市场的时候。只有在那个时候，合作竞争才能成为真正的增长之路，而不仅仅是生死攸关时的最后一搏。

路径 5

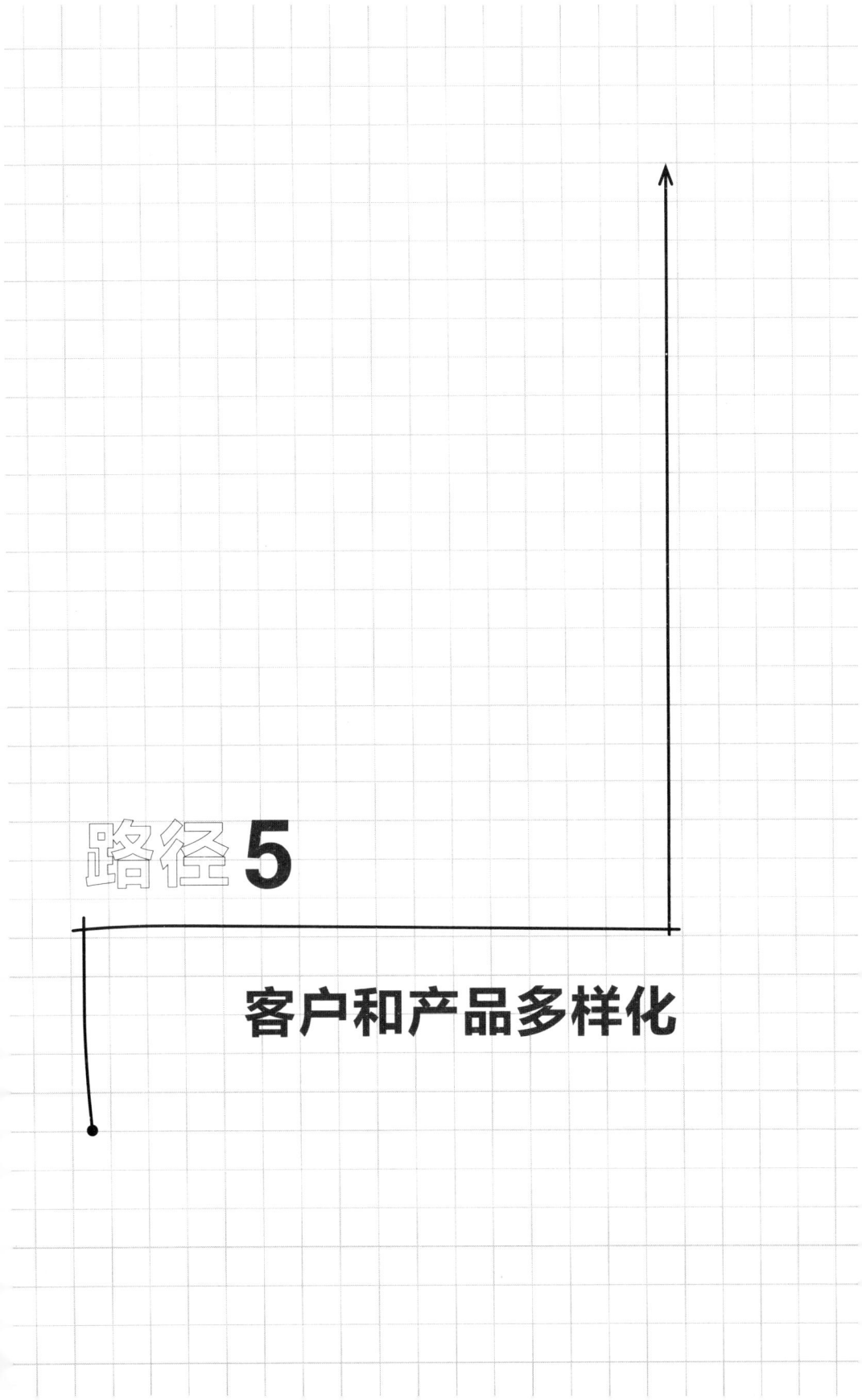

客户和产品多样化

客户和产品多样化

> 将一个成熟的美国品牌带入一个新兴市场需要仔细评估当地的市场环境和买方偏好,并以一种灵活的方法来定位你的产品。这必须要有一个平衡,我们称之为"全球本土化"(glocal)。只有结合了本土情况的全球品牌,才是制胜的品牌。[133]
>
> ——艾琳·罗斯菲尔德(Irene Rosenfeld)
> 亿滋国际(Mondelez International)首席执行官兼董事长

为什么客户和产品多样化至关重要

- 近2/3(63%)的人表示,喜欢制造商推出新产品,超过一半(57%)的人表示他们在上次购物时购买了新产品。[134]
- 消费者希望市场上有更多负担得起的、健康的、方便的和环保的新产品。[135]
- 2018年的贸易增长应该会略微回升至2.1%~4.0%。
- 全球商品贸易的实际价值预计将在2030年增长至约18万亿美元,或者意味着实际贸易年增长率为3.3%。[136]
- 到2030年,中国和印度以及其他东南亚经济体之间的贸易联系，如马来西亚、印度尼西亚和新加坡，将会变得对全球贸易越来越重要。[137]

是否要多样化

客户和产品多样化增长路径在本书中恰好是对安索夫矩阵的最后一次现代化运用。这与前面3条路径（不包括客户体验）的主要区别在于，其他路径是以不同程度的风险、回报和投资水平为中心的，因为其分别与客户、产品和市场相关。

> 我相信汽车行业在未来5～10年内的变化将比过去50年里的变化都大。[138]
>
> ——玛丽·巴拉（Mary Barra）
> 通用汽车（General Motors）首席执行官兼董事长

很难找到能够继续以其原始状态在长期内发挥作用的单一市场或单一产品。当对某种事物的需要变得势在必行时，你就不得不想方设法地获得它或实现它。一种常见的误解是，公司在面对增长停滞时需要完全重新考虑自己的现有产品或服务以及客户。仅仅是业绩不佳不应成为公司追求客户和产品多样化路径的催化剂。我观察到，有太多公司在这条增长路径上贪多嚼不烂，几乎不去考虑这条路径对整个组织可能产生的影响。

首先，在这种情况下，企业文化很重要。如果你决定踏上这条路径，那么你最好确保你的员工对这一变化持开放态度；换句话说，就是保持创新文化。在你考虑这种增长路径之前，你要确保你完全了解公司所处的市场环境。此外，你必须敏锐地意识到你追求这条路径的哪种顺序以及组合对你来说最合理。如果你不确定公司是否有能力推出新产品——以及随之而来的所有一切，同时获得一个全新的客户类型——那么你从产品拓展和市场加速开始测试能力可能更有意义。也只有这样，你才能进一步开发新产品、市场和客户。

　　这条道路的本质在于，它允许公司通过为全新的市场和客户开发新产品来追求顶线增长。因此，它本质上要比客户基础渗透、产品拓展或市场加速更有风险，因为根据定义，组织在新产品、客户或细分市场方面少有或没有经验。此外，这还需要具备新的技能，特别是当一家公司从未尝试过拓展其核心产品阵容时。在营销和销售方面，你绝对需要新的技能才能有效地执行这条路径。采用现有的销售策略（在现有市场中销售现有产品）的公司并非没有仔细考虑过"提升并转变到"客户和产品多样化路径。与其他公司合作（通过合作伙伴关系或合作竞争）可以帮助公司消弭一些内部能力差距。但是，这些策略可能只是进入市场的整体策略的一部分，或许仍然需要用内部的专用资源来建立直接的销售能力。

　　因此，尽管这条路径可能看起来很熟悉，或者甚至是过去你成功完成或没成功完成的事情，但这仍然是公司可以做出的最具挑战性的决策之一。风险可能非常大，但回报也十分丰厚。在考虑这条路径之前，你应该确保你清楚地了解自己是否利用公司所提供的现有产品和服务掌握了可以接触到的所有选择。从客户基础渗透着手可能更有意义，这能看出你是否可以在现有客户群内刺激额外增长。或者，选择优化销售路径是否会降低风险并允许你提高现有产品的销售业绩？或者，你能通过当地的合作伙伴（合作伙伴关系）将现有产品带入新市场吗？意思是：如果不采取这种潜在资本和人员密集的途径，你是否能够提高绩效？只有这样你才能分析：

- 你是否应该在这个时候追求这条路径；

- 你是否拥有开发新产品，甚至是调整现有产品的资源（人员和资金）和能力；
- 你是否在适当的地方拥有适当的销售、分销和合作能力，这些能力可以让你在不压垮现有业务的情况下进入新的市场（新的客户细分市场）。

成功的故事比比皆是——想想迪士尼公司几十年来是如何将客户和产品多样化并取得巨大成功的。它通过购买或开发沿途所需的战略资产，从核心动画业务扩展到主题公园、生活娱乐、游轮、度假村、计划住宅社区、电视广播和零售，所有这些都是为了追求新客户。

但是，对于那些在不断追求多元化方面似乎不可阻挡的公司而言，也既有成功的例子，又有臭名昭著和代价高昂的失败案例。让我们来看看于2014年首次亮相的亚马逊及其火机（Fire Phone）。其最初的售价为199美元，合同为期两年。在发布后的数周和数月之内，其销售额骤然下跌。火机团队的管理人员后来承认他们在推出手机时没有准确定价。最终，亚马逊不得不减记与火机库存相关的1.7亿美元成本。[139] 不要忘记，在失败中你能学到一些教训，如果你注意的话，你可以将这些教训应用于其他情况。

根据定义，新产品是未经测试的，其市场接收度尚未可知。你拥有的产品可能是一个超级赞的东西，也可能是一个完全让利润流失的无用之物。同样的道理，一个新的市场就是一个你可能已经学到了一些东西，但还没有经历过的事物。你可能不认识那个市场里的任何一个人，你可能还不了解客户需求的细微差别，你可能还面对着成熟的竞争对手——这就像你正在围攻一座城堡一样。

追求客户和产品多样化战略的最佳时机是公司繁荣发展之际，

而非身处绝望之时。为什么？因为那是你最不会受到失败影响的时候，你既有动力又有资本储备。那时，股东和员工也最有可能支持你的战略。不幸的是，许多公司只有在身处困境时才会诉诸多元化策略：它们目前的市场正在萎缩或现有的产品越来越没有竞争力。在公司这种弱化的状态下，除非你拥有可观的资本储备，或者在长期投资成功的同时可以采用另一条增长路径与客户和产品多样化路径相结合，否则这条路径会是一个潜在的错误（有时是致命的）。

故事 1

漫威
超级英雄拯救世界

公司成功与否,取决于它们能否正确把握市场转型。[140]

——约翰·钱伯斯(John Chambers)
思科前董事长兼首席执行官

及时漫画(Timely Publications,1961年以前漫威的名字)成立于1939年,在漫画的第一个"黄金时代",它一直是在强大的侦探漫画(DC Comics)的阴影下运作的二线漫画,但其财务健康,而且是超人和蝙蝠侠之家。然而,多亏了几部受欢迎的作品——特别是《美国队长》(Captain America)——使得漫威能够开拓出一个可持续发展的利基市场。

尽管20世纪50年代政府对漫画书的道德风气调查和20世纪60年代婴儿潮一代的老龄化击垮了其大部分的竞争对手,但漫威仍然坚持不懈。事实上,多亏了一群新的创作者,其中最著名的当属杰克·柯比(Jack Kirby)和斯坦·李(Stan Lee)。漫威不仅在对抗日渐衰退的侦探漫画中取得了进展,而且在新一代漫画书迷中发展起来一群狂热的追随者，他们仰慕漫威人物和情节的离经叛道及其特立独行的本质。

1993年，漫威的业务开始出现增长停滞的迹象。不幸的是，漫威的管理层做出了一些短视和成本昂贵的决策，致使公司陷入了沉重的债务之中。一个拥有50多年历史、拥有忠实的顾客群与5 000多个深受顾客喜爱和尊敬的漫画人物的品牌，漫画人物包括绿巨人（the Hulk）、X战警（X-Men）、神奇四侠（the Fantastic Four）和蜘蛛侠（Spider-Man），怎么会发现自己面临着一个不确定的未来？事实上，危机很快就爆发了。

回顾过去，你可以清楚地看到漫威的管理层在公司历史的关键性时刻对市场环境做出了错误的判断。然后，它在衰退的漫画书和交换卡行业中提高价格又加剧了问题，并且它不了解报亭市场萎靡不振所带来的影响，对退出市场的最活跃客户群（收藏家或投机者）做出了误判。最后，根据一些业内人士的说法，它生产出了劣质产品。这些糟糕的决策加上管理层的暗斗，共同引发了一场内忧外患的风暴，并且直逼这个标志性品牌。

狂热的追随和高度的评价着实不足以抵御灾难。1996年12月27日，漫威申请破产。1/3的员工下岗，更糟糕的是它欠了很多钱。2000年，公司宣布亏损1.05亿美元。新世纪一开始，漫威就面临着不确定的未来。

钢铁侠：备选人物

到2008年，当《钢铁侠》（*Iron Man*）在全球各地的电影院上映时，漫威不仅扭转了自己的命运，而且即将在全球漫画人物娱乐领域占据优势地位。

该公司是如何实现这一显著奇迹的，这是一个在不断变化的市场环境中以适当的组合和顺序精准地运用正确的增长路径的绝妙故事。事实上，这一举措是如此成功，以至于漫威近年来已经让市场环境屈从于自己的优势了。

漫威是怎么做到的呢？它意识到了自身品牌的价值实际上并不是漫画书，而是漫画人物本身。1997年，玩具商业（Toy Biz）和漫威娱乐集团（Marvel Entertainment Group）合并以阻止破产，成立了漫威企业股份有限公司（Marvel Enterprises Inc.）。虽然新成立的公司注定还会继续亏损好几年，但漫威有一个愿景——更准确地说，利用客户和产品多样化以及产品拓展战略——恢复增长。

记住，这些增长途径是关于生产新产品的——为现有市场和新市场及新客户生产。这是一个有意跳入热门的新市场或投资新的未知领域的"用公司下注"的风险。

漫威 影业 专注于把现有的 漫画书资产 转移到新媒体上（电影） 允许其通过讲故事来贴近忠诚的客户群体

了解客户为什么喜欢你的品牌 客户和产品多样化 合作伙伴关系 产品拓展

虽然这听起来很复杂，但事实上它非常简单。在这种情况下，客户和产品多样化原本只需专注于为新型读者（客户）创建新的漫画人物角色。但是，漫威选择加大赌注。它能够利用已经开发的资产（产品）一直紧密围绕自己的核心进行创新，这是其他任何人都无法复制的——无可争议的标志性漫画人物阵容。因为这些角色已经促成了一个忠诚的客户群，所以漫威能够考虑通过其他"媒介"来使"产品"多样化。在这些"媒介"中，它可以利用这些资产为自己谋利，而它选择了电影。

然而,仅仅因为漫威是一家拥有全球知名品牌的大公司,并不意味着在让产品和目标客户多元化时,它就能够不出现任何问题。漫威在追求客户和产品多样化时,推出了"我为漫威狂"(Marvel Mania)的主题餐厅、漫威交互式只读光盘(CD-ROM)以及和天空盒子(SkyBox)的新交换卡计划,而在这之前,漫威实际上已经焦头烂额了。它在1998年开设了"我为漫威狂"的第一个门店,其于一年后关门。此外,只读光盘和交换卡计划从未实施过。在这些概念一开始被讨论的时候,该公司的想法可能是正确的,但是当它们已经推出或计划推出的时候,市场环境已经发生了变化。

当漫威意识到市场环境已经发生转变,却仍希望将产品系列多样化时,它必须要提出另一种可行方案。漫威选择与不同的电影工作室合作,追求合作伙伴关系、客户和产品多样化路径的组合。不幸的是,和以前的很多尝试一样,这种努力也被证明是错误的。

> 对于许多消费娱乐和媒体企业而言,狂热或忠诚的粉丝——通常占其特许经营门店用户基础的10%~20%——可以推动特许经营门店总体业务价值的80%或更多。[141]因此,内容上的努力必须优先考虑旨在为他们提供超级服务的举措——深化与狂热粉丝的互动,与此同时,将与这些热情粉丝相关的品牌和特许经营权扩展到新的领域。

为什么?在《蜘蛛侠》、《X战警》和《刀锋战士》(Blade)项目中,它们与20世纪福克斯和索尼(Song)签订的许可协议被证明是非常有利可图的……但这是对于电影工作室而言,而不是对于漫威。《刀锋战士》取得了一定的成功,《X战警》帮助电影行业重新启动了超级英雄电影的时代,《蜘蛛侠》总收入达4亿美元。虽然《刀锋战士》在美国的票房达7 000万美元,但漫威只收取了一笔固定费

路径5:客户和产品多样化

用……大约25 000美元。[142]《X战警》的固定费用也是如此。也许这理论上似乎是个好主意，但如果没有新的策略，它们就是在"放弃农场"……字面上的意思。这种合作关系的安排对其合作伙伴来说是一个巨大的顶线收入来源，但对漫威来说则是凄凉的。

现在，即使是在最黑暗的时刻，漫威也必须找到一个解决自身危急情况的方法。2003年，恩达华（Endeavor）的人才经纪人大卫·梅塞尔（David Maisel）提出了一个简单却激进的想法：他问，为什么漫威要继续将自己最好的资产拱手让给其他公司来赚钱呢？如果漫威希望利用自己现有的核心资产（数千个人物角色和故事情节），并且将这些资产引入另一种媒介里（电影、视频游戏）以满足忠诚的客户群，那么它为什么不创建自己的制作工作室呢？这样的工作室可以开发和制作受兴趣索然的电影制片支配了几十年的电影标题，而且漫威可以保留其100%的利润。现在，漫威必须全面转向客户和产品多样化，它需要进行人才（人员，包括高管）、产品和资产投资方面的重大变革。

虽然这不够当机立断，但漫威最终同意通过美林公司（Merrill Lynch）达成一桩为期7年、价值5.25亿美元的协议，将包括《复仇者联盟》（The Avengers）在内的10个最受珍视的人物角色作为抵押品……于是漫威影业（Marvel Studios）诞生了。

如果说漫威面临着一个"全有或全无"的命题，那就有些轻描淡写了——这实际上是一场关乎生存的赌博。如果电影失败了，漫威就会永远消失。如果漫威什么都不做，那么它肯定会经历相似的命运。至少在注入现金的情况下，它有一个机会来拯救自己。

幸运的是，在这桩协议达成两个月后，新线电影公司（New Line Cinema）选择让漫威的钢铁侠角色到期终止，这让漫威重获对该人物角色的控制权。但这儿有一个潜在难题。由于钢铁侠并非与美林公司签订的协议中包含的十大人物之一，所以如果漫威想制作这部电影，公司就不得不自己出钱。但无论如何，漫威决心已定。它希望推出自己的首部电影，而人物角色是一个从没有过真人版的，而钢铁侠恰好符合这一要求。余下的就是众所周知的历史了。

自2008年上映以来，《钢铁侠》已经获得超过5.85亿美元的收入，成为有史以来票房收入最高的电影之一。从那时起，钢铁侠的特许经营权在全球票房收入中赚得近25亿美元。它的成功不仅为漫威的扭亏为盈奠定了基础，也让其在电影行业中面对最大竞争对手侦探漫画时占尽上风。

漫威电影宇宙

如果漫威没有冒这样的风险，也没有以正确的组合和顺序来发展——当然外加一点儿好运，那么结局可能就大不一样了。最终的结果是从漫画印刷历史中发展而来的漫威电影宇宙（Marrel unirerse）成立了。电影观众现在可以在每部电影的开头看到漫威影业的标识——一个展示了这些历史漫画人物从翻动的书页里进入现实世界的动画。然后，对于眼神敏锐的人来说，这些影片中还包含了80多岁的斯坦·李拍摄的希区柯克式（Hitchcock-like）镜头。同一批电影观众也乐于看到他们最喜欢的漫威角色出现在其他公司的电影中。

不久之后，漫威开发了一种新方法——几十年前在漫画书中首次使用——在一个漫画系列中引入一些担任次要角色的新人物，然后把他们放到自己的系列电影之中，（如果成功的话）最终会把他们加进来进行一个团队制作。这种混合和匹配使得漫威几乎能够创造出无限种组合的故事和人物……如果其中一个失败了，那么这个人物角色可能会被重新放回到群体里，被另一个候选角色顶上。

路径5：客户和产品多样化

漫威完成这一切依靠的不是抓住其有限的漫画书产品,而是通过追求客户和产品多样化。它全力以赴地根据不断变化的市场机会(环境)来创作电影并大幅度改变自己的产品,重新考虑和改进产品的组合(减少印刷/多拍著名人物/少拍小人物/团体电影),然后按顺序排好他们在10年的时间内的出场顺序和彼此的互动。

漫威回归了。2009年8月,迪士尼公司宣布以超过40亿美元的价格收购漫威娱乐集团。换句话说,在宣布破产11年后,也就是漫威濒临破产的9年后,漫威已经让自己成了世界上最知名的公司之一——不仅回报了投资者,还为忠诚的客户提供了娱乐,也捕获了新客户。迪士尼于2017年12月收购福克斯,这对正在扩张的漫威电影宇宙来说是一个预兆——"曾经不可想象的收购有望重塑好莱坞和硅谷"[143]。

漫威
关键要点导读

- 如果漫威回避客户和产品多样化的话——在推出"我为漫威狂"的主题餐厅、漫威交互式只读光盘以及和天空盒子的新交换卡计划失败后——我们今天所知道的漫威就不会存在。更有可能的是，失败将会成为你在这条路径上要经历的学习曲线的一部分，这就是为什么文化真的很重要。如果你在寻找刺激和促进增长的新方法时，没有内在的坚忍来度过艰难时期，那么我保证你肯定会发现自己正走在一条艰难的道路上。如果你不小心的话，对失败的恐惧会让你远离自己最伟大的创新。
- 在那个时候，漫威追求与20世纪福克斯和索尼之间的合作伙伴关系路径可能是正确的选择，但是这种财务模式让漫威继续追求这条路径变成了一个不明智之选。你将会在合作伙伴关系路径中了解到在达成此类协议时需要注意的事项。
- 在漫威的故事中，追求客户和产品多样化路径的重点是将现有的"资产"（漫画人物）转移到一个新媒体（电影）里，这使得它能够通过讲故事来贴近忠诚的客户群。这里可以学到的教训是，了解客户为什么喜欢你的品牌和你的产品，并愿意在你这里花钱。如果你在决定到何处投资时忽略了这些东西，那么你将自行承担风险。

故事 2

贝宝
寄希望于将来

> 不作为的代价远远大于错误的代价。[144]
>
> ——梅格·惠特曼（Meg Whitman）
>
> 易贝（eBay）首席执行官

贝宝（PayPal）成立于1998年，与网飞创立的时间差不多，其利用不断变化的客户和市场环境让自身成了电子商务第一个时代里最令人难忘的作品之一。该公司作为通过支票和汇票来实现传统资金转账的线上替代方案，完美地把握了在线零售和拍卖网站繁荣发展的时机。

在接下来的几年里，贝宝也会因开创了21世纪数字世界的一些最著名人物而闻名。这些著名人物包括金融家彼得·蒂尔（Peter Thiel）、企业家埃隆·马斯克和风险投资家里德·霍夫曼（Reid Hoffman）。

贝宝迅速腾飞：经历了互联网泡沫，4年后却在首次公开募股中成功上市，那一年是2002年。当年晚些时候，出现了一个更大的电子商务成功案例——易贝和它的首席执行官梅格·惠特曼发现有一个机会可以促进拍卖服务的财务业务，并以15亿美元收购了贝宝，使该公司从一家线上拍卖行转型为电子商务巨头。

到2010年,贝宝已成为公认的在线支付行业标准,收入接近30亿美元,在近两百个国家里的用户总数达到1亿人。到2012年,贝宝占易贝收入的40%(比交易时高出15%~20%)和营业利润的31%,收入每年增长25%,营业利润增长近40%,自由现金流增长超过10%。[145]公司的总财务额接近1 500亿美元。

是的,这些当然都是令人印象深刻的数字。但这些数字没有告诉你的是,自2002年易贝收购贝宝以来,市场环境在10年间发生了巨大变化。到2012年,数十亿人可以使用智能手机、互联网以及无所不在的电子商务和具有全球影响力的本土企业。"一键式"(1-Click,来自亚马逊)买卖改变了贝宝业务的整体动态。它将如何利用未来的10亿网民并开设店面,以及获得银行账户和更多金融工具?

贝宝可能会一直保持着上升的轨迹——也许是在收益递减的情况下——要是外部力量没有干预改变什么的话。2013年,传奇对冲基金投资者卡尔·伊坎(Carl Icahn)收紧了在易贝持有的股权,要求公司剥离贝宝。易贝照做了,在2015年7月贝宝再次独立,尽管在协议于2020年(那时荷兰金融科技公司Adyen将成为易贝的主要支付处理商)结束之前,它仍然是易贝的首选支付平台。[146]前易贝首席执行官约翰·多纳霍(John Donahoe)则成为贝宝公司的董事长,而美国电话电报公司、普利斯林(Priceline)和美国运通的资深人士丹·舒尔曼(Dan Schulman)则成为其首席执行官。舒尔曼没有回归现状,反而将这一时刻视为一个独特的机会。

舒尔曼承认,正如他构想的那样,"新贝宝"的愿景是一条"非常有趣的甚至可能是自相矛盾的道路"。特别是,舒尔曼已经决定,是时候把贝宝带到一条新的增长路径上了,这条路径要求贝宝在市场中找到相关缺口（空白空间），将其用新产品来填满（客户和产品多样化）。这些新产品能增加价值：在内部开发的、购得的或合作交付的，特别是如果它们想要追求一个全新的市场和客户群，就更应如此。

但经过这么多年，舒尔曼认为"这艘船已经驶过"传统的电子商务交易业务。美国市场已经饱和，它们需要在其他地方寻找增长。

二　　到2020年，全球支付行业将产生约2.2万亿美元的收入。[147]

这条客户和产品多样化路径有什么价值，以至于贝宝甘愿冒着失去所有现有优势的风险？它想让自身超越网站上的一个按钮，而且随着智能手机和移动应用程序的普及，这个巨大的机会变得越来越明显。

> 我的目标是让我们全神贯注于我们将要服务谁，我们要给谁提供超级服务，以及如何服务。[148]
>
> ——丹·舒尔曼
> 贝宝首席执行官

贝宝有志于通过移动设备或实体零售店，成为尽可能多的支付交易的中心。它希望开发出正确的产品，这样消费者和企业无论在什么情况下都会选择它。舒尔曼知道它需要的"不仅仅是一个网站上的按钮"——它需要将贝宝的技术演变成一个平台，使开发者（合作伙伴）能够扩展自己的产品，并使它的客户（卖方）与开发者的客户建立更紧密的关系。

但是舒尔曼会如何去做呢？为了追求客户和产品多样化路径，它首先需要解决一些内部组织问题。这些调整的顺序将对未来结果产生实质性的影响。当舒尔曼意识到他必须将公司重组为两个群体（商家和消费者），以便更好地与目标客户保持一致时，排列就开始了。

接下来，他必须为两者都开发一套有针对性的产品[149]。一款新的产品文墨（Venmo），是为使用智能手机和社交网络转账的千禧一代的市场服务的，在2017年它处理了近350亿美元的转账。然后，它收购了X屋，这让人们能够通过手机实现国际转账（自收购以来，X屋的客户群增长了30%，交易量每月增长50%）。通过多元化战略以及推出这两款新产品，它成功吸引了千禧一代，从而实现了客户群的多样化。在2018年第一季度，贝宝处理了约490亿美元的移动支付，同比增长52%。对于商家来说，它开发了营运资金（Working Capital），给使用其服务的小型企业提供贷款——到目前为止，它的贷款额已经超过20亿美元。

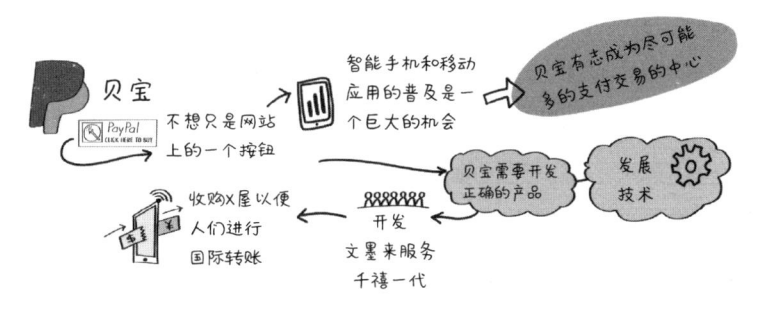

贝宝是怎样运用全新的客户和产品多样化战略的呢？起初，投资者很好奇，但是持怀疑态度。虽然舒尔曼看到了贝宝的收入流减缓，但股东们似乎对现状感到满意。舒尔曼不得不证明，贝宝可以保持自己目前的业务成功——特别是可以与所有这些销售点的客户保持联系——即使在自我转型的情况下仍然如此。这不是一个简单的提议，特别是对于一家有高要求股东的上市公司而言。

> 成功的产品发布是组织对产品开发、创意营销、智能领导力的高度关注和承诺，最重要的是对推动消费者偏好的因素的深入了解。[150]
>
> ——约翰斯·乔斯唐德（Johan Sjöstrand）
> 尼尔森（Nielsen）欧洲创新高级副总裁兼常务董事

路径5：客户和产品多样化

这是舒尔曼宣布这一提议后的几个月里贝宝股价下跌超过10%的重要原因之一。然而，值得注意的是，正如本书提到的那样，在成为"新贝宝"之前，贝宝的股价上涨了50%。2017年，贝宝增加了创纪录的2 900万新活跃用户，达到了2.27亿活跃账户，包括1 800万商用账户在内，其总支付额增长了25%，达到了990亿美元。2018年第一季度，贝宝在202个市场内运营，增加了810万活跃账户，净新活跃账户增长35%，支付交易额为22亿美元（增长了25%），总支付额为1 320亿美元。合作伙伴们正在鼓励它们的客户创建贝宝数字钱包，因为其可以帮助它们增加它们自己的交易和提高客户体验的质量。丹·舒尔曼指出："我们在美国和全球的合作伙伴关系将会继续发展壮大。"

　　随着移动商务的爆炸式发展渗透到全球的每个角落，贝宝要想在金融行业更大的基于网络的信息生态系统中重塑其根深蒂固的领导者角色还远远不够。到目前为止，其推动客户和产品多样化战略的举措似乎正在发挥作用。

贝宝
关键要点导读

- 为了追求客户和产品多样化路径，贝宝意识到首先需要变动的是决策顺序和内部调整。如果贝宝在启动文墨和 X 屋之前没有重组，那么它可能会在内部惯性的重压下失败。
- 当你决定对组织、产品和客户进行重大调整时，将其他所有一切暂停是不可能的。不幸的是，当你追求增长时，你将被迫"在它沿着赛道行进的时候换轮胎"。对于任何一家公司来说，这都是雄心勃勃、充满风险的。而且对于一家上市公司来说，这可能会让投资者感到惊慌，从而进一步使事情更加复杂化。
- 贝宝了解自己的价值并将其应用于不断变化的市场环境里。重要的不是它的去向，而是市场走向。它决定了自己想要追求的客户细分市场（千禧一代以及未来的 10 亿网民）。与客户基础渗透一样，如果你不知道你今天的客户是谁，也不知道你期待或希望谁是你的客户，那么你就无法继续提供适合的产品和正确的体验。

故事 3

乐高
一砖一瓦，分崩离析

> 自信是任何成功企业最重要的基石之一。[151]
> ——莉迪娅·玛利亚·蔡尔德（Lydia Maria Child）
> **美国作家和活动家**

与漫威的故事一样，乐高（Lego）的积木砖块产品极其有价值，并为该品牌提供了强大而忠诚的客户群。自成立以来，乐高积木已经变得比历史上其他任何玩具都更受欢迎。曾经一度有人说："每一秒乐高就会售出7盒新玩具；平均下来世界上的每个人都有62块乐高积木；乐高人偶——迷你人物，正如人们所知道的那样——的数量超过真人的数量。"[152] 1932—1998年，该公司从未出现过亏损。

多年来，乐高多元化了"积木砖块之外的意义"，更为频繁地推出新产品。然而，在寻求新增长的过程中，它意识到通过推出游戏、服装和主题公园来实现增长可能已经远远偏离它的核心。1998年，乐高面临其历史上的第一次赤字。1999年，乐高决定削减1 000个工作岗位。[153] 到2003年，乐高的净销售额下降了26%，其游戏材料的销售额下滑了29%。该公司面临着"迄今为止最严重的金融危机",以及市场和客户环境的重大转变,包括激烈的价格竞争和新的消费者需求。

对于许多人来说,其对客户和产品多样化的积极追求,让它从原来的积木砖块转移到与众不同的产品,这被认为是乐高会面临如此困境的主要原因之一。2004年,该公司迎来了一位新的首席执行官乔丹·维格·纳斯托普(Jørgen Vig Knudstorp),他是第一位来领导公司的非家族成员,制订了一项全面的重组计划。这个计划是为了让乐高再次"成为一家财务基础坚实、能够创造价值的企业",即一家将重点放到传统的价值观、文化和产品上的企业。

在维斯托普任职期间,乐高从一个显著的增长停滞期中恢复过来,这一增长停滞几乎让该公司在21世纪初破产。在2001—2016年担任执行主席期间,他带领乐高将营业额增加了600%。乐高在这段时间做的最关键的事情就是贴近客户。它开始重新想象孩子们想要的体验以及他们最终期待拥有的玩具。你甚至可以说,随着乐高重新专注于核心业务,它对如何改善整体客户体验也变得更加感兴趣。乐高建立了实验室、众包产品,在客户家中"露营"——所有这些都是为了了解它未来应该开发什么产品。据说乐高进行了世界上最大的儿童民族志研究。也许正是这种与客户保持密切联系的能力以及领先客户需求的能力推动了它在过去10年里令人印象深刻的增长。

然而,2017年,经过长达10年的销售热潮,备受推崇的全球玩具巨头乐高(再次)陷入增长停滞,它表示无法承诺在接下来的两年内恢复增长。[154] 对于一个因拥抱数字时代而广受赞誉的集团而言,这一承认着实令人震惊,特别是它还拥有乐高维度(LEGO Dimensions)系列产品和从哈利·波特(Harry Potter)到我的世界(Minecraft)等捆绑一体的利润丰厚的特许经营权。

这个特定的增长停滞的最令人惊讶之处，以及我选择它作为《增长智商》的一个案例的原因是，当乐高在2000年初遇到麻烦的时候，它正在增长且快速增长，不仅仅是收入在增长，人员（人数）、市场、客户和产品也在增长。它正在向数字领域进军，推出电影并合作开发游戏代码。尽管它拥有一个恰到好处的强大的合作伙伴战略，其可以将需求外包到它的核心业务之外，使它能够与其他公司合作，而它也能专注于它最擅长的事情——开发产品，但它仍然没能在业务中实现足够的灵活性。组织变得过度复杂、膨胀，离它力图服务的客户过于遥远。正如纳斯托普所说："突然之间，消费者、购物者和零售商距离高层管理人员有些遥远。"155

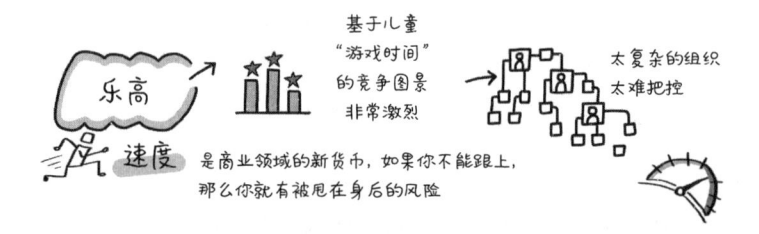

在贝宝的故事中，当丹·舒尔曼决定寻求新产品和新客户时，他就开始通过组织的重新组合进行转型，包括产品开发和客户细分。乐高遵循着类似的顺序来解决业务的复杂性，从而简化人员和流程。变动的顺序为它设定了取得更大成功的可能性。

速度是新货币

在追求客户和产品多元化的过程中，乐高忘记用合适的内部功能和基础架构来支持新的业务和产品需求了。没有必需的组合和顺序就去追求一条路径，这会将任何公司置于显著的劣势里。这一次，与其说是乐高的产品多样化，不如说是乐高未能足够快地响应客户不断变化的需求。市场环境的变化速度和竞争格局增强了孩子们的关注时长，而这对于一个复杂的组织来说是无法承受的。速度是商业领域的新货币，如果你不能跟上，那么你就有被甩在身后的风险。

在过去的12年里，乐高的销售额平均每年增长超过15%，2015年的增长率为25%。[156]然而，尽管其最成熟的市场亚洲和欧洲的销售额在2016年上半年实现了两位数的增长，但在美洲其销售额却没有任何增长。

在从2000年的第一次增长停滞中恢复后，乐高重新获得了收入动力。随着业绩的增长，它开始追求多种增长路径的组合。它希望在客户群（客户基础渗透）中销售更多产品，它正扩张到新的市场（市场加速），它正在加强城市和太空（City and Space）（产品拓展）等现有产品，它还选择运用乐高维度和乐高生活（LEGO Life）追求积极的数字化策略。乐高朋友（LEGO Friends）、幻影忍者（Ninjago）、思想风暴（Mindstorms）和未来骑士团（Nexo Knights）是专为新市场——女孩子而创造的玩具，而乐高建筑是给成年人的（客户和产品多样化）。该公司还利用有利可图的合作伙伴关系为自己提供了超棒的客户体验。

2016年9月，乐高公布了2016年上半年的销售数据，宣布自2015年以来销售额增长了10%。[157]其在欧洲和亚洲的销售额则实现了两位数的增长，而美洲的销售额同比持平。2012—2016年，它增加了7 000多个新岗位。但在2017年上半年，乐高的增长放缓，收入下降了5%，增长率仅为6%。乐高削减了大约8%或1 400个岗位，其中许多岗位是在2017年年底前削减的。它还表示，中位数的增长率"在接下来的几年里将更加现实"，但自那以后它下调了这些预期。纳斯托普说："我们并没有具体说明自己是否会在未来两年内实现增长。"[158]

路径5：客户和产品多样化

这个故事的教训是，即使你的企业在增长，即使你拥有世界上最强大的品牌之一，你也不能忽略支持运用多条路径所需的东西——你的员工，以及你的公司面对不断变化的客户需求做出回应的能力，有时是快速回应的能力。

乐高
关键要点导读

- 过去的成功甚至是过去的失败，并不总是一位好老师。在这个故事里，乐高在面临第一次增长停滞时，已经享有了数十年的惊人增长。由于它重新关注了核心产品，削减了业绩不佳的产品，减少了员工人数，消除了官僚作风并简化了产品目录，它在12年后再次发现自己。它花了68年的时间才遇到第一次增长停滞，然后又花了15年的时间让自己回到与当初相当的位置。

- 注意客户和产品多样化给组织带来的影响。新产品不仅仅是向新客户群营销、销售和自我支持。你开发的产品越多，你就越需要更好的客户洞察力以保持领先优势。在一个产品类别或客户群中，要跟上不断变化的市场环境是很难的——增加两三个品类或客户群可能会让一家公司不堪重负。

- 打个比方，客户和产品多样化也是一种避免涉水的方式。我的意思是，如果你的某项业务开始放缓，那么进入一个新业务可能会让你从一块正在下沉的甲板走到另一块干燥的甲板上，而不必承受收入大幅下降的冲击。但你不能仅靠心血来潮就这么做。如果有合适的机会出现，你就需要用一些方法来保持自己的选择开放，以便利用市场机会。

综而观之

客户和产品多样化路径存在相当大的风险，尤其是它可能会带你进入你没有多少经验的领域。其中一些风险的产生是因为这种多样化需要你培养目前尚未拥有的新技能，包括新的分销渠道、与新零售商群体的不同关系，以及你还没为产品检修而开发的必要维修业务。

考虑到所有的风险，为什么还要进行多样化呢？因为如果你能圆满完成它的话，多样化就可以帮助你降低未来的整体风险。在单一市场中或以单一产品系列来运营的公司总是面临着不连续的风险（例如，技术突破、客户群的转变、供应链的断裂、战略合作伙伴的退出、文化的转变），并且在革命发生时几乎总是注定要失败。不过，如果一家公司能在其客户群和产品组合方面略微多样化，那么尽管它仍然不能避免受到可怕的冲击，但却可以在必要的情况下，通过将业务重点转移到"其他"部分而幸存下来。从稍小的角度来看，拥有多个产品，特别是临近产品、系列延展，也可以帮助公司平稳解决季节性或周期性需求（夏季和冬季服装、夏季水果和冬季蔬菜、学习用品和爱好用品等）。

然而，多样化也带来了潜在的文化问题。特别是，随着时间的推移，新产品计划越是与成熟的产品不同，公司就越有可能左右为难。高级管理层需要通过不断声明公司实现持续增长的共同目标来将双方的努力保持一致。

行之有效的方法以及潜在的陷阱

在一些创新领域，如果人们建议要视一家公司为创新型公司，那么至少这家公司收入的1/3应来自过去3年内开发的产品。3M公司的总裁兼首席执行官英奇·图林（Inge Thulin）预计，2017年3M公司40%的收入将来自5年前就已经不存在的产品。[159]

新产品推出却遭遇失败的原因有很多，然而，我们最常看到的是缺乏严格的销售、营销计划和执行。也许这种策略会与支持它的错误路径相结合——记住：优秀的产品不会自我推销。因此，单独使用这条路径注定会失败。

有一些公司——已经规模较大且资历较老，会更加明白——试图进入新的市场，特别是其他国家的新市场，利用它们在原来市场上使用的产品或服务。因为它们不了解那个市场的"文化"（例如，营销渠道、客户期望、竞争历史、定价模型、服务和质量标准），所以这些公司发现自己遭受到了愤怒的顾客或零售商的意外打击，最终只能以惨烈的撤退收场。

> 根据哈佛商学院教授克莱顿·克里斯滕森的说法，每年都会有30 000多种新的消费产品被推出，其中80%的产品都失败了。[160] 产品开发和管理协会（PDMA）的一项研究发现，不同行业的失败率不同，从医疗保健行业的35%到消费产品的49%。尽管这一数字较低，但传达出的信息是一样的：新产品的成功推出并不是理所当然的事情。

与市场加速类似，对于客户和产品多样化来说，两个最有可能的组合路径是追求与其他企业的合作（合作伙伴关系和合作竞争），以及产品拓展。你不能什么都做。事实上，在客户和产品多样化方面,你越是尝试多样化,你就越不可能只靠自己来完成所有这些工作。

看一下你当前已建立起来的业务:你花了多长时间来完全了解你的市场——建立你的供应和分销渠道,足够充分地了解你的客户以便创建有效的销售和营销活动,建立可行的服务和支持系统,确定保修的正确范围和退货政策,了解你所在行业的财务周期。我猜你花了好几年的时间,而且这还正是你建立公司时所追求的市场。

除了新市场是你进行多样化投资的一个不错的目标这一事实之外,是什么让你认为自己将有能力进入一个尚未了解的新市场呢?因为你现在做得很大并且很成功吗?这是一个常见且危险的错误,因为它假定你当前的运营可以水到渠成地照搬到这个新的挑战领域里,同时你也能享受一样的适配性和规模经济。

事实可能恰恰相反。一家大型公司通过多元化经营成功进入一个新的市场,但它至少一开始是一家规模小且未经验证的公司。你可能是一家财富500强公司,或者甚至是一家经过验证的、成功的小型企业,但现实情况可能是,在新的市场中,你只是20年前那个不为人知的小公司。

即使你的品牌可能在你当前的市场里传递了巨大的威望和力量,但在新的业务中这可能毫无意义,甚至可能只是一种负担。这就是为什么一旦你选择了多元化战略,合作伙伴关系——从产品设计到制造,从市场营销到销售——就可以成为一条强大的新增长路径。

组合:路径5——客户和产品多样化+路径4——产品拓展

此路径需要扩展你的产品目录。正如你读到的乐高的故事,多元化可能是一个冒险的主张。在推出太多新产品之后,你可能会急于求成。即使有很高的需求量,也不意味着你的公司可以在不改变组织、销售模式、合作伙伴关系和营销方式的情况下处理好增长问题。

组合：路径5——客户和产品多样化＋路径8——合作伙伴关系

这里的问题是：你是要自己开发产品还是与他人合作呢？你是要凭一己之力还是与其他人一起追求新的市场呢？如果你在主要市场里与合作伙伴合作，让它帮助你进行销售和营销，那么你可能会有方法将风险和成本降至最低。另外，有没有一种方法可以联合营销和销售来创造1+1=3的多重效果呢？通过与他人合作，你可能可以更好地进入新的市场或新的产品类别（如果你是一家小型企业，就更是如此）。

组合：路径5——客户和产品多样化＋路径9——合作竞争

合作竞争——一个随着全球市场的崛起而变得更加强大且相对较新的概念，涉及与一个或多个竞争对手合作。乍一看，这似乎不合常理。毕竟，你为什么会与你想要击败的公司携手合作呢？另外，你为什么要与一个想要找到你的弱点并用其摧毁你的公司来分享你的信息和策略呢？

不可否认，这些都是风险，也不可否认，如果你打算签订竞争合作协议，那么你就必须权衡它们。上文描述的最糟糕的案例场景过去也曾在这种伙伴关系中发生过。但它通常发生在两个不对等公司之间的非常不平衡的关系中——通常是一家热门的新创公司和一家日益衰退、失去竞争力的老牌公司。事实是，即使没有合作伙伴关系，一家公司也注定会超越另一家公司。

路径 6

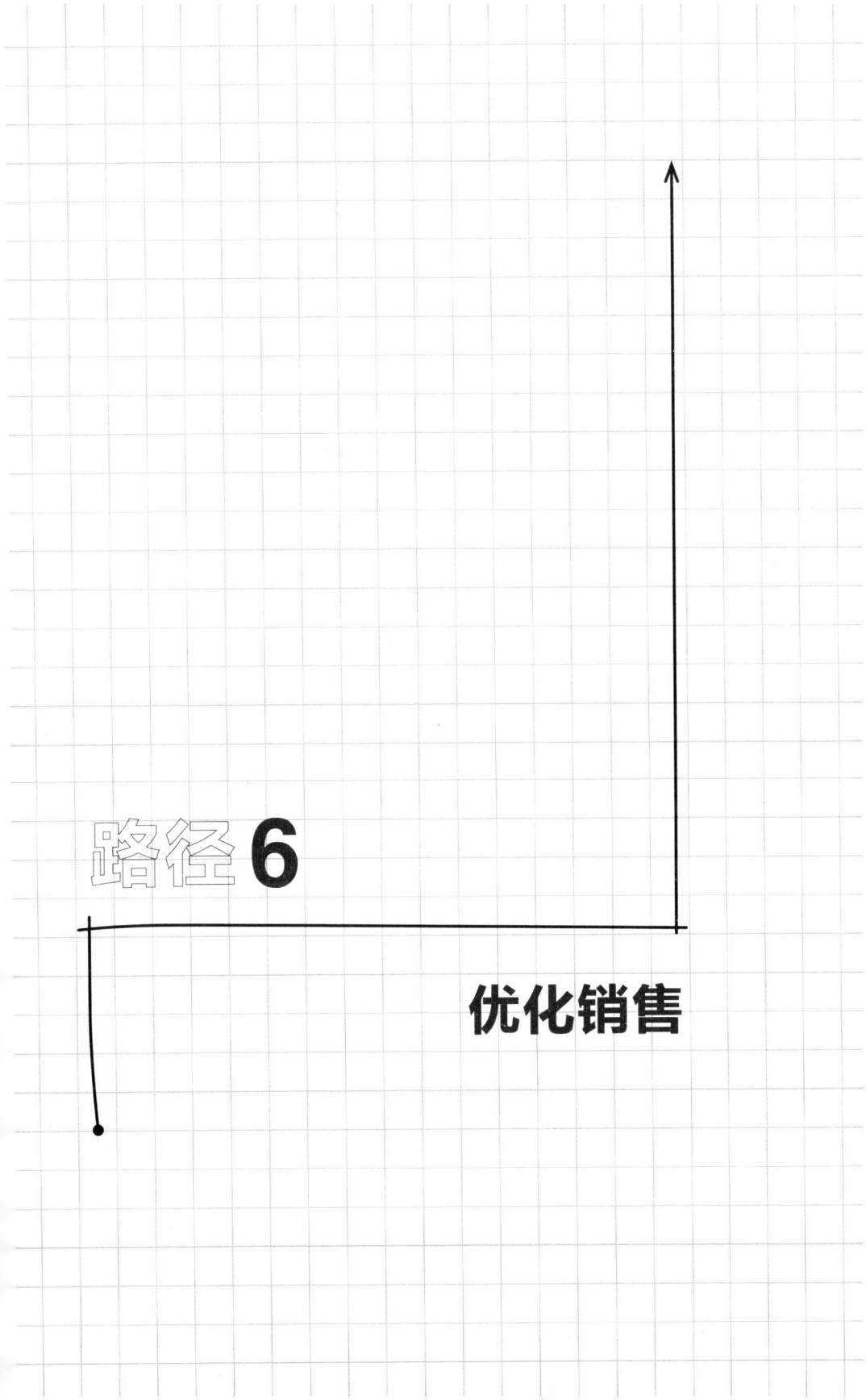

优化销售

优化销售

> 要更聪明地去工作……而非更努力地去工作。[161]
>
> ——艾伦·H.莫根森（Allen H. Mogensen）
> "工作简化之父"

为什么优化销售至关重要

- 64%的消费者愿意为更简单的体验支付更多的钱。[162]
- 只有约22%的企业对自己的转化率感到满意。[163]
- 44%的销售组织将优化销售列为最高销售目标。[164]
- 超过一半的销售组织（54%）不会正式将自己的销售流程或销售的其他方面与客户特定的旅程保持一致。[165]
- 销售团队平均要花25%的时间在管理任务上。[166]
- 总体上，5%的消费者在网购星期一（Cyker Monday）通过人工智能推荐产品贡献了24%的收入。[167]
- 美国公司每年花费150亿美元用于培训销售人员，另外花费8 000亿美元用于奖励。然而预估结果显示，美国每年的销售人员流动率高达27%，是整体劳力流动率的两倍。[168]

最后的一英里

> 假设你遇到的每个人脖子上都戴有一个标记,上面写着"让我觉得自己很重要"。这样你不仅会在销售上取得成功,而且会在生活中取得成功。[169]
>
> ——玫琳凯·阿什(Mary Kay Ash)
> 玫琳凯化妆品(Mary Kay Cosmetics)创始人

大约30年前,我就意识到了自己外向的个性、永不满足的好奇心和竞争精神,这些对我从事销售这一行有很大帮助。纵观我的职业生涯,我曾是一个背负配额的销售代表、团队负责人、销售总监和销售副总裁。我终于结束了背负配额在捷威计算机公司(Gateway Computer)(是的,就是那个"奶牛"盒子)的运营(销售)部门工作的日子。令我一直感到惊讶的是,人们对于销售在公司的增长能力中所发挥的专业性和作用有很深的误解。销售是"最后的一英里",是任何公司的真相时刻。所有为开发产品所流的汗水和泪水、创造完美营销活动的痛苦以及一直以来所做出的艰难决定,都有望带来销售额。否则,你如何能在不产生收入的情况下维持业务呢?

多年前,我就曾向世界上最大的技术提供商之一提供了如何最好地优化销售业绩的建议。这不是一个全球性的、好高骛远的评估;确切地说,它集中在美国地区和它所针对的大型"企业"客户上。对覆盖范围模型的快速(如两分钟)分析揭示了第一个改进时机成熟的区域。

公司的"管理层"下面有4 500多个客户,却仅有600名销售代表负责这些客户。只要做一下简单的数学计算(4 500除以600),你就能意识到从时间和客户价值的角度来看,每个代表负责75名个人客户是完全不现实的。此外,我们发现现有的销售资源是按地域(城市、州）来部署的，并且公司将超过50%的时间花在了通勤等非销售活动上，这意味着该公司没有充分发挥销售资源的潜力（销售或其他方面）。领导层并不能总花时间定期审查当前的销售实践，因此这一发现的简单性倒让人有些猝不及防。

这个例子虽然可能看起来很简单，但该公司应该在我去之前就发现问题。领导层完全没有注意到分配给每位代表的客户数量已经达到了收益递减点这一事实。这个故事的重点不是讨论如何解决这个问题，而是提醒公司要关注基层，在优化销售上保持勤勉，并且始终如一地合理化当前的销售策略。渠道回顾（代表购买过程中的客户预期位置）不应该是每周一次，甚至是每天一次吗？配额达成情况是销售代表的积分卡，所以你必须以成功为导向来设定它们。优化销售是实现这一目标的方法之一。

请允许我暂时沉浸在这种巨大的过度简化中，但是公司会做两件事：（1）生产产品；（2）销售产品。我相信即使是世界上最好的产品也无法自我推销和销售。公司必须善于将客户带到它们的产品那里去。

产品的生命周期逐渐瓦解，买家有更多的消息来源，客户体验在购买决策中发挥着更大的作用，以及一周全天候可访问的在线商务，这些使公司再也不能仅仅依靠产品来实现可持续的竞争优势了。除了专注于销售什么产品外，公司现在更加关注如何去销售。目标是什么？以合适的产品和服务在合适的时间，无缝、无摩擦地满足客户希望的购买地点和购买方式。

很容易，对吗？没那么容易。优化销售是一种神奇的方式，它可以使现有的（销售）资源翻倍，通过结合两种路径来加强另一种路径的有效性，随后通过为额外的增长计划提供资金来改善收入和销售成本（COGS）。然而，许多公司陷入了是"现在"就达到指标，还是改善未来几个季度或几年的销售表现的矛盾之中。

什么会导致一个上市公司的首席执行官被解职呢（除了违反道德规范以外）？没有达成预期销售额，或者说在很长一段时间内没有达到销售目标。首席执行官每个季度都承受着巨大的压力去做业绩，展示季度环比或同比增长。实际上，只有两种方法可以提高公司收入和盈利绩效：销售更多（顶线）和削减成本（底线）。

多年前我在高德纳公司工作时，创造了"卖方困境"（Seller's Dilemma）这一术语——借用克莱顿·克里斯滕森的《创新者的困境》来描述这一悖论——这个概念在今天仍然真实可行。唯一拥有配额承载资源的销售主管正是受到这种困境影响的人。如果他们今天没有达到目标，那么他们在接下来的6个月内也不必为工作操心了。因此，他们埋头苦干并推动每个季度的业绩以获得超过目标线的收入。他们正在努力工作，这是毫无疑问的——销售人员不会告诉你其他答案。但他们真的能够更聪明地工作而不仅仅是更努力地工作以实现长期绩效目标吗？

不幸的是，他们很少停下来重新评估自己的销售方式。这意味着当前的销售实践、流程和组织结构实际上可能比他们所面临的任何外部因素都更阻碍增长。这不是一个新的问题，市场环境并没有出现任何突如其来的转变，这使得今天这个问题比10年前更为重要。但随着技术的进步已经改变的是：公司现在可以轻松地确定需要改进的领域。过去的情况是，我们不得不花几个小时、几天和几周来分析数据，而当我们发现问题甚至机会时，现实却已经发生了转变。

今天的赢家应该是更聪明的销售人员，他们能够利用人工智能、机器学习、客户关系管理、营销自动化以及其他销售支持和数字功能的优势。他们需要有意愿地打破现状并全面优化各种销售渠道的销售资源（人员和线上）。

这是一项艰巨的任务。公司正在努力跟上客户需求的步伐，特别是在跨多种销售渠道（线上，线下，移动，应用程序）的方式上。这种不断变化的市场环境激发公司内部重新振奋，使公司更多地关注优化销售，而不仅仅是开发新产品——即利用公司当前拥有的资源（销售人员和销售渠道数量）在销售运营（工具，系统，客户关系管理）和销售支持实践方面提高销售业务的生产力和绩效，同时以新的方式来利用技术。

这意味着什么呢？它可以是这样的：

- 添加更多客户需要的东西（新销售渠道中可用的产品、促销、推荐等）。
- 删减不必要的东西（减少下订单所需的步骤）。
- 整合线上（数字）和线下进入市场的路线。
- 利用更多新的（销售）支持工具（电子签名、支付方式和移动订单跟踪等）。
- 确定正确的销售人员规模（内部与外部，线上与店面，内包与外包）。
- 合理化销售覆盖模型（按规模、行业和地区）。
- 重新组织客户而不是产品（就像贝宝所做的那样）。
- 利用在线和零售（实体）店面。
- 改善培训和招聘实践——仅举几例。

这可能不是新观点，但仍然重要

为什么优化销售如此重要？公司就做两件事情——生产产品和

销售产品——创造销售是推动公司业务发展的收入引擎。没有销售，就没有收入，就无法支付账单，就无法生产产品，员工也拿不到薪水。而且在《财富》列出的2 500人规模的大型上市公司中，如果销售不达标，股价下跌，那么包括首席执行官在内的高管都会面临被解雇的风险。

优化销售应该是任何"销售"产品或服务的公司持续和优先的关注点，从这个意义上来讲，优化销售路径和客户体验路径很像。一个公司在任何时候都应该把重点放在提高销售效率上——优化销售应该同重新审视财务一样重要。事实上，如果你决定追求一条或多条路径，比如市场加速、客户基础渗透、客户和产品多样化，那么你应该做的第一件事就是进行销售的有效性评估，以确保你在启动新的增长路径之前拥有恰当的销售模型（人员、流程和系统）。

不幸的是，当公司经历强劲增长时，它们就开始相信自己的销售策略是绝对可靠的，它们就会犯下在没有考虑整体生产力的情况下就聘请更多的销售人员来增加收入的错误。一个不小心，这就会成为一个滑坡。实际上，更多的员工可能会为你带来更多的短期价值（收入产生），但它也可能掩盖隐藏在表面之下的根本问题，这些根本问题最终会在增长停滞时暴露出来。拉下同样的杠杆也只能让你走这么远。在雇用更多人员之前，你需要测试并验证你的现有（销售）资源是否真的在以最佳水平运作。

故事1

软件营销部队
4个男人与两只狗的故事

> 如果我是对的——我确信自己是对的,那么这种按需模式将彻底改变技术的买卖方式。换句话说,它是我们所知道的软件终结者。[170]
>
> ——马克·贝尼奥夫（Mark Benioff）
> 软件营销部队首席执行官

今天的企业级技术正在以全新的方式出售（更多的自助服务），而且单位价格要低得多。转向大众市场的模式决定了销售产品的方式的根本性变化。传统的IBM型销售组织在这个数字驱动下的21世纪中变得太慢、太昂贵，以至于根本没有竞争力。

使用旧的策略来提高销售额——削减价格、在营销上花更多的资金、雇用更多的销售人员——不再像过去那样有效了。现在有效的方法是利用新技术提供的越来越多的东西来帮助销售人员提高生产率——利用现有资源获得更大的销售额，并且改善可预测和可衡量的增长。

20世纪90年代，客户关系管理似乎与现在大不相同。当时，客户关系管理软件的供应商通过产品模型进行操作，在这种模型中，客户可以进行大量的预先购买，以便现场来操作系统。

然后，当时还是甲骨文公司员工的马克·贝尼奥夫有一个革命性的想法：将客户关系管理作为一种服务而不是产品，允许客户支付较低的月费，而不是在购买时一下子花掉上百万美元。

软件营销部队于1999年3月在旧金山电报山（Telegraph Hill）山顶上的一间单室公寓内开始了它的生涯。马克·贝尼奥夫、帕克·哈里斯（Parker Harris）、弗兰克·多明格斯（Frank Dominguez）和戴夫·莫勒霍夫（Dave Moellenhff）这4个男人和他们的两只狗一起开始了"无软件"革命，从此颠覆了整个行业，永远地改变了软件和云计算的格局。

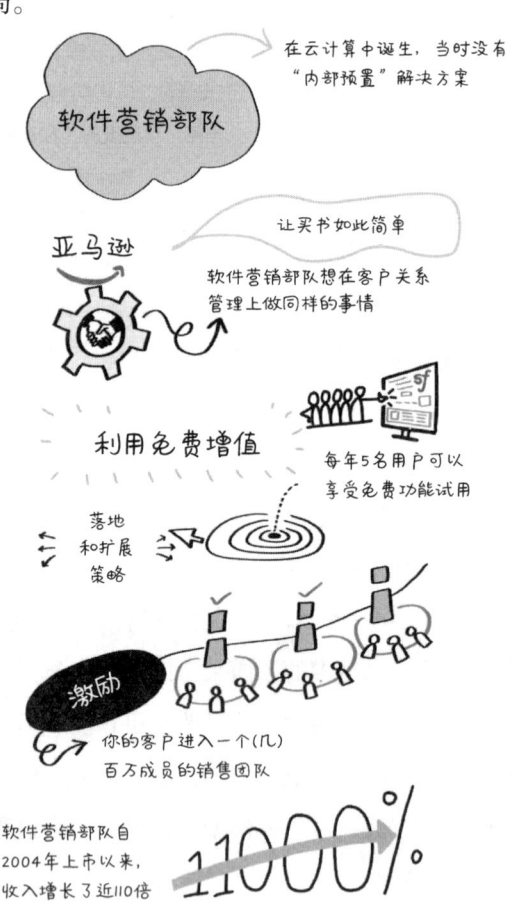

软件营销部队 — 在云计算中诞生，当时没有"内部预置"解决方案

亚马逊 — 让买书如此简单；软件营销部队想在客户关系管理上做同样的事情

利用免费增值 — 每年5名用户可以享受免费功能试用

落地和扩展策略

激励 — 你的客户进入一个（几）百万成员的销售团队

软件营销部队自2004年上市以来，收入增长了近110倍 **11000%**

软件营销部队的赌注全都押在企业软件的未来上了。来自各种设备的对客户关系管理的需求量的增加正是它所希望的市场环境的转变。软件营销部队在成立两年后收入为540万美元，3年后收入为2 240万美元，4年后收入为5 100万美元。正是它的"无软件"口号及过度营销的策略推动其品牌向目前超过100亿美元的运转率迈进。是的，它的野心很大，但市场机会是一样的。2012—2017年，客户关系管理预测复合年增长率将净增56%——这是任何一个人都想要追求的增长率。此外，客户关系管理在预计的增长中领先于所有的企业软件类别，显示了15.1%的复合年增长率（高德纳）。

　　软件营销部队在云计算中诞生并且没有"内部预置"解决方案，这一事实为那些希望利用其他"高成本"投资的企业提供了一个先发优势。软件营销部队围绕着一个主要思想来构建——通过"消费者网络到商业世界"的优势来全天候地向云端人员提供软件。但是，先发制人并不总能保证成功。软件营销部队知道，如果自己要在早期打败市场领导者希柏（Siebel），最终打败甲骨文（收购了希柏）和思爱普（SAP），那么不仅需要在技术上更胜一筹，还需要在销售方式上做得更好。贝尼奥夫知道，如果他要在与3家更大的软件公司的竞争中赢得胜利，他就需要专注于建立一个高绩效的销售文化，而他也从未动摇过这一理念。

　　基本前提是软件营销部队通过其革命性的"软件即服务"业务模式及销售策略秒杀了希柏，而且由于软件营销部队占据了很大的市场份额，到2005年，希柏只能被迫被甲骨文公司收购。众所周知的"大卫击败歌利亚"（David defeats Goliath）的故事在高科技产业中上演。

　　希柏系统由汤姆·西贝尔（Tom Siebel）和帕特·豪斯（Pat House）于1993年创立。在5年内，该公司从一家鲜为人知的初创企业一跃成为一家年收入近20亿美元的强势集团，拥有8 000名员工和300亿美元的市值。

客户关系管理仍将是增长最快的商业应用市场，预计到2017年年底，其市场份额将会超过360亿美元。到2020年，整个软件即服务的市值预计会超过750亿美元（高德纳）。[171]

希柏系统是客户关系管理市场的引领者。1999年，希柏系统被德勤（Deloitte）认证为美国历史上"增长最快的公司"，5年来增长率达到782 978%。

到2002年，该公司的顶线增长已停滞不前，股价已跌至以前天价水平的一小部分。2005年9月12日，甲骨文公司签署了收购该公司的最终协议，交易价值略高于60亿美元。2006年3月1日，希柏系统不再作为一个独立的实体存在——这对于一家一度无懈可击的公司来说是一个相当不光彩的结局。

软件营销部队的销售能力：销售手册

从一开始，软件营销部队就设定了不合常理的道路。通过单一的产品重点和客户关系管理［销售能力自动化（SFA）］，以及以云计算为基础提供的服务，能够让客户只需点击几下自己的电脑就可以了解、订阅、启动和运行它。不久，漫长的销售过程中充满了定制演示、工作范围和价格谈判。想想亚马逊是如何让购买书籍变得简单的——软件营销部队希望在客户关系管理方面做同样的事情。

让事情变得简单是一个良好的开端，但最初软件营销部队走得更远：它利用了自20世纪80年代以来在软件行业中被称为"免费增值"的概念，为5个用户免费提供一年的功能试用。这是其"落地和扩展"战略的关键组成部分。虽然在今天看来这似乎像是一个赌注，但在1999年却是人们闻所未闻的。在甲骨文、希柏或思爱普等企业软件市场中，提供功能良好的版本给5个用户免费使用更是前所未有的。采用这种方法的好处有三点：其一，它能够让未来的潜在客户试用该服务；其二，他们免费使用该产品就会引发人们谈论这一产品；其三，它还能为软件营销部队提供实时的客户反馈，以帮助其改进产品并向前发展。

第15名员工

作为一家初创公司，聘请你的第一个全职销售代表始终要讲究一个微妙的平衡。直到有了少量的测试版客户，软件营销部队才决定聘请第一个专门的销售人员来帮其获得另外的免费客户，以及将现有（免费）客户转换为付费客户。这是一个典型的客户基础渗透策略——虽然规模很小。软件营销部队必须在早期的销售努力中保持很高的效率——它们采取的每一项举措都可能对其早期的增长产生不可思议的影响。

软件营销部队——更具体地说是马克·贝尼奥夫，信奉"如何激励你的客户进入一个（几）百万成员的销售团队"的哲学。[172]这句话是一个销售组织的核心，现在有数千名销售人员在该组织的工薪名册上。但确保客户成功使用该产品的基本原则将对软件营销部队大有帮助。如果客户满意，如果销售团队的工作效率更高，如果公司能够对业务有更好的预测性和渠道可见性，那么它更有可能增长自己的业务。如果它这样做了，它将反过来需要更多的客户关系管理。这会产生一种双赢的结果。

但是，事情到这里还没结束。贝尼奥夫认为，每个客户都"存在尚未发挥的潜力"[173]。通过提供培训和支持，公司可以建立一支销售团队，其不只限于有限数量的软件营销部队的销售人员，也可以扩展至数十万的客户。有一天，数以百万计的客户会向其他公司宣传和讲述软件营销部队的故事。如果你参加过梦想力（Dreamforce）会议——软件营销部队在旧金山举办的年度客户活动，曾吸引了170 000多名注册参与者——你将会完全明白我在说什么。客户拥护软件营销部队的程度是前所未有的。这是一个在其客户基础中创造了巨大忠诚度的品牌，而这种忠诚度成就了软件营销部队今天的规模——软件营销部队自2004年上市以来，收入增长了近110倍。

优化销售不仅仅是确保以最佳工具和客户见解来优化和启用公司的内部资源——你必须确保你永远不会忘记你的客户，以及他们使用你的产品和服务所得到的成功。你不能陷入关注内部流程以及如何不断压榨销售人员的最后一滴血汗中。相反，你必须从外部看，这样你才能将客户的期望和他们的购买过程与你组织、赋能、培训和扩展销售能力的方式匹配起来。

软件营销部队
关键要点导读

- 提高销售业绩并不总是与你的内部资源相关,它也可能包括你的客户在内。目光越过你四周的围墙,去发现你尚未发挥的潜力。
- 对于小型初创企业来说,聘请第一个销售代表可能是你能做出的最大(早期)的决定之一。你做这个的顺序可能会对你的业务产生影响。这是"关于需要还是想要的问题"的典型案例。你是需要一个销售人员吗?还是你想要一个销售人员?这具体取决于你销售什么。对创始人来说,进行初始销售可能是合理的,这样他们就可以了解业务和客户的需求,这将有助于你在雇用第一个销售人员时确定你需要他有什么样的技能。
- 伟大的品牌不仅只想做快速销售,它们更希望确保客户重视自己所购买的产品。你希望在销售过程中尽可能多做些,以避免以后遇到的客户流失问题。
- 在1999年软件营销部队成立时,大多数软件公司都在限时或特色限量版本中使用免费增值业务模式,以吸引潜在客户试用其产品。为什么这样做?这样它们就可以消除进入市场的成本障碍。尽管软件营销部队没有发明这个概念,但它还是在这个概念上发挥了自己的作用,超越了竞争对手所做的事情。软件营销部队为5个用户免费提供了一年的全功能试用版。看一下竞争对手甚至其他行业的现有销售模式,这样的公司可以为你开发产品提供一个起点。以创新的方式使用熟悉的销售模式可以让你脱颖而出,并为你的客户提供一些谈资。

故事 2

沃尔玛
终极零售对决

理想的夺冠方式是循序渐进。[174]

——菲尔·杰克逊（Phil Jackson）
美国棒球手及教练

提高销售业绩并不总是意味着企业必须要有传统的"销售代表"——意思是有'销售代表'头衔的人——来优化销售。如今，优化销售操作有一个同样大的组件，它关注各种销售、"销路"或客户希望利用和处理的渠道。

企业不再在单一购买渠道或销售模式（面对面、线下门店、手机、邮购、合伙等）内一较高下。例如，整合线上与线下门店几乎是大部分销售"产品"的企业的桌面筹码。记住，西尔斯百货之前曾掌握着邮购渠道并将其与线下门店整合起来，但它却未紧跟市场风向投资线上及电商，以致自陷险境。西尔斯百货没有考虑过邮购在顾客的购物过程（虽然是线上购物）中扮演的角色便终止了邮购业务。

在过去的20年中，技术革新比比皆是，人们很容易忘记零售巨头沃尔玛在20世纪末的骄人战绩。通过持续的扩张、供应链管理的改革创新以及对定价的密切关注，沃尔玛击败了一大批小型零售商，给美国的中低收入居民带来了可观的购买力提升。人们普遍认为，沃尔玛建立了一种新型零售范式，其具有超强的竞争力和高效的运营力，在未来数百年内可能都难逢敌手。

但是，这样的优势地位持续了不到20年就结束了。如今，沃尔玛拥有230万个联合公司，11 695个门店（截至2017年1月），在28个国家拥有俱乐部，在63个不同的公司名下运营，积累了2 600万客户。尽管如此，它仍腹背受敌，受到其他同样高效的零售巨头的挑战——尤其是亚马逊。不难看出，近年来零售行业分析师对亚马逊之于沃尔玛影响的预测与多年前他们对沃尔玛之于"主街道零售商"影响的描述一模一样。

这一切是如何发生的呢？主要是来自面向顾客的科技的力量。显然，互联网和电商使一批拥有更多信息交流渠道、需求更多、教育程度更高的购买者获益，这些购买者发现线上消费体验和选择相较于传统实体店面来说更加轻松。亚马逊正在重创沃尔玛，而沃尔玛却不得不做出决定：是韬光养晦，继续全力维护现有市场从而保持现状（就像西尔斯百货的第二条出路一样），还是想办法回击，持续与之对抗呢。如果沃尔玛选择了后者，在已经完善了供给侧且持有超过11 000家遍布全球的实体店的巨大库存的前提下，要想找到出路，沃尔玛必须重新思考应该如何为顾客提供服务。换句话说，沃尔玛需要来一场关于销售手段的革命。

亚马逊收购全食超市

与自己以前的很多手下败将不同的是，沃尔玛表现出了强烈的好战性——更重要的是，强烈的改变意愿。实际上，至少从2014年

C. 道格·麦克米伦（C. Doug McMillon）接任公司首席执行官之日起，沃尔玛就开始关注亚马逊这个威胁者了。

沃尔玛与亚马逊的对决可能是以实体店与线上零售的形式展开的，但绝不会只停留在这个层面。沃尔玛向线上零售进军的第一步就是2016年8月以330亿美元的资金买下了线上购物网站Jet.com，并随即任命其首席执行官马克·洛尔（Marc Lore）分管沃尔玛电商业务。[175]正是洛尔想出了两日免邮（不需要注册会员）的点子，才使得沃尔玛迅速比肩亚马逊，使其线上业绩扩大了两倍。

> 我们看到几乎所有品类都有所增长，特别是食品类业务的增速加快。[176]
>
> ——C. 道格·麦克米伦
> 沃尔玛首席执行官

这一成功的举措几乎拯救了沃尔玛，一年之后，亚马逊宣布并购全食超市。这一消息蚕食着沃尔玛的实体地盘和作为其业绩增长引擎的超市业务，导致沃尔玛的股价在第二天下跌了3%。但沃尔玛已经蓄势待发。在亚马逊公布并购全食超市之后的24小时内，沃尔玛也宣布它已经以3 100万美元并购了成衣零售公司博纳宝斯（Bonobos），使其线上零售库存种类达6 700万种。当周周末，沃尔玛的股价回弹，比去年同期高出了14%。

这次并购最显而易见的部分（博纳宝斯庞大的线上业务）实际上是最无趣的。据《纽约每日新闻》（New York Daily）报道："博纳宝斯已在其成功的线上业务基础上建立了自己的品牌，但它还拥有一系列同样成功的零售门店，包括很多在诺德斯特龙百货的快捷门店。因此，沃尔玛的这次并购为其加持了独特的能力——并行管理两条截然不同的渠道的最好经验，而不像迄今为止其他99%的零售商一样只有单一的管理经验。"[177]

博纳宝斯的创新是"买前验货理念"——在成衣门店，顾客只能看、试却无法购买，只能在线下单。博纳宝斯基本上为其品牌建立了行业领先的"高效运营"供应链，而不是店铺——避免了库存过剩、库存管理和昂贵的租金等问题。博纳宝斯将买前验货理念发展成了一种优势，而沃尔玛也想在其中分一杯羹。

> 买前验货是指客户在传统的零售门店或其他线下场景中检验货物，然后线上购买，且有时以更低的价格在线上购买的行为。

点击提货

沃尔玛掀起的消费热潮支持了其新的超市战略"点击提货"的实施。这一战略利用新科技的力量改善了消费者体验并推动了更深入的客户基础渗透。沃尔玛引入地理围栏技术，当顾客上门时，门店人员会接到通知，另外还提供订单检索及24小时自助提货终端。这一切都是为了优化线上及线下零售体验。

沃尔玛的战略越来越清晰：尽管亚马逊正力争在实体店领域占有一席之地，拥有4 600家大型门店（加上几百个并购来的门店，比如博纳宝斯）的沃尔玛却已经是其中的佼佼者——据估计，90%的美国人生活范围的10英里内就有一家沃尔玛，且沃尔玛正打算以新的方式来利用自身巨大的商业版图和零售能力。

尤其是沃尔玛已经在酝酿新的零售战略。如果亚马逊的目标是以其线上端优势为起点来整合实体店和线上零售的话，那么在实体端拥有更强实力，还有线上和其他创新零售理念加持的沃尔玛似乎在这场角逐中已稳操胜券。

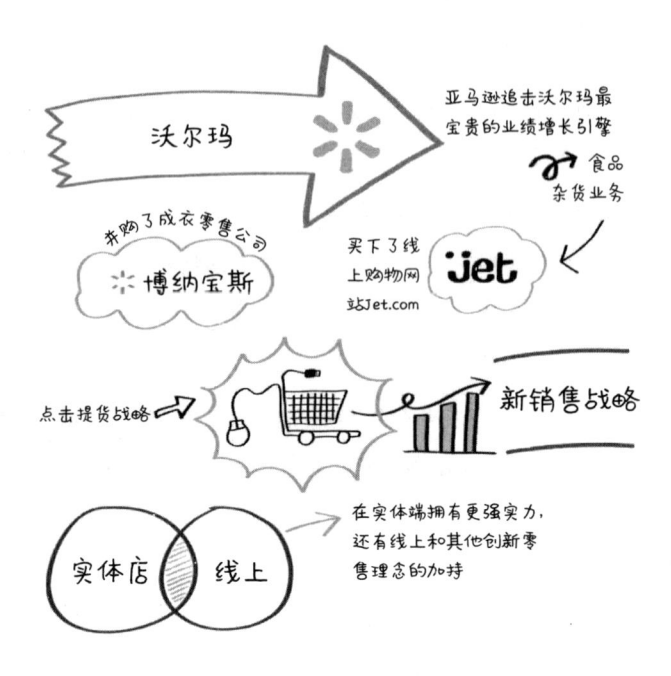

组合 + 顺序

第一步是顺序整合。沃尔玛宣布，它将首次将其传奇性的实体店购买流程与网店购买流程整合起来。这一步对于其优化零售的目标意义重大。

在这之前，沃尔玛一直将两者分开运营。这一整合不仅能去除冗余，节省成本，也能为消费者提供沃尔玛实体店与虚拟店体验的无缝对接。同时，更多之前对相比实体店体量更小的沃尔玛线上店持观望态度的商户也有望被吸引加入合作，这样一来，沃尔玛与亚马逊的库存差距也有望缩小。

麦克米伦在2017年8月与分析师的谈话中宣布，沃尔玛的蜕变才刚刚开始。在新宣言"让忙碌的家庭轻松每一天"的引领下，麦克米伦公布了一系列新的优化销售策略[178]，包括：

- 从周围门店配送更多沃尔玛线上订单。
- 在美国全境约100个沃尔玛门店内设立自助"取货塔",让顾客可以在几分钟内取到所订货品。
- 实体店与线上购物的深度整合,包括"便捷再下单"(Easy Reorder),让顾客可以在一个地方看到自己购买过的所有优质货物。
- 开发新软件,让家长与学生通过输入邮编和教师姓名就能找到他们要买的课堂物品。
- 沃尔玛计划于2018年年底前将线上门店的货运服务扩张到100个大城市,这一步将帮助其进入美国40%的家庭。[179]

与亚马逊这样发展迅速、创新能力强、野心勃勃的对手博弈,做到这些够吗?只有时间能给出答案。但有早期迹象表明,看到其他零售商持续发力后,沃尔玛做的远远不止固守老本。2017年第三季度,沃尔玛在美国的销售额上涨了2.7%,国际销售额上浮了4.1%,是连续第13个由电商与食品类业务驱动的增长周期。线上已有约700万个品类(是一年前的3倍),仅在美国就增长了50%。[180]

对于沃尔玛这样的庞然大物来说,迅速变革整个销售机制并与亚马逊这样的公司抢夺未来制霸权是一个惊人的决策。沃尔玛正在直面"卖家困境"。它的传奇依赖于合并与收购,借此升级技术、基础设施和管理,但所有这一切都本着优化销售和提高业绩以对抗强大竞争者的宗旨。现在,其他业内竞争者也纷纷崛起以期与亚马逊和沃尔玛抗衡——2017年12月,塔吉特百货收购了西普特公司(Shipt Inc.)。[181]

下一个崛起的将是中国,沃尔玛将与另一个类似亚马逊的强大对手——阿里巴巴斗智斗勇。阿里巴巴近期宣布投资28.8亿美元买入高鑫零售（Sun Art Retail Group）的主要股权[182]，而高鑫零售是中国最大的以沃尔玛模式运营超市的管理公司，此举再次显示了提高线上与线下销售效率以满足消费者对消费地点需求的重要性。

沃尔玛
关键要点导读

- 这个故事很好地展示了沃尔玛如何应对来自竞争和变化的市场环境的挑战,而很少有其他公司能够像沃尔玛这样通过大手笔的并购来推出产品或获得组合能力。即使你没有如此庞大的资金进行并购,你也应该可以从中学到沃尔玛这么做的原因。沃尔玛高度关注客户的需求(具体的)变化,不愿在自己的控制范围内输给任何一个对手。沃尔玛明白自己要改变的是什么,并专注于找到最好的改变方法。在这个案例中,它很自然地找到了将内部变动与细分并购结合起来的方法。
- 和贝宝一样,沃尔玛注重业务变革的次序,这是一种利用并购取得更大成功的新方式。它升级了组织、功能和购买流程,并将这些与通过并购得到的新能力相结合。
- 尽管我不能把沃尔玛为提升销售业绩和消费者体验所做的所有事一一呈现,但沃尔玛现在进行的广泛投资,持续大规模地在战略和管理上进行赶超,不仅是为了能在零售转型和消费者期待变化的时代生存,还为了获取额外的增长和吸引新顾客。沃尔玛投资数字和实体相结合的无缝购物旅程的目的在于刺激增长,并将美国地区的线上购买收入额占比提高至40%。

故事 3

富国银行
文采不是理据

比起艺术源于生活，生活效仿艺术更多。

——奥斯卡·王尔德（Oscar Wilde）
"谎言的衰落：一种观察"（The Decay of Lying: An Obserlation）

《格伦加里·格伦·罗斯》（*Glengary Glen Ross*）是1984年普利策奖的获奖戏剧，该剧由大维·马梅（David Mamet）创作，于1992年拍成了电影。你可以说这是好莱坞拍过的对于销售员这个职业刻画得最不友好的一部电影。一群狂热的芝加哥房地产销售员受利益驱使，参与各种违背道德与法律的活动，从撒谎、谄媚到行贿、威胁、恐吓和盗窃，甚至试图把不良房地产卖给毫不知情的潜在买家。

亚力克·鲍德温（Alec Baldwin）扮演的角色布莱克（Blake）是一个激励销售员的培训师，他用愤怒与粗暴的演讲来激励销售员达成更多业绩或辞职不干。"我们在本月的销售比赛中增加了一些特别的东西：一等奖是凯迪拉克埃多拉多（Cadillac Eldorado），二等奖是一套牛排刀具，三等奖——你被炒了！"

鲍德温的角色可能含有虚构成分，但他表现并激励了一种恶性的、寡廉鲜耻的销售文化，这种文化在伯尼·马多夫（Bernie Madoff）臭名昭著的庞氏骗局中也有所体现。

高压销售文化误入歧途

如今，销售职业再次遭受挑战，不得不用"艺术源于生活"的例子维护自身清白。富国银行成立于1852年，它起初是一家公共马车快递公司，将西方金矿区的重要货物送进送出，现在已成为世界第二大银行[183]。经过20世纪末至21世纪初的一系列狂风骤雨般的吞并和收购后，其当时的首席执行官迪克·科瓦策维奇（Dick Kovacevich）对银行的角色以及如何最好地"卖钱"形成了独特看法。

科瓦策维奇致力于寻找能够让银行体验与其他的企业对消费者模式类似的方法。他认为，各支行是"分店"，银行从业人员是"销售员"，他们的工作是"交叉销售"，即吸引"顾客"，而并非让"客户"尽可能多地购买产品。对银行来说，其"产品"就是活期或定期存款、信用额度和抵押贷款。[184]

科瓦策维奇认为，他在领导公司专注客户体验，而实际上他的想法营造出的是一种高压销售文化。他发起了一项倡议，鼓励员工让顾客买够8个银行产品。[185]同其他销售企业一样，银行也有每日目标更新。在富国银行，这一点被夸大到极致。曾有一个分行经理一大早就打电话给员工说："今天你打算怎么达标？如果达不到，那么你下午就要打个电话来解释为什么以及怎么弥补。"这样的高压管理的收效往往不尽如人意：要么优秀的人才被迫离开，因为环境已变得乌烟瘴气——你争我抢的过度竞争；要么有人开始弄虚作假以达成不切实际的目标。在这个案例中，两种情况都发生了，并且直到科瓦策维奇退休都还在延续，员工和管理者都怨声载道。就在此时，新首席执行官约翰·斯顿夫（John Stumpf）走马上任了。

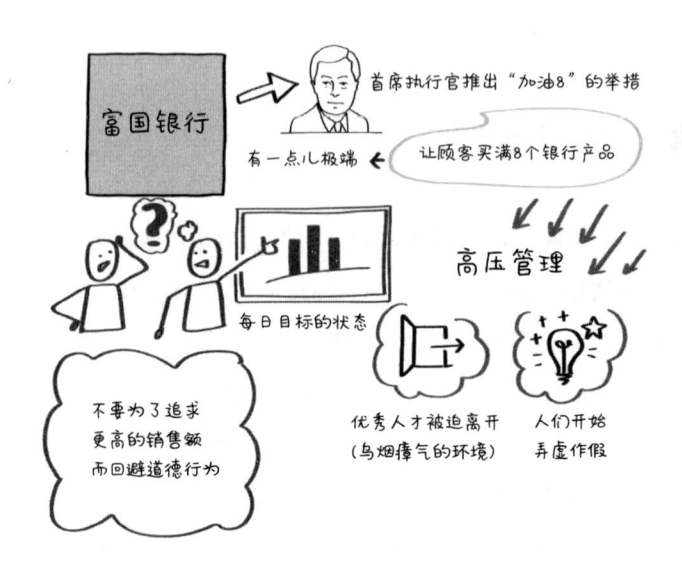

[图：富国银行示意图]
- 富国银行
- 首席执行官推出"加油8"的举措
- 有一点儿极端
- 让顾客买满8个银行产品
- 每日目标的状态
- 高压管理
- 不要为了追求更高的销售额而回避道德行为
- 优秀人才被迫离开（乌烟瘴气的环境）
- 人们开始弄虚作假

或许斯顿夫最大的错误之一——也是最终导致他卸任的原因，是他延续了科瓦策维奇推行的策略。即使在20世纪90年代公司已经出现了令人担忧的迹象，他也没有做出任何改变。不良的销售策略成为一种新文化，这种文化最终反噬了富国银行。斯顿夫一直遵循科瓦策维奇的销售策略，包括那些营造出弱道德销售文化的策略。没人确切知道这些策略为何能延续下来，但是从以下令人唏嘘的针对投资者的言论中我们可以管中窥豹，了解他为何要采用高压管理，从顾客身上压榨更多的钱来购买产品："买了富国银行5个产品的顾客所获得的利润是买了3个产品的顾客的3倍，而买了8个产品的顾客所获得的利润是买了3个产品的5倍。所以，账户越多，顾客越是不可能转向其他银行支付更高的利息。"

让我们快进到2016年9月，这个个人银行巨头（也是最大的美国抵押放贷公司）正面临着其历史上最大的丑闻[186]。5 300名员工被解雇，其中大部分是底层员工，10名是管理层人员。其他管理层人员则选择辞职或退休，卡丽·托尔斯泰德（Carrie Tolstedt）就是其中之一，她是社区银行副执行总裁，曾在超过6 200家富国银行的支行监督过10多万名出纳和其他一线员工。2015年，她曾因"高额的交叉销售值"和"巩固了高风险文化"的工作表现被奖励950万美元。随后，富国银行首席执行官约翰·斯顿夫在压力之下请辞。结果董事会在追回超一亿美元的储备金和管理层薪资后，已支付给监管者18 500万美元，并耗费1 420亿美元打了一场集体诉讼案。

究竟哪里出了错？富国银行是如何如此偏离自己原来笃信的诚信为客的文化的？富国银行承认，其雇员承担了太多的压力，销售目标过于严苛——有时一天要卖出20个金融产品，比如一个新账户、一份抵押贷款、一个退休账户或网上银行，且不计任何代价。[187]调查期间，监管者发现在2009—2016年期间，在未得到顾客允许的情况下，富国银行开立过350万个账户[188]。另外，人们还发现："该银行的销售策略是不道德的；银行的行为损害了顾客利益；银行管理未及时针对问题采取行动。"

据富国银行所说，其意在"满足顾客需求，帮助他们合理理财"，且强调其愿景"与交易、推销产品或为变大而变大无关，它关乎如何为每一个顾客一次性建立贯穿终生的体系……我们努力得到股东的认可，坚守的标准一如世界上伟大的公司对于诚信和职业操守的要求一样。我们并不止要做正确的事，还要采用正确的方法"。不幸的是，它们一路走来却忘记了自己的初心。

这个故事揭示了高压销售文化下的非人道策略，它可能出现在任何行业——银行业不是特例。我们得到的教训是：即使是在追求高速增长，公司也不要因为苦苦追赶更高的销售数字而把道德放在一边，不要营造出一种奖励不良行为或强迫从业人员弄虚作假以保住饭碗的销售文化。为你的销售团队做对的事，这样他们才能为你的顾客做对的事——这一信条在任何时候都行得通。

富国银行
关键要点导读

- 科瓦策维奇在推理中所犯的最大错误之一是其将决策归因于他注意到有更多账户的顾客会在银行买更多的产品。
- 高压、从上至下的管理销售环境不是销售机构在为顾客和/或公司服务时自身所犯下的唯一错误。有时它们还缺少培训、工具和流程，这些也是销售脱轨的原因。不管何种原因，不道德的销售行为绝不能容忍。
- 公平而言，富国银行是想要创造一种比其竞争对手更好的客户体验。公平地说，它十分注重客户基础渗透和产品拓展，以激励现有客户购买更多产品。这三条路径和优化销售结合起来，如果整合完美，将有可能改变局势。但富国银行失败了，而且是惨败，败在了那些努力达标的（内部）人员身上。来自上层的不切实际的目标压力，加上自负的管理团队，在两者的共同作用下掀起了一场不良（销售）行为风暴。如果你遇到了同富国银行推行优化销售路线一样的情况，然而你却忽略了它，那么你在其他方面所做的努力和进步都会烟消云散。
- 有时候不良的销售管理会导致不良的销售行为。作为管理者，我们的工作就是激励员工，帮助他们通过各种方式提高业绩，但管理过度并不是其中的一种。命令与控制策略必定会适得其反，不管是管理一两个人的团队还是管理2 000人的团队。在最后一英里中直接面对客户的员工，才是你的品牌之声。

路径6：优化销售

综而观之

他不会把螺母拧到螺栓上,也不会告诉你法律或给你解药。他是一个穿着蓝色衣服、面带微笑、鞋子擦得锃亮的男人……推销员要有梦想,孩子。这是天经地义的。

——阿瑟·米勒(Arthur Miller)

《推销员之死》(*Death of a Salesman*)

    优化销售是这样一门学科:通过改进部署全部可用资源(系统、流程、人员、技术和资本)的方式,来最大化销售团队在完成销售后将客户关系货币化到无限未来这方面的绩效。这需要持久评估、合理化、发展和改进公司的销售运营及其基础模式,让它与你希望服务的客户保持一致的步伐。

    销售的核心是关系和信任。在公众意见可以瞬间传播的时候,道德标准已经越来越重要了。[189]英敏特(Mintel)的研究显示,56%的美国消费者不再从他们认为不道德的公司购买产品。另外,超过1/3(约35%)的消费者即使没有找到可用的替代品,也不会再从他们认为不道德的品牌购买产品。27%的消费者即使认为该品牌的竞争对手的产品质量较次,也会停止从该品牌那里购买产品。总体而言,3/5以上的消费者(约63%)认为道德问题变得越来越重要。如果说这都不能强化道德的重要性,从而确保你的销售团队能够接受最佳实践和道德规范的培训,那我就不知道什么能够强化它了。

有很多书整本都是写如何提高销售业绩的，因此这一章没办法对这个主题讲得面面俱到。我们的目的是激发你思考当前可以任你支配的东西是什么，以及这条路径如何成为关键的"顺序"游戏。如果你的销售功能是无效的，那么其他路径执行起来会更加困难。

如果你的资源仅仅是用以补偿净新客户的，那么你如何向现有客户群销售更多的产品呢？如果你不能聘请更多的销售人员或招募新的合作伙伴，那么你怎么能扩张到新的市场呢？如果你获得客户的成本高于销售产品所赚的钱，那么你如何才能建立一个可以盈利的业务呢？

虽然销售成本只是用于理解和分析企业健康状况的一个指标，但它也可能是最关键的一个指标。现代买家对销售功能造成了严重损害，对21世纪的其他业务也是一样。无论是B2B企业还是B2C企业，没有什么是不受到数字技术的影响的。即使销售（社交销售、软件营销部队、领英、手机）有了触手可及的所有新功能，销售人员仍然很难"达到配额"。

尽管技术和培训都取得了长足进步，但平均而言，只有50%的销售代表达到或超过了配额。此外，平均配额的达成仍然徘徊在60%左右——是的，这是真的：销售业绩达不到目标的2/3。大多数销售人员不会每天早上醒来就想："我要为达成我的配额的60%而努力。"从本质上讲，销售人员是非常有竞争性的，他们希望每天、每周、每月和每一季度都能兑现他们的承诺——即使有最好的计划也不能保证一定能成功。这个统计数据在过去10年中没有太大变化，想想就很可怕。虽然它没有变得更糟，但它也没有变得更好。

行之有效的方法以及潜在的陷阱

如果你可以扭转乾坤，让整个团队达成指定配额的100%，那么会怎样呢？你的公司会实现增长吗？当然会的。那么，为什么与其他业务相比，用于销售改进的严谨程度和计划水平往往远远不够呢？

这些会议讨论了特定年份的收入目标和预期增长——但这部分是容易的。我们承诺"什么"是容易的，难的是我们要"如何"完成它。本书概述的每条增长路径都可能改善公司本身的增长。如果将强劲的销售业绩与之相结合，那么每一项都将产生更大的影响。你能否允许你的应收账款部门仅收集60%的尚未支付的发票？如果你的客户服务部门只回复了60%来电，没关系吗？如果你的产品仅在60%的时间里是好用的，那怎么办呢？我的猜测：没有一种办法是一直有效的，每种方法都有可能对增长产生负面影响。总之，这将是灾难性的。

停下来思索一下——如果你不销售任何东西，那么你就没有产品需要"好用"，没有应收账款要收，不需要打电话联系客户。企业的动力来源就是销售。没有客户，你就没有生意；没有销售，你就没有客户。那你为什么要接受销售业务的不合格表现呢？

提高销售业绩，即使是小幅度的提高也会对公司产生重大的影响。如果你拥有庞大的销售力量，那么将中等收入者的达成配额提高2%～5%可能会产生巨大的影响。假设你有100名销售人员，每人预计每年销售100万美元（总计1亿美元），而今天，使用之前的统计数据，平均每年的销售只能达到约7 500万美元。如果你可以提高平均销售额，比如只提高5%或10%，你就可以再增加450万～900万美元的顶线收入。

想象一下，你有500或1 000名销售人员。你可以快速查看这条（优化销售）路径的值。提高现有资源的性能可以在不增加一个销售人员的前提下产生令人难以置信的回报。

组合：路径6——优化销售+路径1——客户体验

得益于新的、更强大的客户描述和分析能力，你现在可以比以往更好地了解自己已经打下的基础。现在是时候将这些知识付诸实践了，制定更加个性化和丰富的客户体验，这样既可以拓宽你提供给客户的产品范围，也可以提高客户对公司的忠诚度。

组合：路径6——优化销售+路径2——客户基础渗透

一旦你将销售变得更有效且进行了优化，你就有充分的理由将强大的新销售机器带入正轨并进行测试。当然，"优化"表明你之前并非在以巅峰绩效的方式运营，这意味着你可能会错过当前市场中的潜在客户，甚至潜在客户的整个子市场。现在是时候去追求它们了——在已有客户基础上获得额外收入的成本远远低于在全新市场中寻找新客户的成本。

路径 **7**

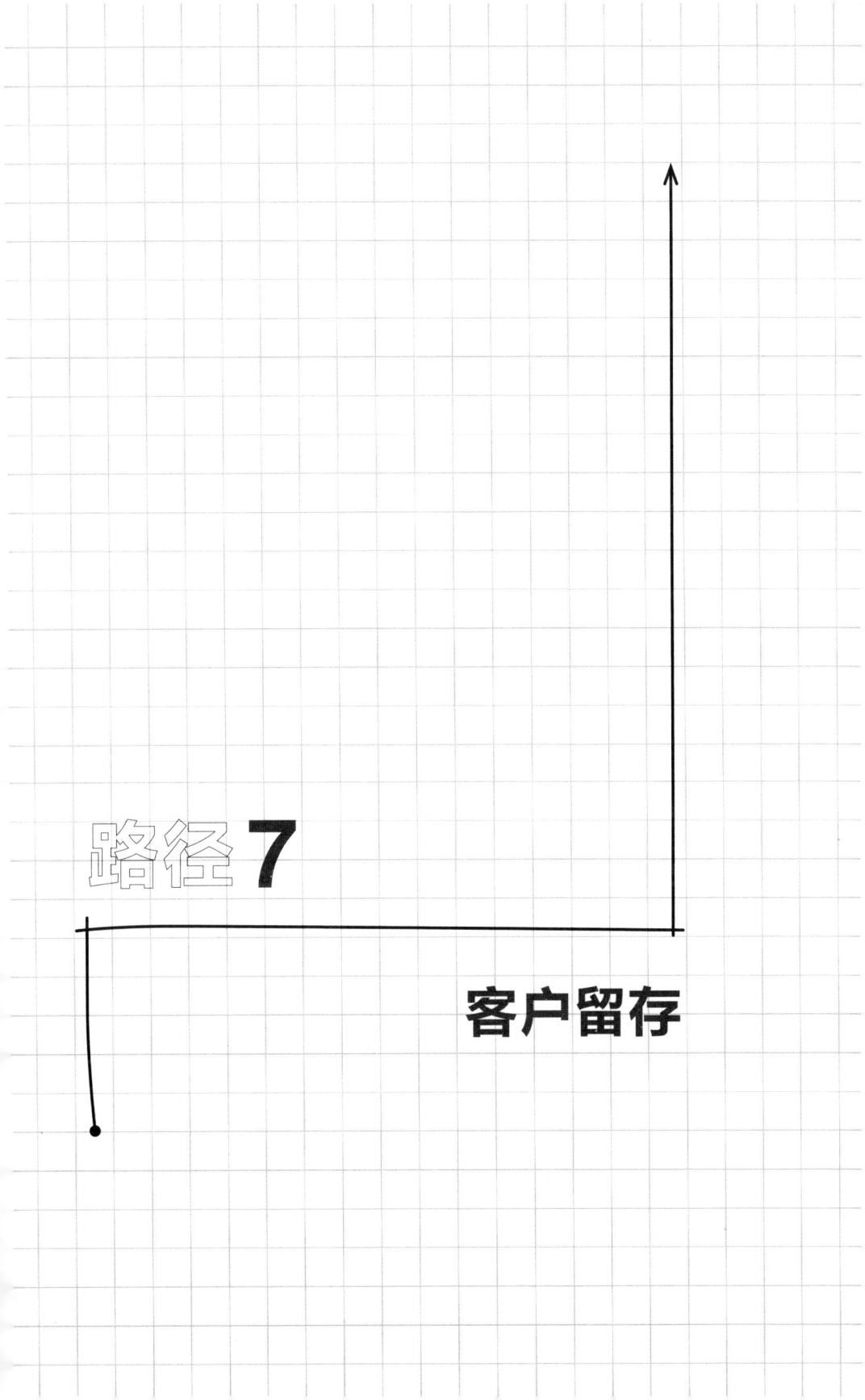

客户留存

客户留存

客户心满意足就会重复购买。[190]

——杰西·潘尼

为什么客户留存至关重要

- 将客户保留率提高5%可以将公司的盈利能力提高75%。[191]
- 67%的消费者指出不好的体验是导致客户流失的原因,而11%的客户流失是可以通过简单的公司外延服务来避免的。[192]
- 42%的公司在客户体验上投资,以提高客户保留率。[193]
- 在过去的1～3年里,在客户保留率上增加开支的零售商和出版商增加市场份额的可能性比那些在获取客户上花费更多的高出近200%。[194]
- 首席营销官在2017—2018年投入了2/3的预算以支持客户保留和增长。[195]

管理客户流失使增长最大化

2001年，我曾担任美国最大的共享网络托管公司（Interland，现为Web.com）的高管，负责销售和客户服务。我们很早就进入了现在被称之为"云，基础设施即服务（IaaS）"的空间，给各种规模的企业提供托管方案（域名、共享和专门的托管）。作为这一领域的引领者，我们的常续性营收略高于1亿美元。我们也很幸运地成为一些早期技术支持工具的测试客户端，这些工具在今天也很常用，比如爱乐夸（Eloqua）和即时通信（Constant Contact）。因为我们100%的收入与月度常续性收入（MRR）挂钩，或与年度常续性收入（ARR）挂钩，所以我们也非常了解维护我们的客户和获取新的客户同样重要。我们当然也会跟踪典型的销售、市场营销和客户服务指标，但是我们在每个季度回顾中讨论的第一个关键性业绩指标（KPI）是客户流失。

> 在广撒网之前，你首先要了解现有的用户：谁是你想要追求的高价值、高忠诚度的消费者？……你的职位越高，你就越明智，你就越有可能在推动客户互动、客户保留以及终身价值方面更强。[196]
>
> ——马尤尔·古普塔（Mayur Gupta）
> 声田（Spotify）增长和营销全球副总裁

对于我们许多人来说，这是一个未知的领域，我们一边前进一边学习。如果我们无法长时间地维护我们的客户，从而收回获取客户的成本并将其转化为利润（每个客户），那么我们所有关于降低获取客户成本、成功提高网站访问量以及创新解决方案的努力都将是无用的。这是我第一次接触终身价值和客户终身价值。不幸的是，当时那些终身价值指标主要是在Excel电子表格和便利贴上进行管理——退一步说，当你试图了解成千上万客户的账户级行为时，这种管理并不理想。困住我们的是有限的技术能力，而不是我们缺乏对业务驱动因素进一步理解的愿望。事实是，较之前瞻性或预测性，我们更具反应性。

> 客户流失率是衡量在特定时期内与某家公司终止关系的客户（在总客户群中）所占百分比的一项指标。[197]
>
> ——吉尔·艾弗里（Jill Avery）
> 哈佛商学院

> 公司通常会跟踪三项流失指标：客户流失率、总收入流失率和净收入流失率。这三项指标中最具有的是净收入流失率，因为它既可以捕捉从流失客户那里丧失的美元价值，也可以捕捉从扩张收入中获得的美元价值（来自对现有客户的向上销售和交叉销售）。[198]
>
> ——麦肯锡报告（Mckinsey Report）

2017年4月，订阅公司网站的访问量约为3 700万次。[199]自2014年以来，这一数字增长了800%。像伊普熙（Ipsy）、蓝围裙（Blue Apron）、一美元剃须俱乐部、家庭大厨（Home Chef）、私定衣菲（Stitch Fix）和伯奇宝盒（Birchbox）这样的公司是最受欢迎的订阅网站。

快进16年，随着互联网的发展和以云计算为基础的服务以及移动应用程序的激增——现在有一种基础更为广泛的转变，从按产品付费模式转变为可预测的基于订阅的模式。云服务可能是在这种转变中最常被引用的例子。高德纳预测，到2020年，超过80%的软件供应商会将它们的业务模式从传统的授权和维护转变为订阅（软件即服务）。[200]除了软件，你可能会注意到公用事业、金融服务、教育、农业、医疗保健等领域的供应商会将其业务拓展到经常性服务业务上来。

有了一美元剃须俱乐部（2016年被联合利华以10亿美元收购），连不起眼的剃须刀也已经从单笔交易转变成了每月订阅。欢迎来到订阅经济时代，欢迎认识到管理和控制客户流失率的重要性！

每当你可以激发客户参与某些活动并成为你俱乐部的一员时，实际上你就假定了自动的经常性月结算的概念。许多行业都已经意识到，经常性收入模式对消费者和企业来说都是一种更好的买卖方式。消费者在他们想要产品的时候会以他们预期的价格得到他们想要的东西，并愿意为此支付费用。这是基于订阅的模式被广泛应用的主要原因之一，因为公司正在努力在其业务和现金流中建立更强的可预测性。此外，对于那些公开上市交易的公司来说，拥有经常性收入对投资者和华尔街都是极具吸引力的。

然而，虽然转变成这种商业模式有很多好处，但它也为一种全新的方式打开了大门，在此种方式下，公司也可能面临意想不到的增长停滞——即使顶线收入正在增长。这点听起来可能不合常理，但你完全可以通过高效的销售和营销努力来增加你的顶线收入（在门口获得更多的新客户）——即使事后你失去了现有的客户。根据2015年的一项研究，谷歌移动应用程序在"下载"后的3个月内失去了77%的每日活跃用户，并且在90天内失去的每日用户高达95%。[201] 没有什么办法能获取和留住每一个客户，但如果你不努力使两者保持平衡，那么一旦客户流失抵消了你意识到的销售增长所带来的所有收益，你的公司就完全有可能陷入增长停滞状态。这就是为什么只关注顶线增长（客户获取）而不关注客户的整个生命周期会带来一场灾难——在订阅业务中更是如此。

当我们讨论客户基础渗透路径时，我谈到了公司在获取新客户和保留已有客户方面所做的努力比例失衡。有一些是由于内部的惯性,另一些则是由于公司缺乏对当前业务流失状况的理解。不管怎样由于你没有专注于保留现有客户,也没有努力减少客户的流失,所以导致了无法估量的潜在收入损失。

很容易理解,作为一种增长策略,管理客户流失是很棘手的,尤其是因为它常常更像是一种防御性策略。减少客户流失这一想法暗示着你只有做错事(原因)才会引起客户的叛离(结果)——如果客户对你的产品或服务感兴趣,那么一开始就不会有客户流失的风险。这是我们没有预见到的客户关系终结(要是我们早点儿看到这些迹象就好了!),它会伤害我们的业务和我们的自尊心。但客户流失很少是由单个触发点引起的。如果你能够找出客户叛离你的时间和原因(通过你的技术投资),你就能提出可以阻止他们流失(甚至逆转)的解决方案。

计算非经常性收入业务的客户流失更为棘手,但也可以做,而且很值得对比投入。例如,如果公司知道(通过其客户关系管理系统中的数据)大多数客户会在上次购买后的90天内再次购买,那么它可能会选择将这一时段内没有购买的任何客户标记为"客户流失"。无论你的企业是基于订阅还是非订阅业务,保持对叛离客户(你的客户流失率)的控制将有助于确保企业业务的长期增长和健康。

> 欧洲移动电话的客户流失率平均每年为20%~25%。美国信用卡公司面临约20%的客户流失率。据麦肯锡的一份报告估计,减少客户流失可以使典型的美国无线运营商的收益增加9.9%。[202]

例如,在零售业中,回头客会比新客户多花67%的钱来购买商品。[203]你有没有见过蜂窝商业广告,该广告提供商"只为新客户"却没有为你这个老客户提供一笔很棒的交易?这说明它们对你的看法是怎样呢?那位提供商重视你,还是只重视新客户呢?这并不是说卖家就不应该出去获取新的客户。但如果你可以延长现有客户的终身价值，并且让他们更频繁地购买你的产品，那么你就可以建立更为有效的增长引擎。客户流失是不可避免的：即使你没有把客户输给竞争对手，最终也会因为其他因素而失去他们，包括生活方式的改变、文化转变和技术创新。因此，你的目标就是尽可能减少"可控"的客户流失。

为什么客户留存增长路径很重要呢？原因就在结果中。专注于客户留存的公司的管理团队更了解客户终身价值对收入和增长的影响，这种可能性会比其他公司高出一倍。[204]此外，专注于客户保留的公司在做与客户战略相关的决策时，多半会考虑预计的长期盈利增长。[205]

声田全球增长和市场营销副总裁马尤尔·古普塔指出，客户流失可能来自"碎片化隧道思维，在此种思维里，收购被分配给一个以每次行动成本（CPA）、收购费率和数量来衡量的'媒体团队'……（同时）客户保留却是由一个独立的团队或者是跨团队来管理，涉及从客户关系管理到产品管理、生命周期营销等诸多团队"。古普塔提倡以一种更为系统化的方法来对抗客户流失，"从意识到获取和保留客户，一直对它进行全程把控"[206]。这个例子不是关于声田正在开发的产品，也不是关于声田的客户服务，更不是关于它的客户群，而是关于它的组织结构和它用于管理每个团队的指标。如果功能部门由不同的领导来管理，并且各项指标将每个团队拉向不同的方向，那么结果就是一个支离破碎的过程。

故事 1

声田
获胜的音乐播放列表

> 我们不会将人们放弃使用服务视为客户流失。[207]
>
> ——罗杰·林奇（Roger Lynch）
> 潘多拉（Pandora）首席执行官，司令电视（Sling TV）前首席执行官

10年衰退之后，美国音乐行业预计在2016—2021年将迎来4%的复合年增长率，这得益于流媒体服务的应用。这与音乐行业1999年—2001年做出的厄运与低迷的预测相去甚远，当时纳普斯特（Napster）登场，它几乎将整个行业扰乱，使之前景黯淡。2018年，"音乐流媒体"细分市场的收入达到640亿美元，增长率（2018—2022年的复合年增长率）有望达到5.5%，在2022年达到79亿美元。[208]用户渗透率在2022年预计将达到50%，为业务增长提供了更多空间。

总部位于瑞典的初创公司声田于2008年10月首次面向公众开放，其发展势头迄今为止没有哪家数字音乐服务公司能超越。截至2018年1月，音乐、播客和视频流媒体服务的每月活跃用户超过1.4亿人，订阅用户数达到7 000万（较上一年增加了2 000万），[209]是苹

果音乐服务订阅用户数的3倍。[210]

在声田最近发布的财务报告中，其收入超过30亿美元。纳普斯特在21世纪初期登台亮相时遇到了挑战，从那以后，很少有人认为这种商业模式可行。对于用这种模式的公司来说，这个收入已经很不错了。其关键因素是什么呢？声田不仅想出了如何扩增它的付费客户基础，还想到了如何同时来控制客户流失。根据其在美国证券交易委员会（SEC）的文件显示，声田在2017年第四季度的优质客户流失率为5.1%，较2016年第四季度的6%和2015年第四季度的7.5%有所下降。[211]好消息是即使它的客户基础在持续增长，客户流失率却在稳步降低。声田目前处于一个竞争最为激烈的（消费者订阅）市场，与最大的两个世界品牌——苹果音乐和亚马逊竞争。甚至还有第三个竞争对手——微软的歌入吾（Groove）音乐播放服务。然而，在2017年年底，微软关闭了它的音乐商店和流媒体服务，并将客户转移给了声田。

你永远不会有第二次机会给人留下好的第一印象。[212]

——威尔·罗杰斯（Will Rogers）

演员

所以是什么让声田如此成功呢？它的经营理念很简单。一旦你通过"免费增值模式"将用户带进平台（这一模式通过广告收入来支付）——就像软件营销部队早年所做的那样，让他们看到一手服务的价值，他们就会更愿意升级到基于订阅的无广告服务。用户可以通过艺术家、风格、专辑、标签以及在社交媒体上分享的播放列表来搜索看似无穷无尽的歌曲。他们为了免费听音乐，就要偶尔收听广告，这些广告在今天也算作内容的数量——人们在声田可以找到3 000多万首歌曲。

这种免费增值模式对音乐行业来说并不是什么新发明。毕竟，近一个世纪以来，广播电台一直采用这种策略——让听众点播由广告补贴的免费音乐。因此，对于大多数用户来说，使用声田并非是一种革新式的体验——类似他们都知道的无线广播体验……但是声田增添了让他们自己选择音乐的魅力。

换句话说，通过无处不在、免费服务和为人熟知，声田毫无障碍地留在了市场。数百万客户对它做出了回应。这只是将潜在客户钓到服务上来的诱饵。声田通过提供一种高度差异化的客户体验来培养客户的忠诚度。这样可以鼓励用户在服务上花更多的时间，最终这一服务从免费增值转换成每月9.99美元的用来听无广告的音乐的费用。声田运用客户基础渗透将免费用户转换为付费客户的能力令人印象深刻——这就是为什么声田的收入在2014—2015年跃增了80%。

> "免费增值"是"免费"和"附加值"的混成词，是指公司免费赠送产品或服务，然后向客户收取额外功能或继续使用的费用。

声田
于2008年首次面向公众开放

2018年1月：有1.4亿每月活跃用户，7 000万订阅用户

免费增值
免费增值通过创建令人难忘的入门体验，将不付费用户转化为付费客户

客户基础渗透

提供价值以获取价值

堵住漏水的那个桶

让客户掏钱是一回事，让他们一直掏钱则是另外一回事。声田应用了另一个行业（移动运营商）的标准实践，使用定期合同来"锁定"客户。这一策略不仅有助于稳定收入，而且还能用作对自己服务价值的额外补充，你愿意的话，就是横向产品拓展。例如，如果你签订了为期两年的合同，那么它就可以让你免除任何价格上涨之忧。对声田有利，对它的客户也有利。

此外，声田定价模式的一部分吸引力在于，它为差异化产品提供了一系列价格，让客户来决定什么是最适合他们自己的和最符合他们的预算的。努力拓展产品的结果就是接触到更为广泛的客户，从那些最愿意为"优质"服务付费的人那里提取价值，甚至可以让客户选择"降级"到更便宜的服务。虽然听起来声田做的事情可能无法想象——蚕食自己的客户群——但这完全是避免客户流失的好方法。较低的费率总比让他们使用其他免费服务要好。

在这个例子里，客户流失路径不是作为"防御性"战略而是作为一种进攻性策略。与这种方法相对的方案是设计营销"赢回"活动，等客户离开时（客户流失）再给客户打服务电话或发送电子邮件，然后给客户一个每月订阅折扣。这种方法释放的信息是：只有你试图离开的时候，你才能获得更好的费率——这并不会带来出色的客户体验。相反，声田在客户想要支付更少的费用以及离开之前就积极行动，先发制人。

声田还在客户服务方面斥巨资，以确保如果客户有问题的话可以得到快速解决，特别是如果问题被分享到了社交媒体上则更要迅速解决。扩展这种模式可能很困难，但是声田在这个领域并没有为图省事而抄近道。

"扩大声田的支持功能，使之与客户基础相匹配，这是我生命的最后4年半的最大挑战之一！当声田起步时，我们有大约80名顾问，而最初组建的社交团队差不多是10个人。今天，顾问总数远超1 000人，社交团队200余人。"[213]声田的客户支持和社交媒体及营销副总裁查格·阿布拉莫维茨（Chug Abramowitz）说。

就像贝宝和乐高那样，如果你想追求特定的增长路径，那么你必须确保拥有适当的组织结构来支持你付出的努力；否则你可能拥有正确的策略，但它却会在内部功能障碍的重压下失败。这个例子不是关于声田正在开发的产品，也不是关于声田的客户服务，更不是关于它的客户群，而是关于它的组织结构和它用于管理每个团队的指标。如果功能部门由不同的领导来管理，并且各个指标将每个团队拉向不同的方向，那么结果对客户而言就是一个容易忽略的过程。

提供价值以获取价值

> 支付的是价格，得到的是价值。[214]
>
> ——**本杰明·格雷厄姆（Benjamin Graham）**
> 《聪明的投资者》（*The Intelligent Investor*）作者

声田不仅在吸引新的免费增值客户和付费客户方面做得非常出色，而且还通过推出免费产品减少了入门级客户的流失。免费产品是那么吸引人，以至于那些客户几乎会无限期地在你的产品上逗留，直到适应了此项服务后，他们就更愿意付费使用，从而将体验提升到一个新的水平。为什么？因为从免费客户到付费客户的转换率约为27%。[215]因此，声田获得的新客户越多，它拥有的付费客户就越多。换句话说，声田不仅已经想出了如何广撒网来吸引潜在客户，而且还拥有一个很长的测试期来对它最忠实的用户进行资格预审，以确定如何随着时间的推移更好地将这种关系变现。

与第一阶段的客户打交道，公司面临的最大挑战之一就是要为订阅服务提供足够的附加值（如独家艺术家内容），以使他们认为跳转到订阅服务上是物有所值的。

到目前为止，声田利用技术（它提供更高的比特密度，从而为订阅用户提供更高质量的声音）和内容（删除广告）提供产品，也向大量客户基础进行向上销售，从而实现了自己的目标。2017年11月，声田推广了自己与艺术家的商品销售合作伙伴关系，允许艺术家们经由声田与魔驰商吧（Merchbar）的安排来销售化妆品等产品。虽然它不会从中直接赚取收入，但这一想法让艺术家们从中获益，为他们提供更多通过平台赚钱的机会，并让他们在声田上以多种方式与粉丝们保持联系。声田还会让订阅用户回到平台（通过客户和产品多样化）做更多的事情，而不仅只是听听音乐，它牢牢抓住市场的两边——最终形成另一种减少客户流失的方式。

这些努力合在一起帮助声田将自己与苹果音乐等公司区分开来，与艺术家达成独家协议。[216]然而，即使声田的每月活跃用户超过1.7亿[217]，其中包括7 500万付费用户、9 900万支持广告的每月活跃用户，以及50亿美元的收入，控制客户流失对声田的长期生存和盈利能力还是至关重要的。对声田来说，控制客户流失意味着优化客户体验，提供更棒的产品和服务种类（产品拓展）以及比竞争对手更少的限制，特别是它还声称其"快速增长模式"要达到10%～20%的年增长率。[218]

声田
关键要点导读

尽管不可能完全避免客户流失，但可以减少客户流失。声田采取了三项关键行动，以管理并降低客户流失的可能性。

- 良好的第一印象是关键。无论你是去约会、求职面试，还是浏览声田找下一首歌听，第一印象都至关重要。当有新客户入门时，你应该实现无缝化对接，让新客户快速了解你的产品，并让他们立即开始（使用它），这很关键。如果你能让新客户在购买你的产品后立即开始使用，那么他们可能会更好地了解你所提供的所有产品，对你的产品更加满意，也希望它是不可或缺的。如果你能做到这一点，你会自然而然地减少客户流失——这是主动出击。

- 物超所值。价值不一定意味着免费或打折。了解你的客户及其购买和使用习惯可以让你与他们沟通的方式更具针对性，从而使他们感觉自己被重视。除了之前购买的现在可享的即时折扣和奖励之外，53%的消费者想要完全个性化的体验。[219]客户如今通过在线订阅服务向营销人员和品牌提供了如此庞大的数据，以至于他们想要一些重要的东西作为回报。

- 设定、满足并超越客户的期望。客户流失的一个主要原因是产品或服务无法满足客户的期望。正如你在前面的章节中读到的，客户在选择与之合作或购买的品牌时，他们的期望一直都在增加。减少客户流失的另一个好方法是努力达到或超过这些较高的期望。让你的客户感到特别的事情，就是你应该加倍努力去做的事情。有时这些事情并不需要太多，但当涉及客户流失时，它们会带来巨大的不同。

故事 2

网飞
成立 20 年，仍在继续

演艺行业无与伦比。

——角色欧文·柏林（Irving Berlin）
《飞燕金枪》（Annie Get Your Gun）

  根据美国全国广播公司财经频道报道，网飞是2017年市场上表现最好的股票之一。[220]它带来了830万新流媒体订阅用户，其中包括2017年第四季度美国的近200万用户。网飞预计这种势头会继续下去。2018年第一季度，该公司预测有635万新流媒体客户（而去年同期为500万），其中国内有145万，国际有490万。网飞还宣布，它会在2018年将营销支出稳步提升至50%以上，从13亿美元增加到20亿美元。[221]

  截至目前，在美国所有流媒体服务中，网飞的覆盖范围最大，而亚马逊所覆盖的家庭只有它的一半。在过去的10年里，它的国内和国际订阅用户都在稳步增加，它在此过程中开创了一种全新的娱乐放送方式：流媒体互联网电视（OTT）。

2017年年初，有19%的宽带家庭和29%的订阅了互联网电视视频服务的家庭在过去一年内取消了一项或多项服务。[222]

网飞的客户基础规模有其独特优势，但是如果你不控制客户流失，它也可以使订阅业务的增长陷入停滞。拥有1 000个客户，却失去5%的客户基础，这意味着你获取的前50个新客户只能让你把原来的客户流失填平。如果你像网飞那样拥有1.04亿用户，那么失去5%的客户基础就意味着你需要500万新客户才能刚好实现用户数量平衡。而对于网飞来说，更为复杂的问题是：随着苹果、亚马逊和迪士尼进入流媒体娱乐业务，客户的选择更多了，从而增加了公司的客户获取成本和"品牌转换"数量。

市场调研机构帕克斯联合公司（Parks Associates）的研究表明，超过50%的美国互联网电视订阅家庭订阅了多项视频服务。[223]其中，81%的客户使用的是网飞以及其他一些服务或服务组合，通常是亚马逊或呼噜（Hulu）。为了全面解读81%这一数字，我们来看：截至2016年3月，美国市场上有100多种互联网电视视频服务。因此，这种主导地位是网飞不想浪费的巨大优势。虽然市场份额达到这种水平是一个优势，但这也意味着网飞及其客户基础成为总体竞争的主要目标，竞争对手希望在质量、产品和价格方面从谋略角度超越网飞。

像网飞、呼噜和家庭影院现时（HBO Now）以及其他的订阅视频点播服务，实际上很容易取消使用。即使你已经使用网飞多年，然后决定几个月不用（客户流失），你也可以随时再次启用——只需点击鼠标即可。帕克斯还发现，除了网飞和亚马逊金牌会员之外，互联网电视服务的客户流失率超过了其客户基础的50%（免费和付费用户加在一起），而网飞、亚马逊和呼噜实际上还在继续降低它们的客户流失率。这个行业有些与众不同，因为它的客户同时拥有同一类别下的多个付费和免费服务，63%的家庭订阅了5项或更多服务。[224]因此，对于那些尝试了这项服务而选择不升级到收费服务的人来说，这样的流失是很自然的，但其余的客户流失可能是由于付费客户更换了服务提供商。

当客户对使用多个提供商提供的相同类型服务感到非常满意，并且它们的转换障碍很少或没有障碍时，一家公司要如何建立更强的品牌忠诚度从而避开竞争呢？答案就是：提供原创且独特的产品，让客户不要流向别处或完全离开（客户流失）。如何做呢？对于网飞来说，内容是关键。

休斯顿，我们有了解决方案①：原创内容

网飞计划到2018年花80亿美元使其内容库的50%都是原创。[225]

网飞似乎在获取订阅用户并保留方面已经找到了产品、质量和价格的正确组合。即使它的业务从DVD邮寄租赁过渡为线上流媒体，它也能够在不断变化的市场环境中坚持下来。公司的近期增长大部分来自新的订阅用户，因为它加速扩张到约190个国家（追求市场加速）——仅2016年一年，它就进入了这么多国家的市场——而客户和产品多样化促使它进一步开发原创内容。2017年第三季度，网飞的国际订阅用户同比增长了49%，其中，在美国有85万，全球总量达1.04亿。这两个数据都证明了网飞针对获取新客户并保持客户深度

---

① 原文为Huston, we have a solution, 改自"Huston, we have a problem"（休斯顿，我们遇到了麻烦），是《阿波罗13号》登月任务中的一句名言，这里以幽默的方式说明找到了解决方案。——译者注

参与、高性价比，以及低客户流失率所做的综合性努力。

让网飞成为诸多家庭必备之选的是其在原创节目上的投资，其长期目标是确保在平台上流播的近一半内容都是原创。[226] 从《纸牌屋》（*House of Cards*）、《女子监狱》（*Orange Is the New Black*）到最近的大片抢占，这说服了珊达·瑞姆斯（Shonda Rhimes）离开迪士尼和美国广播公司，转而和网飞达成整体协议。据说2018年网飞会在内容上花费70亿~80亿美元。

> 根据感应塔（Sensor Tower）最新的关于苹果商店和谷歌市场里最成功的应用程序和发布者的年终报告，网飞是2017年收入最高的非移动游戏应用程序[227]

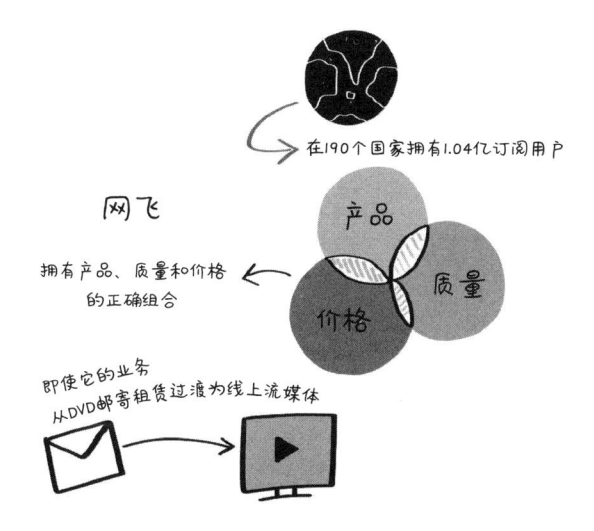

网飞
拥有产品、质量和价格的正确组合
产品 质量 价格
在190个国家拥有1.04亿订阅用户
即使它的业务从DVD邮寄租赁过渡为线上流媒体

相比之下，2016年，亚马逊预计将在这上面花费45亿美元，家庭影院将花费20亿美元。网飞认为"它的未来很大程度体现在独家原创内容上"。如果你喜欢网飞上的节目或苹果音乐里的德雷克（Drake），那么你很难用其他的节目来替换。毫无疑问，网飞需要先发制人，因为迪士尼最近宣布了启动流媒体服务的计划，以及收购另一家提供流媒体和营销服务的巴姆科技（BAMTech）的大部分股权，并且决定在2019年终止与网飞的合作伙伴关系（针对部分内容）。

控制客户流失

客户只是因为不想再要你销售的产品而选择不使用你的服务，这是一种挑战；客户转而使用另一个提供商来获得相同或类似的服务，这又是一种挑战；客户因为你中断了他们正在使用的服务而离开——这种情况下的客户流失完全是咎由自取，这又是另一种挑战了。这三大挑战网飞都要面对。网飞2018年第一季度的业绩显示其客户流失率得到了显著改善，2017年第一季度和2017年第三季度之间降低了3.2%。[228]然而，价格上涨10%的直接结果就是，整体客户流失率上升了1.9%，达到9.7%。

目前看来，努力拓展产品以产生更多原创内容的做法似乎正慢慢有所收获。但是，如果没有一定程度的未来客户流失风险，这种情况就不会发生。网飞从一开始就建立了一个强大的库存和"他人的内容"目录——这就是它的价值主张，意味着它必须小心，不要疏远那些不想看原创内容的客户群。就像当年它从邮购租赁DVD扩展到流媒体一样，并不是所有的客户都希望进行转变。

事实上，在美国近400万人仍然通过邮件订阅网飞DVD。尽管DVD服务在过去的5年半里已经失去了近1 000万用户，但网飞仍然保留了这项业务，因为它仍然能够带来巨额利润。仅在DVD订阅上，公司的营业利润就约为50%，尽管没有专门针对此项业务的营销预算。[229]DVD业务已经在许多方面为网飞的增长提供资金，包括国际（市场加速）和原创内容（产品拓展）。不幸的是，网飞没有办法知道流失的1 000万DVD订阅用户中有多少现在是它的流媒体客户。这给网飞带来了压力，让其继续增加好的内容，包括获得授权的好莱坞视频和原创节目，以保持订阅者的满意度。无论是对于获得顶线收入还是减少客户流失来说，这都会是原创节目和流行内容获得授权的正确组合，这对于网飞的增长战略来说至关重要。

网飞
关键要点导读

- 如果客户的感知价值保持不变，价格上涨并不总会导致客户流失。你必须非常谨慎，不要因为客户流失而运用价格上涨策略来减少收入损失，否则你会发现自己触发了更严重的客户流失。

- 减少客户流失的进攻和防御方式：在任何（每月）订阅服务中，每一个新的月份，网飞的订阅用户都有取消这项服务的机会。为了积极留住客户，让他们不愿意离开或不转向别处，网飞能做的最好的事情就是提供人们愿意支付的优质内容。它通过获得授权的内容（通过合作伙伴关系）和原创内容来做到这一点。

- 网飞的客户流失手册：用折扣价格激励客户订阅更长时间，始终为你的订阅用户提供其他人无法提供的东西，利用数据提供更加个性化的体验，并专注于你的活跃用户——不要只追求新用户。

- 当你追求产品拓展增长战略时，实际上新产品可能会损害你当前的产品。网飞将邮购租赁DVD业务扩展到在线流媒体，而在线流媒体绝对会损害之前的业务。但随着市场环境的变化，以及客户娱乐习惯性地向移动化转变，网飞愿意以失去1 000万用户的代价来建立一个1.04亿的用户群。

- 虽然这个故事还没有涉及，但网飞利用了订阅用户的见解和偏好来帮助自己确定下一步的产品和服务。它的推荐引擎可与亚马逊的相媲美。可以肯定地说，网飞最强大和最具竞争力的武器是其提供的大数据见解，这帮助它实现了更大范围的客户参与和保留。没有数据的话，优化销售、客户基础渗透、市场加速、客户留存以及客户和产品多样化路径都将变得不那么有效。

故事 3

蓝围裙
盘子里的东西太多

消费者的食物偏好已经发生了改变……彻底改变了。我称之为颠覆性的转变。[230]

——丹尼丝·米里森（Denise Mirrison）
金宝汤公司（Campbell Soup Company）首席执行官

据预测，送货上门的"套餐"在接下来的5年里，年增长率将达到25%～30%，这门生意将达到22亿美元[231]——但它在价值数万亿美元的食品行业，还只是一个四舍五入的误差[232]。蓝围裙并不是餐食套装服务行业的发明者，但是它让这个行业进入了大众的意识，并取得了令人印象深刻的增长。不幸的是，最初的成功掩盖了其客户叛离的问题——客户流失，这让公司在庆祝早期的胜利时，出乎意料地摔了一跤。

2012年8月，蓝围裙在纽约长岛的一家商业厨房成立，它的创立基于市场环境因网络连接而转变的观念，快速、现代的送货基础设施和伴随着越来越多的消费者希望在家享用美食的访求。蓝围裙的三位创始人［首席执行官马特·萨尔茨伯格（Matt Salzberg），伊利亚·帕帕斯（Ilia Papas）和马特·瓦迪亚克（Matt Wadiak）］设计、包装和运送食材，并建议一些消费者根据食谱手工烹饪美味佳肴。

蓝围裙的发展势头迅猛——在4年内，这家公司已经运送了800万份套餐。那时，蓝围裙已经足够庞大，在加利福尼亚州的里士满（为西海岸服务）、新泽西州的泽西市（东部）以及得克萨斯州的阿灵顿（美国的其他部分）开设了自己的运营中心。第4个中心位于新泽西州的林登，于2017年年初宣布成立。

2014年11月，蓝围裙进行了快速转变（事后看来，这可能是一次为时尚早的行动）以走向新的增长路径，它也开始追求经典的客户和产品多样化战略——开设蓝围裙市场，一个集厨房用具、商品和食谱为一体的商店；还有蓝围裙葡萄酒，这是一项订阅服务，每月向用户递送6瓶葡萄酒——为现有的订阅用户群提供更多的产品，从而充分利用客户获取成本。但它是不是发展得太快了？不出所料，它是遇到了一些挫折：里士满工厂的某些健康和安全违规行为降低了客户（体验）的满意度，因为送货时间没有按承诺实现，这可能归咎于这种增长过于仓促。但总体而言，蓝围裙的发展势头似乎是不可阻挡的。

2017年6月29日，蓝围裙上市也就不足为奇了——以每股10美元的价格公开发行了3 000万股股票。这让它成为第一家致力于餐食套装配送的上市公司，价值约为30亿美元。它似乎确实前途一片光明。

就在此时，乌云开始笼罩。第一朵乌云是公司第一份首次公开募股的季度财务报告。公司报告的收入为2.381亿美元，比市场预期要好——情况的确如此，但却经受着每股0.47美元的亏损，而华尔街预测的是每股收益0.30美元。

这显然有些不对劲。到了9月份，股价降低了近50%，每股徘徊在5美元左右。股价为何会暴跌？有两个原因：竞争和客户流失。用科技博客（Techcrunch）的话来说，投资者"关注的是客户保留和来自亚马逊迫在眉睫的威胁"。突然之间，蓝围裙遭受了"股票下跌"的集体诉讼——它发表了3个主要声明[233]：

- 公司刚好在首次公开募股之前削减了广告，从而降低了收入；
- 新泽西州林登中心的问题让配送速度减慢；
- 公司正经受着客户保留率下降的状况——换句话说，由于订单迟到或不完整从而导致客户流失加剧。

前两个问题可以解释，或者说可以修复。但对于许多公司来说，最后一个问题则是以订阅为基础的业务的死亡之吻。如果你每月失去的客户数量超过你每月增加的客户数量，那么你根本就没有什么业务了。

根据某项分析，该公司可能在6个月内就失去了72%的客户，这使你快速获取新客户的成本承受了巨大的压力，特别是针对以上列表的第一条来说。[234]按照目前的情况，2017年第四季度，它宣称有746 000名客户，与去年同期相比下降了15%，比上一季度下降了13%。[235] 2018年第一季度，客户同比下降了24%。

随着收入下降，公司被迫停止招聘，在集体诉讼中降低了收入，并进一步在营销、客户获取和支出方面做了削减。截至2017年8月，它宣布新泽西州的工厂裁减了1 200多个工作岗位，将近占员工总数的1/4。在其最新收入中，营销占净收入的百分比有所下降，因为它在营销上一退再退。客户流失失控是一个恶性循环。你最终削减了在营销、销售和客户服务等领域的支出以节省成本，但这些决策将影响公司的顶线增长，并对股价造成进一步的压力。

回到《增长智商》的引言——它绝不可能只涉及一件事。多样化和拓展产品组合是一种经过计算的风险，但正如目前为止你看到的许多其他案例那样，公司经常会忘记它们在业务的其他部分所做的决策之间的关联性。在蓝围裙的故事中，好消息是它正在增长，坏消息是它增长得太快，以致无法确保公司的其他部门能保持同步增长。其中一个例子是它在刚刚开业的林登中心宣布了要推出扩展计划和菜单选项。

那时它只能向一半的客户提供这些新产品，这对其每月订购业务的价值产生了负面影响。从那时起，蓝围裙已经完成了推广，现在100%的客户都能够买到它的拓展产品。

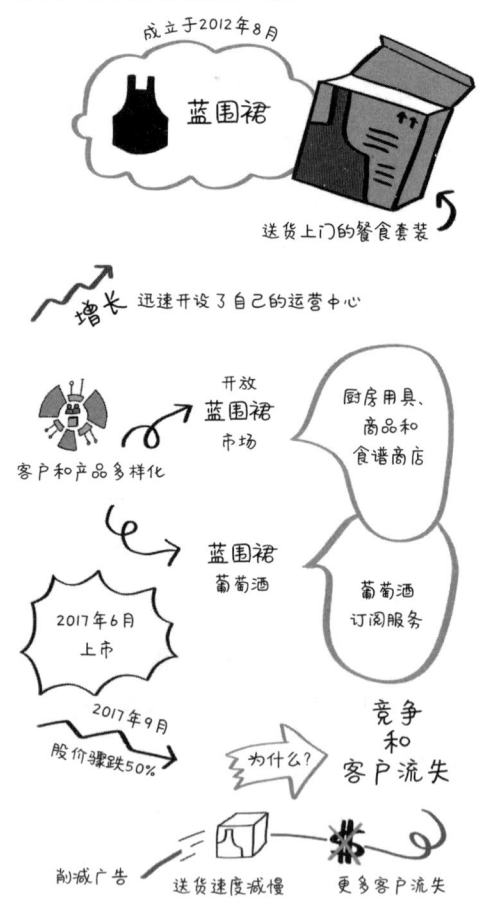

成立于2012年8月
蓝围裙
送货上门的餐食套装

增长　迅速开设了自己的运营中心

客户和产品多样化　开放蓝围裙市场　厨房用具、商品和食谱商店

蓝围裙葡萄酒　葡萄酒订阅服务

2017年6月上市

2017年9月股价骤跌50%　为什么？　竞争和客户流失

削减广告　送货速度减慢　更多客户流失

在2017年第三季度的财报电话会议上，蓝围裙的首席执行官马特·萨尔茨伯格说："虽然有些为时尚早，但是在比较收到产品拓展和尚未收到产品拓展的客户时，我们最初的指标显示订单率和保留率均有所提高。"[236]如果产品不是始终如一，如果你在月复一月中没有达到并超过客户对订阅业务的期望，那么你就会失去客户。

它如此之快地获得了众多客户，这原本应该是一个巨大的竞争优势。为什么？它现在有了一个可以从中学习的客户群。它可以利用购买习惯、平均销售价格和"购物车大小"、食谱选择以及每位客户的平均收入来帮助自己设计未来的产品。预测客户的需求帮助网飞和声田在客户流失中先人一步，并强势缓解了客户流失。蓝围裙原本可以做同样的事情，但它却没有做。

与此同时，受蓝围裙早期成功的吸引，市场上充斥着其他餐食套装公司，包括谢福德（Chef'd）、你好新鲜（Hello Fresh）和普蕾德（Plated），而联合利华、安海斯－布希公司（Anheuser-Busch）和可口可乐等巨头正在对食品配送服务公司进行投资。然后，在所有这些骚动和喧嚣中，人们迎来了最大的热门：亚马逊宣布收购全食超市。

如果蓝围裙利用早期优势将注意力集中在维持现有客户基础上，即通过建立个性化、快速和优质服务的声誉来减少客户流失，而不是快速获取新的客户，那么它可能会让自己处于一个更加利于防守的位置。在蓝围裙试图回归盈利和增长而采取的另一项举措中，它在报告了第三季度收益后，于2017年12月辞退了它的首席执行官。

蓝围裙
关键要点导读

- 客户流失是公司决策的作用结果，因为它与产品及其质量、客户服务、客户体验、市场营销以及销售等有关，它不仅仅只涉及一件事。蓝围裙可能已经将自己远远地甩在身后了。当它选择转到一个新的高度自动化中心时，就导致了公司的"准时，完整"（OTIF）率下降。这导致公司削减市场营销，因此它并没有吸引超过自己能够应对的客户数量，由此导致了新客户增长放缓。将两件事放在一起来看，你会发现公司陷入了增长停滞：一是因为你没有获得新的客户，二是因为现有的客户得到的服务很差，所以离开了。现在它有一个品牌上的认知问题，它的竞争对手可以向蓝围裙的客户群体推销并引导他们"转换品牌"。

- 也许蓝围裙原本可以通过探索合作伙伴关系来实现外包业务，而不是通过扩展自己的分销链并承担所有的相关费用来应对更多客户。严格到位的质量控制给了它两全其美的优势，使其能够专注于它最擅长的方面（获得新客户、市场营销和销售），并让他人接管物流，这些对它来说已经充满挑战。

- 伴随着所有的扩张，蓝围裙的核心业务暴露无遗。请记住，增长智商有三大组成部分：背景、组合和顺序。蓝围裙在背景上的把握是正确的，并推出了市场和客户想要的产品。它原本可以通过确保内部基础设施（人员、系统、流程）来应对快速扩张，它在产品组合方面做得更好，特别是在产品拓展以及客户和产品多样化方面加倍投入，但顺序则是它完全失败的地方。时机就是一切，它为新业务推出的新类别、新客户群、新设施和新产品已经被证明因过于繁多而令人应接不暇。

- 随着餐饮配送行业的竞争日趋激烈，保持客户忠诚度的成本也水涨船高，运营业务的成本也一样。公司应该多花点儿时间来培养客户基础，增加从每个客户身上获得的平均收入，并且使用客户购买模式来了解自己下一步具体应该做什么。公司在扩张上收着一些，并且专注于自己目前所拥有的才是应有之义。正如你在客户基础渗透路径中所了解的那样，向现有客户销售的成本要低于招募新客户所需的成本。

综而观之

低价带来的甜蜜过后，劣质带来的痛苦长留。[237]

——奥尔多·古驰（Aldo Gucci）

这听起来似乎众所周知，但是打败客户流失最好的方法就是永远不要创造客户流失……要是事实真的那么简单就好了。许多人都在努力寻找如何在维持现有客户满意的同时获得新客户的方法，以最大限度地减少客户流失。

随着时间的推移，在客户留存路径上通过成功导航可以打开客户和产品多样化的大门——只要这样做不会损害服务和客户体验即可，就像蓝围裙的故事那样。在订阅业务中，审慎斟酌的举措很重要。客户流失可能会悄悄找上你，迫使你削减自己无法削减的领域的开支。

当公司开始考虑所获取客户的长期价值（终身价值和客户终身价值），而不仅仅是一次性的销售时，真正的力量就来临了。成功的公司会将重点放在客户流失和客户终身价值上。随着像阿迪达斯及其订购模式A大道（Avenue A）、星巴克及其臻选咖啡烘焙工坊（Reserve Roastery），以及宝洁公司的吉列随需应变系列这样的大品牌陆续进入新的会员经济体系，这条改善增长的特别路径将会受到越来越多的关注。企业在对抗客户流失之前，重要的是要知道为什么会发生客户流失。

最根本的原因是产品没有吸引力，而且随着时间的推移产品变得越来越没有吸引力，或者对消费者来说失去了价值。当消费者打开盒子时，发现精选的产品平淡无奇、质量乏善可陈，或发现货次价高，这时明智的订阅用户一定会离开。

另一个潜在的问题是关于试用机会的——一次性试用订阅的诱惑是可以免费或以极低的价格试用的。第一笔订单对于客户来说无须费神用脑，人们可以冒险尝试。但随着时间的推移，实际产品的价值是否足以说服客户继续以全价支付呢？大约80%的消费者应该会继续购买。如果这个数字显著下降，那么试用就没能激励会员继续下一次购买。如果你无法留住已获取的客户，那么这就会给你的销售和营销工作带来难以置信的压力，尤其是用户获取成本。

专注于留住现有客户可以获得更低成本和更高回报的双重好处。[238]转换新客户的概率在5%～20%之间；对于现有客户，概率在60%～70%。然而，即使是这样的概率，44%的公司的关注点仍然在客户获取上。

行之有效的方法以及潜在的陷阱

一个经常被忽视的客户流失原因是，在订阅用户的付款来源出现问题时，公司无法让他们保持积极主动性了。长期客户的信用卡可能会因多种原因而失效或被拒，但仅仅这个问题不会让他们必然错过发货，或表明他们不想继续保持客户关系——有时好用的信用卡也会有糟糕的状况发生。而最终，客户流失的代价是高昂的。

异常偏高的客户流失率将导致投资回报率下降，这会导致公司很难从更高的潜在购置成本中收回损失。同时，当你经历了可接受的客户流失率且会员基础稳定时，你可以预期来自长期用户的大量现金流。这些群体将会带来经常性收入，并且不会产生客户获取成本。

如果网飞、声田或拥有如此庞大客户基础的其他公司在获取更多客户时没有花费任何资金，将客户流失率降低至1%～2%，并在内容定位时提高价格，同时让更多不付费客户获得升级，那么它将会拥有一个利润可观的业务。这就是为什么经常性收入业务的收购成本更高（一美元剃须刀俱乐部：10亿美元）、估值更高（私定衣菲在成立6年后就估值14亿美元），并能吸引更多投资。有一点要说明，额外的营销支出更多的是一种科学而不是艺术。

组合：路径7——客户留存＋路径6——优化销售

严格来说，减少客户流失并不是一种防御性的发展策略。你正在做的是保持目前的收益，而不是为创造未来的收益而奋斗。因此，这是一个内向而非外扩的策略。按理来说，你不能突然从减少客户流失中跳脱出来说要与竞争对手合作，你需要一个过渡。那就是再次将你的视角转向外部，这意味着你必须要改善营销。

这可能会让你的销售人员感到惊讶。毕竟，他们可能会说自己在寻找、鉴定以及贴近新客户方面一直做得很好；如果公司无法留住客户，那么就是公司的错了。就某方面来说，这可能是对的。即便如此，这些在流失中失去客户的事实也暗示了错误的思维方式贯穿了整个公司。现在问题已经得以解决，而成功的流程和思维方式必须在整个组织中被反复灌输——不仅仅只是在前沿、销售和客户服务方面反复灌输。

不可避免的是，销售人员需要以不同的方式看待潜在客户，以不同的方式对他们进行资格认证，最终为公司提供不同的新客户群。否则，如果减少客户流失的努力只发生在下游，那么公司将会继续与客户流失做斗争且不会有太大的改善。理想情况下，当销售的变化开始起作用时，客户流失就会降低——公司在市场加速以及客户和产品多样化这些更令人激动的路径上扬帆起航，而且毫无失去客户的负担。

客户服务同样重要，特别是在"在线销售"的订阅业务中更是如此。一旦客户购买了商品，他们与公司发生的任何互动都将通过客户服务（计费和支持）进行。客户服务与客户流失在两个方面息息相关。一方面是客户打电话说自己遇到问题了。在这种互动交流中，客户关心的是他们的问题多久能解决，解决问题的效率如何，以及所花费时间的"麻烦程度"。这就是像美捷步这样的公司去改变游戏规则的地方。客户服务和在该组织的员工是其成功的核心。他们有权按照客户优先来做正确的事情，并期待其他人会遵循。另一方面是公司与客户主动沟通，预测他们的需求并推测他们什么时候可能需要某些帮助，或者他们什么时候想从你这里购买更多产品。在后一个案例里，技术发挥了巨大作用。不要忘记，你可以在客户流失之前创造出让人更加难忘的体验——这是你的客户无法在其他任何地方获得的一种体验。

内容流媒体市场正在强势转变我们享受最爱的电影、音乐和电视节目的方式。在这一领域里，服务提供商与客户的交互方式将在很大程度上塑造以订阅用户为基础的企业和其客户之间的互动关系。随着客户选择的多样化，流媒体服务提供商除了升级客户保留策略外，别无他法。客户留存是妙不可言的客户体验和优质产品的直接结果，两者存在内在联系，谁也不能单独存在。虽然这不是唯一的组合路径，但我希望你能专注那条能够并且一定会产生最大影响的路径。如果你销售得更好，维持并服务好你的客户，那么客户流失就不会找上门来。

路径 8

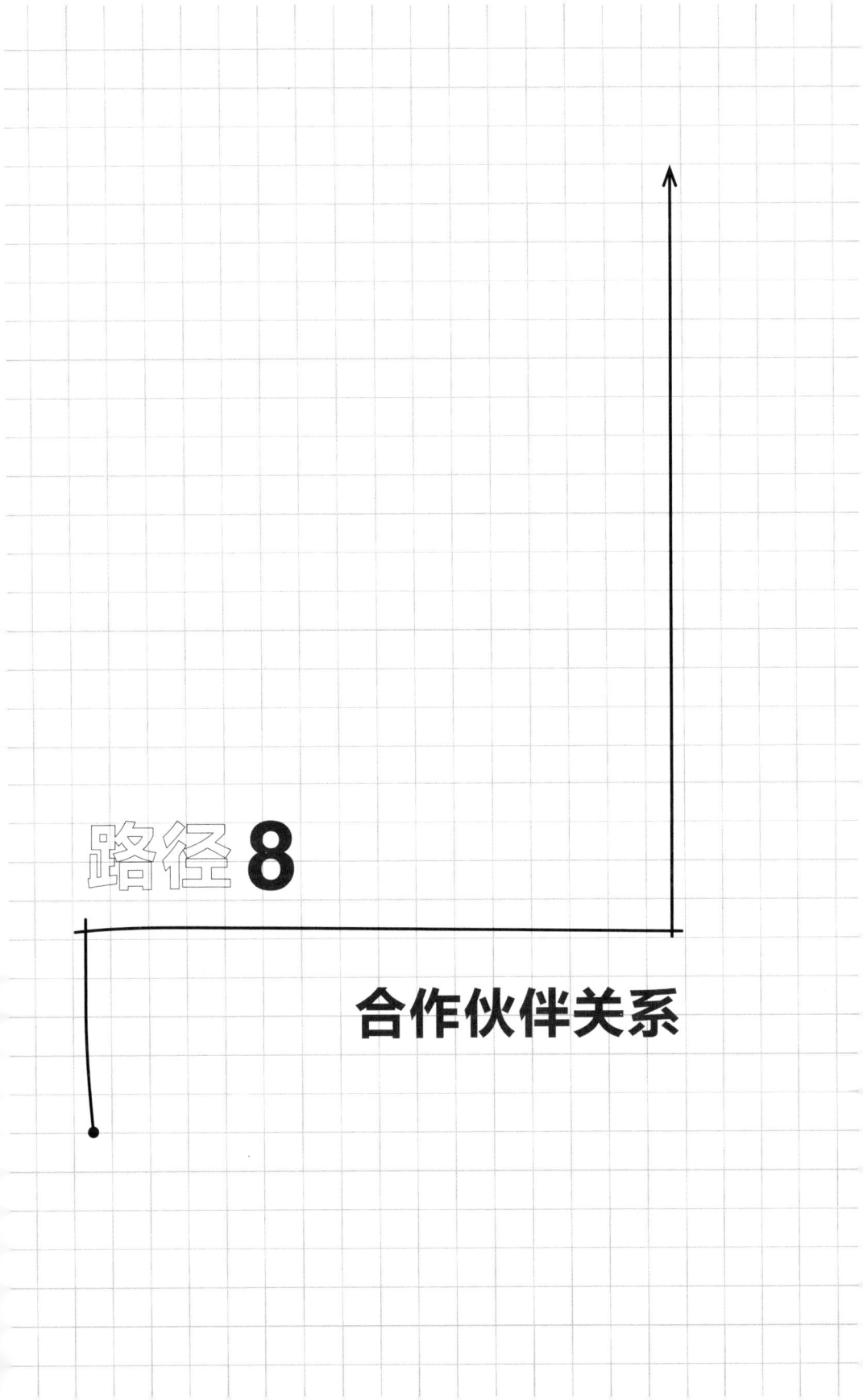

合作伙伴关系

合作伙伴关系

成王败寇过于老套，伙伴关系才是王道。[239]

——艾拉妮丝·莫莉赛特（Alanis Morissette）

为什么合作伙伴关系至关重要

- 48%的全球首席执行官计划通过达成新的战略联盟来促进企业发展或利润增长。[240]
- 各个组织越来越倚重伙伴关系来拓展互利共赢的关系，以应对商业挑战，拉动盈亏底线。
- 2/3的首席执行官希望借合作促进发展。[241]
- 85%的企业认为战略联盟重要或极其重要，但大多数认为只有不到60%的伙伴关系能够取得成功。[242]

共同进步

1984年，带着1 000美元的初始资金和颠覆科技行业的构想，19

岁的迈克尔·戴尔（Michael Dell）成立了个人电脑有限公司（PC's Limited）。[243]该公司的成立基于一个简单的前提，此前提挑战了当时的既有业态，建立了独特的供应链模式，将个性化的电脑直接卖给客户，并迎合了迅速增长的个人电脑需求。市场在变化，消费者不仅想要公用电脑，还想拥有家用电脑。戴尔从中看到了商机，顺势而为。

时光飞逝，在相隔近20年后的2006年，戴尔站在了十字路口。[244]戴尔将直接销售理念、产品研发与消费者体验和企业文化作为规划的蓝图。戴尔曾营收560亿美元，在世界范围内输出3 700万个系统，全面展开市场加速、客户与产品多样化战略，但当市场又一次转向时，其未来的发展前景则蒙受阴影。

> 如果不建立合作伙伴关系，就会失去拓展品牌的关键机会。[245]
>
> ——乔·吉思（Joe Guith）
> 桂香卷（Cinnabon）总裁

尽管戴尔仍然享有个性化电脑和直销的竞争优势，但是这类市场正在萎缩，很大的原因是：随着个人电脑业务日渐成熟，消费者需求和相关的供应链成本已然改变。戴尔需要的是重新评估其产品进入市场的方式。网上直销成了戴尔的命脉，迈克尔·戴尔甚至在1999年撰写的一本书中称其为"戴尔直销"（Direct from Dell），然而这一模式最终还是日渐式微。

本着全面公开的精神，我在捷威电脑公司（Gateway）任职期间正式成立了间接销售部（2004—2006年）以对抗戴尔。我们在捷威也面临着同样的困境。全美有188家捷威直销门店。如果你想买一台戴尔电脑，那么你可以在戴尔官网或通过电话订购；如果你想买一台捷威电脑，你则可以在门店、网店购买或电话订购。客户最多只能利用有限的第三方"伙伴关系"。对这两个品牌而言,是时候将直销转型为伙伴关系了。这是一种混合模式,将直销和增值经销商(VAR)渠道结合起来,更有效地与惠普、康柏(Compaq)和IBM合作。这就是这两个品牌所做的事。捷威关闭了188家门店,选择在网上售卖产品或通过包括电脑美国(CompUSA)和百思买在内的其他零售商来售卖。[246]这一举措表明捷威对利用伙伴关系降低运营成本、增强竞争力的方法十分感兴趣。

戴尔于2007年正式宣布启动合作伙伴的直销项目。竞争上颇具讽刺意味的是,彼时我刚离开捷威加入高德纳,成为协助设计与启动戴尔的合作伙伴直销项目的咨询团队的一员。我知道,如果戴尔决定转变,那么它将改变格局,事实也的确如此。在新启动的戴尔易安信(Dell EMC)伙伴项目中,戴尔科技全球渠道业务的运转率营收达430亿美元。[247]虽然捷威的结局不像戴尔那样美好,但这些故事的寓意在于:当客户与市场环境发生变化时,你必须走出舒适区,而伙伴关系是其中的一条路。

信任、公平与互利

有效的合作伙伴关系应基于信任、公平和互利的宗旨。企业不能总是独来独往。互联网在全球的扩张已进入新阶段,这看起来显然与上一阶段完全不同。新的竞争者与潜在伙伴随处可见。未来的10亿网民将不再使用文字,而是采用语音激活,通过图片交流。低端智能手机、廉价数据套餐以及各种应用能让他们以全新的方式了解自己要购买的产品、服务和品牌,他们将首次联网上线。

对市场、行业和消费者行为变化的反应,尤其是科技的进步与新的竞争威胁,要求企业达成比以往更紧密的合作。这就是为什么聚焦于额外增长渠道、市场覆盖率及市场营销的合作伙伴关系在近几年如此受企业青睐。

合作伙伴关系的概念虽好听，但由于会加剧市场运行的复杂性，它常常备受质疑。你需要与来自另一种企业文化的外部人士紧密合作，高层担心这将削减潜在利润和企业获利能力，或不得不在一定程度上放弃对消费者关系的控制权和所有权。那么为什么还需要伙伴关系呢？

答案很简单：很少有公司能面面俱到。伙伴关系、合作关系、品牌联合或战略联盟（用哪一个名称都可以），这些关系皆有助于公司业绩的增长。如果你选择进军新地区，你必须问问自己，哪种方法更有效：是雇佣销售团队，转移营销资源，租赁设施等；是花费几个月时间，投入大量资金，承担失败的高风险；还是与当地公司合伙，再添助力，利用较小的资金进入新的发展路径。

答案显而易见。例如，如果一个在新兴国际市场迅速扩张的知名企业试图凭借一己之力实施战略，那么它只能从零开始。它可能不想承担过高的初始风险，于是决定与当地的独立经销商合作，该经销商在本国可以负责市场营销。它为什么这么做？因为当地经销商有独一无二的经验，对市场环境和当地消费者需求的了解比该知名企业要深入。此外，当地公司已经有了客户群的优势。

如果利用得当，合作伙伴关系就能帮助企业减少进入新市场或获得新客户的成本与风险，加快扩张过程中的投资回报。结果双方都能从合作伙伴关系中获利。但是，一旦选择这条路径，你就不要欺骗自己，不要低估对自己公司的要求。

合作伙伴关系不仅仅是两家公司之间的松散协定。伙伴关系应具有前瞻性，在两家公司之间达成完备的协议，协议中写明清晰的预期与可量化的结果。伙伴关系不仅仅可以避免风险或成本，还可以抓住独一无二的机会。合作伙伴关系应与其他发展路径结合起来，如客户基础渗透、市场加速及客户与产品多样化。同时，公司应专注既定目标，结合营销，以此增加共同增收的机会。

故事 1

GoPro 运动相机
玩的就是刺激

> 只要我在,合作伙伴关系就将一直处在公司的核心地位。[248]
>
> ——查克·罗宾斯(Chuck Robbins)
> 思科公司首席执行官

在开发了第一款 GoPro 运动相机后的第 15 年,尼克·伍德曼(Nick Woodman)从 1971 年大众公交车的梦中醒来,投身于当时世界上发展最迅猛的相机公司之一。2004 年,他在家庭购物网(Home Shopping Network)兜售 GoPro 相机;2011 年,GoPro 寻求第一轮风险融资。在这期间,公司实施了一系列不同的战略以增加销售额。其中包括客户与产品多样化战略——引入摄像、广角镜头、高清晰度和关键信息调整功能,市场加速战略——推进现有产品出口,以及伙伴关系战略——与关键品牌打造联合营销方案。

快进 10 多年,GoPro 成为可固定、可佩戴相机及其配件制造与销售的全球领头羊。它是怎么做到的?毫无疑问,GoPro 采取了很多非常规策略来壮大自己的业务,如大刀阔斧的营销与社交媒体宣传。但是，其成功的真正动因是应对不断变化的市场的能力。市场变化包括Wi-Fi使用率提高，宽带费用降低，数百万的智能手机用户渴望随时能制作和分享视频。如果当初没有油管，或者网络接入仍十分有限，那么GoPro能走多远呢？只能说公司在对的时间、地点做出了对的产品。

2011年，思科系统停产了盛极一时的速翻（Flip）摄影机。[249]这一决定导致美国大型零售商百思买不得不费尽心思填补其电子类产品的空白。它把赌注下在当时还只有10个员工的GoPro身上——是的……只有10个人。这对双方来说都是一场豪赌：百思买面对的是小型供应商，而GoPro则要满足百思买这样的零售巨头的超大需求。

但是，也许你已经猜到——明星结盟，GoPro成了百思买迅速壮大起来的合作伙伴中的一员。[250]作为2012年发起的"重塑蓝海"战略的一部分，百思买十分看重"通过抓人眼球的商品展示来加强消费者对门店的认识"，希望通过"提供独一无二的实体渠道体验"来最终提升销量。

GoPro的营销策略天衣无缝，百思买的顾客有了响应。他们试图了解产品，想知道如何使用产品，然后购买很多配件（与苹果手机配件的额外利润类似），但最显著的是百思买提供的新产品在原产品基础上增强了互动性与客户体验，同时还吸引了全新的客户群——极限运动爱好者。对品牌意识与销售增长的积极影响还让GoPro建立起了合伙信心——百思买是众多合作伙伴中的第一个。

今天，GoPro认为自己的经销渠道是最宝贵的资产之一。它在全球范围内与45 000个零售商有业务往来，约占其总营收的43%。虽然有后续的合作伙伴关系，但是百思买仍然是其最大的合作伙伴，占GoPro2016年总营收的17%。

GoPro在2011—2014年的增长令人称羡。2011年其营收为23 400

万美元，2012年为52 600万美元，2013年为98 500万美元。2014年，该公司发出警告：我们不期望保持或提高营收增长率。这表明其销售增长已达顶峰。事实证明，GoPro的预期是正确的。GoPro发现，自2014年6月首次公开募股后不久，自己的营收增长有所停滞。一边是开盘股价猛蹿，一边是销售增长放缓、投资项目失败以及产品问题掣肘增长。但正是一系列的伙伴关系决策，加之其产品问题的解决帮助GoPro重回正轨。

> 我们总觉得自己是红牛的小弟。[251]
>
> ——尼古拉斯·伍德曼（Nicholas Woodman）
> GoPro创始人兼首席执行官）

伍德曼说，从动作视频制作到以宣传极限运动赛事为目的的社交媒体分享，GoPro一直深受红牛的启发。而现在，这种非正式关系延续多年后，两大公司决定是时候让彼此的关系更正式一点了。

2016年5月，在一场看起来意料之外却情理之中的交易中，相机制造商GoPro和饮料巨头红牛宣布，两家公司将共同建立多年全球合作伙伴关系，合作内容包括内容制作、经销、交叉推广和产品创新。

两大公司发现了它们在公共事件中的共同处境，以及从不同方向——饮料和图像捕捉硬件——应对公共事件的组合效力。记住，有效的合作伙伴关系是基于信任、公平与互利的。这一合作伙伴关系是所有因素的有力结合。

> 作为合作伙伴，红牛和GoPro将共同拓展国际业务，加大内容力度，增强各自的自身魅力。[252]
>
> ——迪特里希·马特希茨
> 红牛创始人兼首席执行官

一个是能量饮料公司，一个是便携数字相机公司——这两个组合在一起是不是很奇怪？随着这一新品牌联合战略合作伙伴关系的展开，两家公司的前景变得清晰起来。目标似乎变成了如何加强两大品牌的内容制作能力，以超越现有基础。对于如此依赖体育与冒险运动市场营销的红牛来说，这意味着这些赛事的更好呈现。而对于GoPro来说，它在世界备受瞩目的体育赛事中则占了重要一席——这些赛事仅凭其一己之力还无法拿下。

有些公司会定期在自己的油管频道上传内容，这是一个需要关注的重要趋势：两大品牌拥有1 100万订阅用户。在2017年第四季度财报中，GoPro甚至公布了其社交媒体数据。[253]

- 2017年，GoPro获得了超过480万的新社交媒体粉丝，其所有平台的粉丝总数增加到3 500万，增长了16%。
- 2017年，GoPro社交网站照片墙的粉丝数量同比增长了26%，增加了300万，总数达1 500万。
- 2017年，GoPro内容在社交媒体平台上的浏览量约为7亿次，同比增长超过25%。油管上的GoPro内容的有机收视率中值增长了93%。

统计塔（Statista）统计的油管十大最受欢迎的频道（按浏览量排序），红牛有19.4亿浏览量，GoPro有15.6亿浏览量，怪物能量饮料有15亿订阅用户，5小时能量饮料（5-Hour Energy）有1.4万，苹果有530万，索尼相机（Sony Camera）有不到10万，三星盖乐世（Samsung Galaxy）有230万（截至2017年10月），摇滚明星没有分享订阅用户数量。[254]

GoPro多年来一直将合作伙伴关系作为增长等式的一部分。

路径8：合作伙伴关系

2014年，它与宝马和微软签订了协议（Xbox 360和Xbox One）。[255]

2016年，它扩大了与油管的360度视频合作伙伴关系，与潜望镜（Periscope）签署了直播协议，重新与国家冰球联盟（National Hockey League）建立了合作伙伴关系，与微软签署了专利许可协议，并与美国职业高尔夫球协会（PGA）和斯卡兰奇频道（Skratch TV）签订了新的高尔夫赛事播放协议。

部分协议只是品牌建设的尝试，但像与印度最大的电子产品零售商——信实数码（Reliance Digital）这样的独家伙伴关系将为GoPro提供进入印度年轻消费者市场的途径。GoPro前总裁托尼·贝茨（Tony Bates）说："我们认为，这一战略给我们带来的不仅仅是放置产品的货架，更多的是帮助我们在印度市场取得成功的伙伴。"[256]我猜红牛希望与信实数码建立类似的合作伙伴关系，就像之前在美国与百思买建立的关系一样。

GoPro的合作伙伴关系会继续帮助它打入新市场、开发新产品并

吸引新客户吗？这点还有待观察，但我不会否认这些结果。2017年第二季度，GoPro的收入同比增长34%，其中超过50%来自美国以外的市场——这可能不是巧合，因为红牛在美国之外也是一个强大的品牌，其42%的收入如今都来自分销合作伙伴。

就目前而言，特别是在企业进入国际市场将新产品推向现有群体时，选择合作伙伴关系来提拉增长似乎是行之有效的方法。它无法解决所有的增长问题，但肯定有助于企业推广品牌、提升产品意识、推动消费者使用以及提升客户体验。

GoPro
关键要点导读

- 许多公司错误地认为，因为它们是小公司，所以大公司就不愿意与它们合作。尽管GoPro曾经只是一个10人团队，但它却能用完美的产品来满足百思买在市场环境与新客户体验方面的需求。
- 显然，你可以谋求类别合作伙伴关系，将业务范围和服务扩展到类似的客户或细分市场。但是，不那么传统的合作伙伴关系同样有利可图。GoPro与汽车公司、科技公司、体育特许经营商、赛事组织和饮料公司结成了紧密的"品牌与品牌"的合作伙伴关系，持续保持领先地位，在体育、技术和娱乐方面平行发展，进一步拓展了有意义的客户关系。
- GoPro利用合作伙伴关系扩展其品牌并开拓了新的目标市场。当它想获得骑行人士客户群时，它就可以与环法自行车赛（Tour de France）达成合作伙伴关系。

故事 2

航空公司
友善的天空

助人成功者，能最快地成功。[257]

——拿破仑·希尔（Napoleon Hill）
《思考致富》(Think and Grow Rich) 作者

在1978年《航空管制解除法案》（Airline Deregulation Act）通过之前，航空运输被二战后的条条框框牢牢地控制着。[258] 10家大的航空公司占据了美国90%的市场。那个时候，航空公司只能在服务上展开竞争，因为票价和航线都由政府控制。

事实上，民航局（CAB）制定票价的标准是为了确保满座率55%以上的班次能返还票价金额的12%。[259] 很多人可能还记得航空的黄金时代，那时候空姐会在手推车上切顶级牛排，乘客可以在波音747头等舱的钢琴吧休息（或抽烟）。

头等舱还有过着装要求，泛美航空（Pan Am）和环球航空（TWA）是两大主要的航空公司，整个飞行体验刺激诱人。休闲旅游在那个时候是一件很奢侈的事情，不是所有人都负担得起的，所以当时的市场特征就是：小体量、高成本和有限（顾客）渗透率。

在1978年《航空管制解除法案》出台之后，民航局解体，这导致低成本的廉价航空公司纷纷涌现。它们寻求大体量和庞大的市场渗透率，这些公司现在都可以跟大型国有航空公司抗衡了。

1978年，没有人能想到曾经被民航局禁飞的得克萨斯州之外的一家小小的地方航空公司——西南航空在短短数十载之后，居然摇身一变，成为美国客运领域里最大的国内航空公司。[260] 一夜之间，旅游变得非常大众化，最近坐过飞机的人都知道——不论好坏，现在的飞行舒适度体验与那个处处受管制的年代不可同日而语。

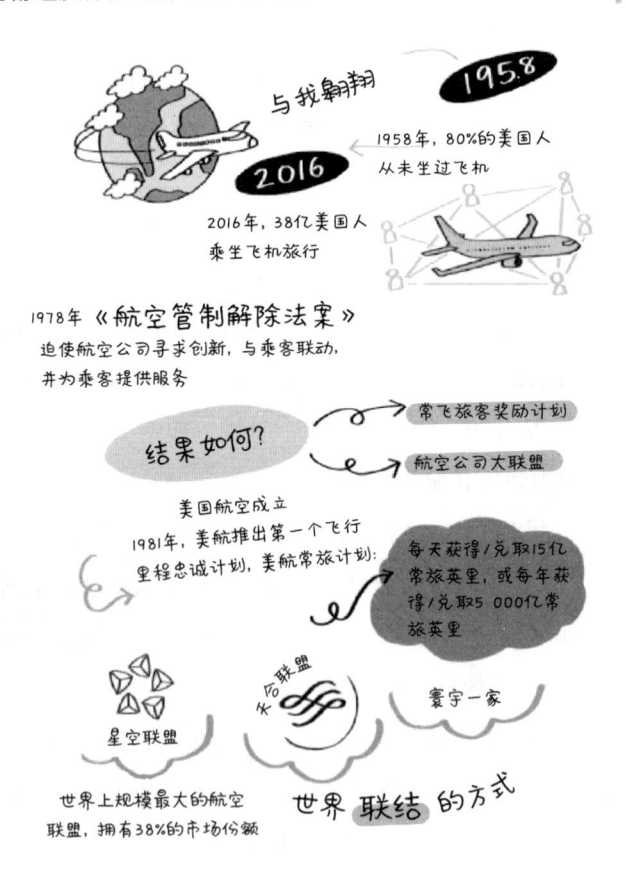

与我翱翔 1958

1958年，80%的美国人从未坐过飞机

2016

2016年，38亿美国人乘坐飞机旅行

1978年《航空管制解除法案》
迫使航空公司寻求创新，与乘客联动，并为乘客提供服务

结果如何？

常飞旅客奖励计划

航空公司大联盟

美国航空成立
1981年，美航推出第一个飞行里程忠诚计划，美航常旅计划：

每天获得/兑取15亿常旅英里，或每年获得/兑取5 000亿常旅英里

星空联盟   天合联盟   寰宇一家

世界上规模最大的航空联盟，拥有38%的市场份额

世界 联结 的方式

让我们把这一点放到具体背景下来看。弗兰克·西纳特拉（Frank Sinatra）的一曲《与我翱翔》在1958年居音乐榜榜首，那时超过80%的美国人从未坐过飞机。1965年，情况还是一样。到2000年，一半的美国人至少有过一次乘坐往返航班的体验。20世纪70年代到2011年间，空中乘客的人数增长了3倍。[261]据国际航空运输协会（IATA）预计，2035年将迎来72亿乘客，几乎是2016年38亿空中旅客的两倍。[262]

> 国际航空运输协会公布了2016年的行业业绩数据，数据显示全范围系统内航空公司去年按照计划承运了38亿乘客，比2015年增长了7%，这意味着增加了2.42亿次的空中旅行。[263]美国境内的本土和外国航空公司承运了9.32亿的国内和国际乘客，这一数据是其2016年创下的纪录。

便宜的机票大大促进了境内和境外旅游。过去30年间，机票价格下降了50%，即便在2000—2013年，占机票价格1/3多的燃油价格上涨了260%，机票价格也仍是如此。[264]因此，如果只开通几个目的国的航线，那么国际航空将难以维系，尤其是在目前的成本结构情况下。航空公司必须能够扩展自己的服务，并且开通比自己单干时更多的目的地航线。航空公司不像其他行业实施合并或收购那么容易——其准入门槛很高，运营一条航线的成本也同样很高。

世界联结的方式

20世纪70年代，开放天空协定（Open Skies agreements）开始成形，美国航空公司进一步获准开通从美国的任意地点到其他国家任意地点的运营服务，多航空公司联盟由此诞生。早在1972年，美国就开始着手推进开放天空协定，到1982年，全世界范围内已经签署了23份双边航空服务协定。在全球化的时代，商用航空以前所未有的方式联结在一起。此外，市场环境也改变了。

尽管航空管制解除理应实现两大目标——刺激竞争、降低票价，但我还是认为，它也迫使航空公司寻求创新的方式以联结全球乘客，并为他们提供更多的服务。结果如何呢？它推出了常飞旅客奖励计划[265]和航空公司大联盟。

正如客户体验路径所勾画的那样，乘客现在把"服务和体验"当成产品本身。他们赞成客户忠诚度——即使有些时候不是很方便，他们也愿意花更多的钱在一个品牌上，纯粹只是为了忠诚积分。

航空管制解除之后没几年，美国航空公司就于1981年5月推出了第一个飞行里程忠诚计划——美航常旅计划（AAdvantage）。在最近的美航媒体和投资日，美航总裁罗伯特·艾瑟姆（Robert Isom）表示，每天获得/兑取15亿美航常旅英里，或每年获得/兑取5 000亿美航常旅英里。

该计划去年获得了21亿美元的收入，占其他非客运、货运收入增长的3.9%。美航将其飞行服务和里程忠诚计划视为增长的关键因素。

引用美航的话总结一下："确保我们最好的客户能体验美航及美航常旅计划提供的最好服务。我们（计划）所有的改变都是围绕这点来组织的。"

很多人认为里程兑换是航空公司回馈客户的明智之举，是它们用来吸引回头客的营销策略。但很多人没意识到的是，随着带有飞行奖励的信用卡的普及，常飞旅客奖励计划的利润非常可观，以至于一些航空公司从销售航空里程中赚取的利润可能比卖机票都多。

基于这一点，航空公司开始大规模与信用卡公司开展合作关系。[266]

初衷是进行品牌联手与交互售卖,合作伙伴关系对双方来说都意味着规则的改变。达美航空(Delta Airlines)与美国运通有合作(很多其他航空公司都和它有合作),可以把持卡人在机票或其他相关方面的费用以返还里程的方式回馈给持卡人。

然而,航空管制解除和其他国际安排的另一个结果是航空公司需要为国际、跨国游客提供更优质的服务。而要实现这一点,航空公司必须有强大的合作伙伴网络作为支撑。在飞行里程忠诚计划发明之后的很多年里,多国航空联盟于20世纪90年代晚期诞生并成为几十家航空公司战略性成长的一个重要推动因素。这些联盟通过联营航班可以有效率、有利润地拓展航空公司网络。

协作努力和全球合作伙伴关系改变了整个航空业。星空联盟(Star Alliance)始创于1997年,以"世界联结的方式"为口号,是全球最大的国际航空联盟,拥有38%的市场份额。2017年,星空联盟被乘客评为最佳航空联盟,紧随其后的是天合联盟(SkyTeam Alliance,33%)和寰宇一家(OneWorld Alliance,29%)。[267]

> 我们和美国运通的合作伙伴关系在这一季度给我们带来了7 000万美元的递增价值,我们正在向2017年创造3亿美元递增价值的方向迈进,2017年它将再创信用卡购买纪录。[268]
>
> ——格伦·W.豪恩施泰因(Glen W. Hauenstein)
> 达美航空总裁

星空联盟拥有27家会员航空公司,包括土耳其航空、新加坡航空、中国航空、加拿大航空和美国联合航空,运营着约4 000架飞机的机队,为194个国家逾1 000个机场服务,年载客量达6.376亿人,每日起飞18 000多次,总收益达1 810亿美元。

起初这被视为两家航空公司之间的小型合作伙伴协议,毫无疑问,如果没有跨国联盟,空中旅行会变得完全不同。而且,航空公司因同一批客户可能竞争也可能合作(合作竞争)的这一事实凸显出:即使在竞争激烈、利润较低的航空业,利益还是远远超出风险的。

为什么?改进客户体验是毋庸置疑的,客户基础渗透的价值也是极其宝贵的。这些联盟计划为乘客提供拓展网络,乘客可以通过代码共享协议来飞行,即两个或两个以上航空公司共享同一航班,并将此航班列入彼此的机票预订系统里。这让机票预订更为简单,也让联运更加高效。飞行时间缩短,经营成本降低,票价也可能相应下降,同时"乘客体验"将大大改善。在一个因航班延误、行李丢失以及偶尔遇到工作人员态度粗暴等负面宣传而受到阻碍的行业里,忠诚和联盟计划可以说是一大亮点了。

航空公司
关键信息导读

- 在这一合作伙伴关系的案例中,有两个主要力量发挥了作用:(1)市场环境发生了变化,对此,航空公司仅凭一己之力根本无法做好准备或根本无力回应;(2)航空业管控严格,仅仅使用产品拓展(即买下更多的飞机和航线)来利用机遇成本太高昂。要想乘客在国际旅途中拥有很好的飞行体验,航空公司就需要想出一个可行的解决方案:与竞争对手协作努力。

- 也许在某些情况下,你要与之合作的是在某方面有竞争的对手(合作竞争)。不要因此影响你的判断,尤其是当你想要差异化客户体验时。客户不会考虑你们内部的犹豫不决,他们只关心自己付的钱能否换来该有的价值。

- 几乎每个行业都在复制航空联盟的创意,尤其是那些以服务和忠诚度为本的行业:酒店、汽车租赁公司以及零售业等。给你的客户一个对你不离不弃(减少客户流失)的理由,让他们在你这里花更多的钱(客户基础渗透),即使有更低价的供应商时还是选你(客户体验)——这三点对你一直有利,前提是你要认真对待合作伙伴关系并让其成为你的价值主张的一部分。

路径8:合作伙伴关系

故事 3

苹果
迅速将我摧毁

失败多少次不重要，只要能做对一次足矣。[269]

——马克·库班（Mark Cuban）

苹果作为世界上最为知名的品牌之一，它的很多东西都为人所熟知：创新的产品、聚焦设计以及对苹果商城体验的持续关注。其实它还有一个人们较少了解的领域，那就是合作伙伴关系。

2015年，全球最红的流行歌星泰勒·斯威夫特（Taylor Swift）给苹果首席执行官蒂姆·库克（Tim Cook）写了一封公开信，揭露了关系——更具体说是合作伙伴关系——如何会很可悲地朝错误方向发展。我对苹果与他人合作并不陌生，这次差错着实让我震惊。在苹果商城设立之前，苹果已经与增值经销商（类似戴尔和捷威）以及实体零售商展开合作，销售并提供硬件产品服务几十年了，这已经为苹果音乐播放器应用商店招募了数万名应用程序开发人员。

2003年，苹果推出苹果音乐播放器，这改变了消费者购买和听音乐的方式。这项服务仅在半年内就拥有了1 000万订阅用户，从推出至今，订阅者达到了3 000万。到2013年，其应用商店共计下载了250亿首歌曲。在苹果音乐播放器推出后，苹果当时的首席执行官史蒂夫·乔布斯就专注于让用户的体验更好、更简约和更人性化。

乔布斯理应知道与唱片公司合作的重要性，因为如果没有与它们形成坚实的合作伙伴关系，苹果音乐就没有多少内容了。乔布斯能够把主要的唱片公司争取过来，它们掌握着全球最大的音乐目录。他认可数字版权管理；礼尚往来，唱片公司也允许苹果给每首歌定价0.99美元。至少从概念上来说，这是一个互利共赢的合作伙伴关系。

苹果另一个重要的合作伙伴关系发生在2008年：苹果商城在推出之时，只有500个应用程序可供下载。苹果知道它需要说服更多开发人员来开发应用程序，以支持苹果手机、可触式苹果音乐播放器、苹果平板电脑以及更进一步的苹果手表和苹果电视。截至2017年1月，应用商店有了220万个应用程序。仅仅这些案例就足以证明苹果深谙合作之道。事实上,你可能会认为苹果的成功大部分还要归功于它的合作伙伴,尤其对于它们正在追求的更大的全球细分市场来说,苹果的合作伙伴让其产品的使用更加得心应手、富有价值。

回到泰勒·斯威夫特的案例,在给苹果首席执行官蒂姆·库克的公开信中,她指责苹果公司在苹果音乐前3个月的免费试听期间不支付艺人费用。斯威夫特在信中说:"我相信你知道苹果音乐为注册用户提供3个月的免费试听期。我相信你不知道,在这3个月内苹果音乐不会支付歌曲作家、制片人或艺人任何费用。我感到很震惊、很失望,而且这完全不像是一家前沿的、慷慨大度的公司的所作所为。"

务必记住,高效合作伙伴关系的宗旨是双方的互信、公平和互利。斯威夫特指明了苹果公司与所有艺人缺乏合作伙伴关系——不仅仅是像她这样的巨星,还包括所有在苹果音乐播放器上播放自己音乐的艺人。要记住一点,斯威夫特发的帖子能被几亿媒体粉丝看到。据估计,她在照片墙上的粉丝人数排名第7,推特上排名第4(仅次于美国前总统奥巴马),声田上女艺人歌曲播放量排名第2——在此仅列举几例。

特别是对于一家深知合作伙伴关系重要性的公司来说,怎么会发生这种事情呢?原因在于它在发布苹果音乐产品时,忽略了音乐艺人(它的实际产品)。很明显,苹果公司把重心放在3个月免费试听期,尽其所能获取更多用户(注册),进而向他们追加销售订阅服务——这个过程与声田和网飞所完善的模式类似。这是一个很好的策略,不幸的是,在其大举推进的过程中,执行得太糟糕了。

苹果首席执行官蒂姆·库克立即回应,并宣布苹果公司会在免费试听期也支付艺人音乐费用(尽管费用不高)。斯威夫特是这样回应的:"我很是欢欣鼓舞,也倍感欣慰。谢谢你今天的支持,他们听我们的。"(@taylorswift13)2015年6月22日。

如果苹果在之前的业务中没有和唱片公司、艺人以及其他产品组件制造商建立强大的合作伙伴关系，那么这个故事就不会圆满收场了。苹果公司有正确意图的跟踪记录，加之其"斯威夫特式"的迅速反应，这一次它才能在流媒体音乐史上处在正确的位置。

**苹果音乐
关键要点导读**

- 仕任何企业里,定义合作伙伴的角色当然是非常重要的。但是如果你有一款产品或服务是要依靠合作伙伴关系才能成功的,那么你最好做到位。在上述案例中,与声田一样,苹果音乐严重依赖内容合作伙伴提供音乐用以填充自己的"服务",否则它就是设计精巧但形同虚设了。如果合作伙伴关系对你的业务来说是必需的,那么每个人最好搞清楚,他们在定价、特色以及可获得性上所做的决定一定会对你的合作生态系统产生一定影响。

- 认为有了合作伙伴关系就可以一帆风顺的想法是不现实的,所以未雨绸缪很有必要。能立即解决问题当然最好了,但如果无法做到,那么你就需要立刻与合作伙伴沟通。记住:强大的合作伙伴关系需要信任、公平和互利——只要三者中的任何一个达不到,就会面临功亏一篑的风险。

- 将合适的合作伙伴关系落实到位,并且改变管理系统以避免类似事情发生或再次发生。故事要点:2015年6月,来自泰勒·斯威夫特的一封臭名远扬的公开信。2017年5月,类似事情再次发生。苹果已经宣布它将改变苹果音乐播放器的分支机构的佣金率。[270] 据报道,所有费率(用于Mac和iOS应用程序购买,用于两种操作系统中的应用程序内部购买)都由7%下调到2.5%。分支合作伙伴立即提出强烈抗议,而苹果公司迅速循迹调查。好消息是,苹果公司在类似事情发生时总是能迅速做出回应。坏消息是,苹果还没解决潜在的问题,这种事情怎么能在一开始就让它发生。

综而观之

与你的供应商保持坚实有力的关系,这将让你在更迭变化的市场潮流中一直处于前沿……我们的经销商网络拥有很多超凡、及时的市场情报。这是信息的富集之地,能够让我们成功地引进新产品并支持服务。[271]

——唐纳德·V. 菲茨(Donald V. Fites)
卡特彼勒公司(Caterpillar)前董事长兼首席执行官

任何高效的合作伙伴关系都取决于清楚价值定位,而这源于定义各方所提供的东西。一旦清楚了这一点,你就可以开始定义成功的样子,你可能需要什么样的合作伙伴,以及你应该达成何种合作伙伴关系约定。

随着数字技术和互联网的不断发展,强大的生态系统的出现已经塑造了整个行业,也推动了许多公司的增长。某些合作伙伴关系对某项业务的成功至关重要,以至于如果没了它们,公司业务的未来就会岌岌可危。然而,很多公司缺乏充分发挥合作伙伴关系潜力所需的知识、联系以及管理能力。其他公司可能在部分业务上利用合作伙伴关系,却在另一部分业务上不知道要做些什么。或者更糟糕的是,他们拥有强大的合作伙伴关系,但却忘记了合作的重要宗旨——信任、公平和互利。

不幸的结果是,很多合作伙伴关系都是事后才被考虑的,要么是因为公司出于规模大小的考虑觉得自己不需要合作,要么是它想先推出新品并"稍后修补"。不管怎样，公司面临的挑战不是因为最初的理念或意图不对，而是由于过于聚焦内部的议程，从而忽略了与外部（企业、个人、生态系统等）合作的价值。一切都是关于"他们"想要什么，而不是对两方公司最好的是什么。

尽管如此，我预计合作伙伴关系的发展速度在短期内不会放缓，特别是当企业一直努力对变化着的客户预期和增长需求做出快速反应时。现在，要想打败竞争对手，你就需要更多的外部合作伙伴来支持不断演变的增长计划。

行之有效的方法以及潜在的陷阱

任何选择合作伙伴关系作为增长路径的公司都必须明白，不管选择何种合作方式，都很少有一个固定的终点。随着新机会的出现，合作伙伴关系也应该随着时间的推移而继续演变。有些合作伙伴关系是转瞬即逝的邂逅，只在一方需要另一方时才存在；而有些合作伙伴关系则是两个公司成功的必要结构，能够持续数十年。正如你想象的那样，合作伙伴关系增长路径提供的机会超出了一个公司通常所能创造的机会，也为追求增长路径的公司提供了潜在的增长机会。关于这点有三个例子。

组合：路径8——合作伙伴关系 + 路径3——市场加速

正确的合作伙伴关系会给你提供新的市场机遇，同时还可以为你节省开发这一市场的费用——你的合作伙伴已经在那个市场参与了竞争，承担了探索市场的开销，训练了研发人员，经历了所有的潜在陷阱，也拥有了一群忠诚的用户。谁不想拥有这种先发优势呢？当然，你的合作伙伴也可能对你进行同样的考量，因此你最好确定这个结果是你想要的。

组合：路径8——合作伙伴关系 + 路径4——产品拓展

产品拓展路径也一样。你的合作伙伴已经付出了专门为市场开发一款产品的努力和代价。它已经战胜了各种困难，或许还失败了几次，最后打磨出了最适合其潜在客户的产品。能利用那些已有的智慧，何乐而不为呢？甚至还有一些更有价值的东西——合作伙伴的智力资本，比如专利和版权，这些都是不合作就没办法使用的，更不用说复制了。事实上，减少授权许可成本或许对整个合作伙伴关系来说都是值得的。

组合：路径8——合作伙伴关系 + 路径6——优化销售

提到优化销售，我们通常把它视为一个内部活动。但是有了合作伙伴关系，你就可以扩大你的销售队伍，提高它的质量了。尤其当你处在一个新市场，合作伙伴的销售运营可以为你提供新的人才、实践经验、更好的销路和专业的销售工具时，有时候它还可以作为一种最佳的实践来源，你可以将其贯彻在你自己的运营中。

路径 9

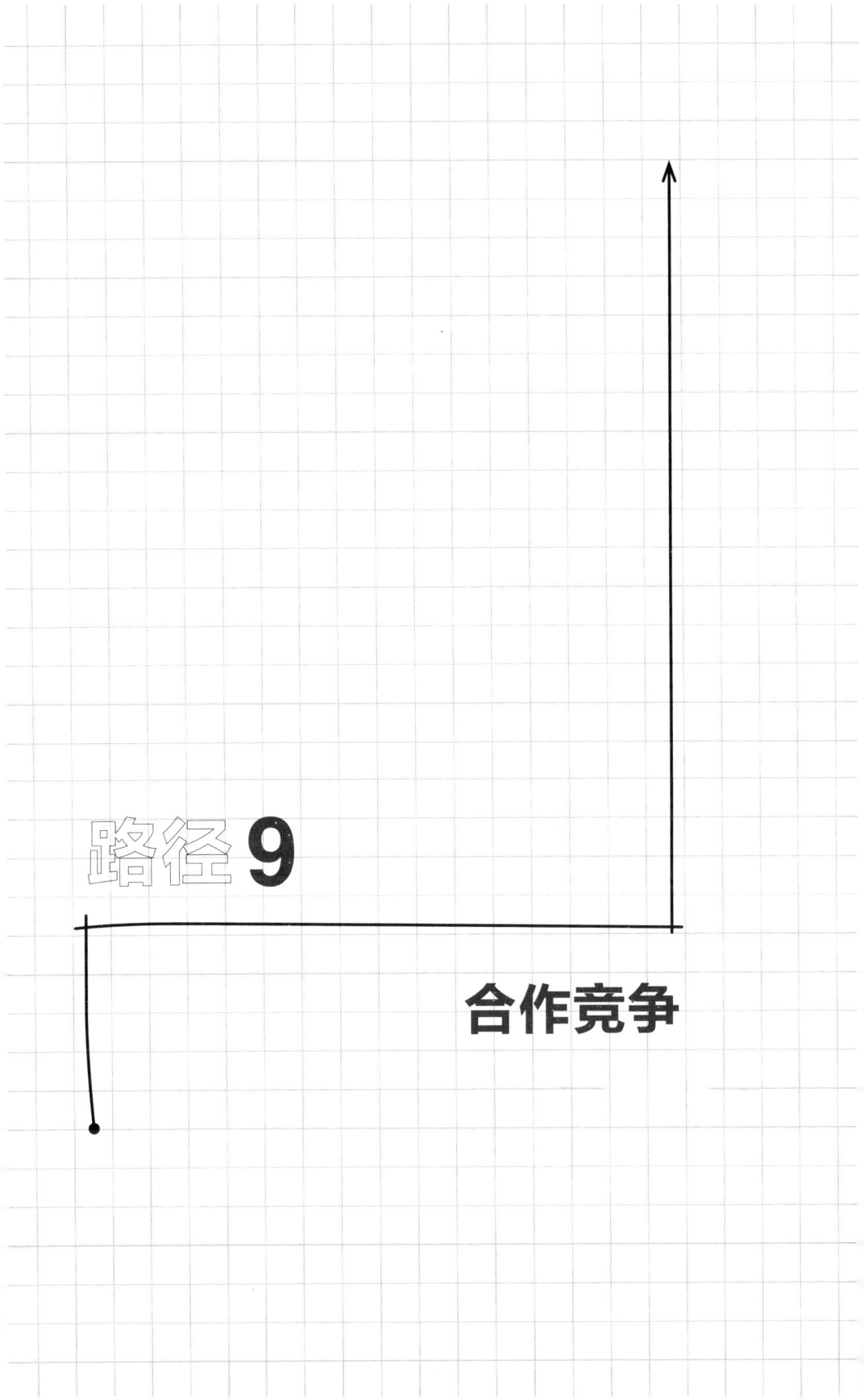

合作竞争

合作竞争

> 没有人能只靠自己成功……只有通过与其他人合作，你才能实现辉煌的成就。其中，不乏"合作竞争"关系。[272]
>
> ——里德·霍夫曼（Reid Hoffman）
> 风险投资人、领英（LinkedIn）联合创始人

为什么合作竞争至关重要

- 与其他公司建立合作伙伴关系或合作约定是50%的首席执行官所期望的能够增加股东收益的主要交易类型。[273]
- 85%的首席执行官认为跨部门联盟和合作伙伴关系对加速公司转型至关重要，另有78%的人认为这种合作伙伴关系有助于公司在未来5年内取得积极的成果。[274]

旧言再成新论

你有没有想过为什么你的USB线可以连接到任何制造商生产的

任何设备上？或者为什么耳机几乎可以插入所有设备听音乐或打电话？这要感谢计算机行业制定的标准，其确保客户使用个人电脑、智能手机和台式机时能获得无缝对接的体验。

合作竞争是一个近来十分流行但实际上很古老的概念。这是一个混合词，融合了"竞争"与"合作"二词。从逻辑上讲，"合作竞争"是一个矛盾概念，但在现实世界中却一次次被证明行得通，而且经常很完美。对于小公司来说，这是一个伟大的生存策略，特别当它们处于增长停滞状态时；对于大型企业来说，这也是一个良好的扩张战略。

> 尽管规则有时对于个体来说可能是残酷的，但是却有益于整个人类的发展，因为它确保了适者生存。[275]
>
> ——安德鲁·卡内基（Andrew Carnegie）

"合作竞争"的首次亮相可以追溯到20世纪初，但目前人们普遍认为"合作竞争"的现代原则源于博弈论和诺贝尔奖得主约翰·纳什（John Nash）的理论——也就是电影《美丽心灵》（*A Beautiful Mind*）的主题。

"合作竞争"理论的核心观点认为，即使是竞争对手也可以共事，以达到他们不可能单独实现的目标。实际上，同竞争对手合作比传统的伙伴关系更容易获得成功，因为后者常常受到边界模糊和使命偏离的困扰，而合作竞争关系则基于利益的"部分一致"，通常具有明显的界限和严格的参与规则，因而更容易取得成功。

最常见的合作竞争形式是两个竞争者在基础研究、应用开发甚至产品平台领域共同合作以开拓或扩大市场，但同时两者仍会争夺客户资源和市场份额。其中一个例子就是合作备忘录（MOU），这是一种非法律约束的伙伴关系。

关于合作竞争最显著的例子存在于科技领域，硬件和软件公司就技术标准、兼容性进行合作，与彼此的竞争者形成联合分配（捆绑）协议。

合作竞争的哲学核心在于它背离了特定市场中的"零和博弈"概念：在赢者通吃的局面中，一块经济蛋糕的大小是固定的，那么一个参与者失去的市场份额就是其竞争者获得的，反之亦然。相比之下，合作竞争的目标是在竞争对手之间寻找协同效应和共同点，以期做大市场这块蛋糕。如果能做到这一点，那么所有参与者都会获胜，因此即使与你的"竞争对手"合作也是值得的。

> 为实现这一增长路径，我们关注合作伙伴关系的合作竞争方面，特别是在产品开发和知识产权领域。

新需求催生新的合作模式

到2050年，为了维系97亿人的生存，地球需要一条创新的路径。主要的工业部门（如食品、能源、水、农业和交通行业）已经面临着巨大压力，亟须转向更加可持续的生产和消费方式。它们也正在努力满足消费者的需求，以跟上技术变革的步伐。

如果我们仍以同样的方式来应对这些巨大挑战，我们将发现困扰我们的问题和10年前的一样，几乎没什么变化。巨大的商业机遇之一在于我们应如何管理创新及其所有权。知识产权保护主义旨在保护和延长现有技术的生命周期，使创新者能够最大限度地获得投资回报。尽管在20世纪这是备受青睐的方法，但在21世纪，更为可持续的新技术只有被快速开发和采用才能发挥更大的作用，而保护主义让其变得更加困难。

埃隆·马斯克,电动汽车制造商特斯拉的首席执行官,在2014年宣布特斯拉将加入开源运动,免费共享所有专利,这让世界为之震惊。这种做法令人钦佩,但也改变了创新的原始哲学。原本特斯拉申请专利是为了保护其技术不被其他汽车生产厂商所利用。特斯拉认为电动汽车将蓬勃发展,技术保密是出于市场竞争的考虑。

相反,电动汽车的市场份额仍是个位数。市场停滞迫使特斯拉重新思考自己的战略。它改变了防止其他人与自身竞争的战略,转而将技术作为催化剂,鼓励并促使整个市场更快地发展。合作竞争是一条前进的路径。开放知识产权实际上可以让特斯拉从开发的其他产品——电池和充电站——中获益。电动汽车生产得越多,所需要的电池就越多;电池越多,所需要的充电站也就越多。不管马路上跑的是特斯拉还是其他品牌的汽车,马斯克都能获得整块蛋糕中更大的部分。

目光短浅会让公司固守在现有的路径上,不思考在新的市场环境中如何另辟蹊径。如果更多的公司和行业能够像特斯拉一样,用合作的思维看待产品层面的创新,合作竞争才能作为潜在的增长路径蓬勃发展。正如前面章节讲述的合作伙伴关系,你必须相信1+1=3,否则这条路径就不是为你准备的。然而,如果你开发的技术、产品和服务能够让更多的市场参与者受益,如果你可以更具协作精神,那么为什么不这样做呢?这样结果会更好。

故事1

菲亚特克莱斯勒、宝马和英特尔
聚合之力

> 为了推进自动驾驶技术，汽车制造商、技术提供者和供应商之间形成合作伙伴关系至关重要。如果各家公司都能带着相同的愿景和目标走到一起，那么参与这种合作将使菲亚特克莱斯勒（Fiat Chrysler Automobiles）直接从协同效应和规模经济中受益。[276]
>
> ——塞尔吉奥·马尔乔内（Sergio Marchionne）
> 菲亚特克莱斯勒汽车公司首席执行官

硬件主导地位在高科技领域的再次出现使各家公司能够有机会再次试验合作竞争，随之而来的结果是未曾预料到的合作伙伴关系。其中最不可能的是，菲亚特克莱斯勒、宝马和英特尔（Intel Corporation）及英特尔最近收购的子公司移动眼（Mobileye）宣布联盟，以共同合作开发自动驾驶汽车。

在与其邻居梅赛德斯奔驰（Mercedes-Benz）数十年的较量之后，宝马可能是世界上最具创新性的一个汽车制造商。从设计到制造、从商业组织到驾驶体验，宝马被认为是其他所有汽车公司的典范，甚至其位于慕尼黑总部的设施也作为整合运营和自动化的典范被广泛学习。

早在1998年，宝马就跟随潮流成为首批在硅谷设立办公室的汽车制造商，以利用该技术中心的专业知识，随时汲取对其有价值的新兴技术。宝马的办公室位于山景城（Mountain View），距湾岸高速公路的英特尔圣克拉拉（Santa Clara）总部仅几英里路程。回想起来，这两位传奇创新者之间的合作似乎是必然的。

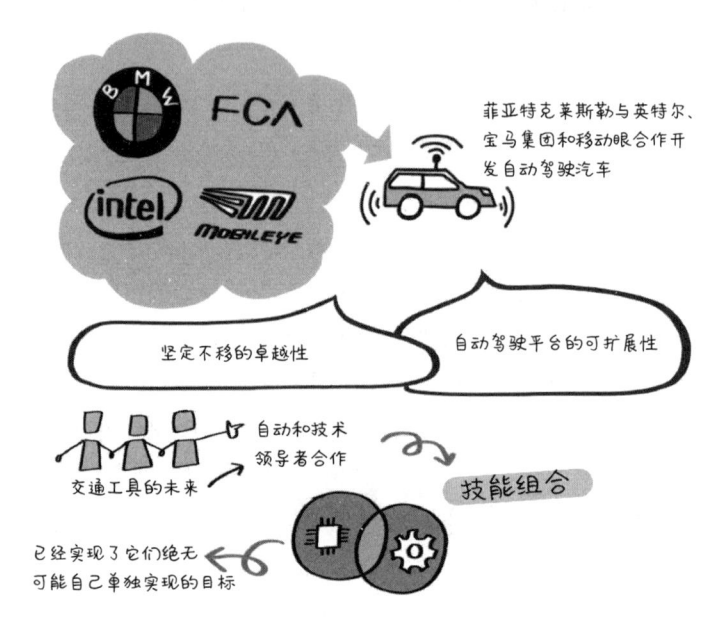

菲亚特克莱斯勒与英特尔、宝马集团和移动眼合作开发自动驾驶汽车

坚定不移的卓越性

自动驾驶平台的可扩展性

自动和技术领导者合作

交通工具的未来

技能组合

已经实现了它们绝无可能自己单独实现的目标

2016年7月，宝马、英特尔和移动眼宣布它们正在合作开发自动驾驶汽车，目标是到2021年投入生产。三家公司的近期目标是在2016年年底前在路上部署40辆自动驾驶测试车。但是，合作竞争关系仍然缺少一些东西：质量和规模。宝马是一家重要的汽车制造商，但其主打豪车市场。与梅赛德斯不同，它不生产卡车或其他大众市场的车辆，其产品线的延伸主要是其他豪华车，包括混合动力汽车、电动汽车、摩托车、迷你汽车和劳斯莱斯（Rolls-Royce）等小众汽车。团队需要的是另一个合作伙伴，一个针对大众市场，特别是全球客户的合作伙伴——尽管这意味着合作伙伴可能是宝马的潜在竞争对手。

宝马于2017年8月与全球最大的汽车制造商之一菲亚特克莱斯勒达成合作。根据VentureBeat公司迪安·塔卡哈西（Dean Takahashi）的说法："这些公司正在谈论如何创造联合驾驶辅助技术和成熟的自动驾驶汽车，它们将利用彼此的优势和资源来实现这一目标，并把工程师们聚在德国一同工作。"[277]

为什么宝马会拉菲亚特克莱斯勒这样的公司入伙？根据宝马公司董事长哈拉尔德·克鲁格（Harald Krüger）的一份声明："我们合作成功的两个要素仍是坚定不移的卓越性，以及自动驾驶平台的可扩展性。随着菲亚特克莱斯勒成为我们新的合作伙伴，我们强化了路径，成功地在全球范围内创建了一个最先进的、跨OEM（原始设备制造商）3—5级的解决方案。"[278]

据A. T. 科尔尼（A.T.Kearney）的统计，与自动驾驶相关的应用程序、设备和车辆等的总收入到2030年将达到2 820亿美元，占汽车市场总量的7%左右。[279]这一份额还将继续增加。它们预计，在2030—2035年自动驾驶市场将翻倍达到约5 600亿美元，占全球汽车市场的17%。

它们同意合作，并不意味着在实践中它们也是这样做的。汽车公司通常需要半导体合作伙伴的专有芯片，不过像英特尔这样的公司可能永远不会同意这样做。移动眼也是如此——由于计算机视觉的广阔前景，它不太可能将过多的宝贵资源转移到这个项目上。但也许随着特斯拉的举动，其他汽车制造商看到了更多协作的好处，而不是对可以推动整个市场向前发展的技术有所保留。

一项新的技术革命［自主（自动驾驶）汽车］正在招手，谷歌、苹果和特斯拉等一批新的强大玩家正投入巨资争夺主导地位。而传统的汽车行业——受到新型交通典范威胁最大的部门——也想加入进来，即使是出于自我防卫的本能。

英特尔也想参与其中。随着前几十年微处理器产业的演变，英特尔在很长时间内一直都是领跑者。它从互联网产业的蓬勃发展中获益极大，曾一度成为世界上最有价值的制造业公司。接下来它却有些本末倒置了。它投入大量资金和技术资源在互联网产业上，认为这才是商业重点。这被证实是一个巨大的错误，真正的市场游戏变成了移动业务。换句话说，英特尔本应该在小型、低价、低功耗的用于手机和笔记本的芯片上投入更多，而非大型、昂贵的芯片。阿姆（ARM）和高通（Qualcomn）等新锐竞争对手迅速填补了英特尔留下的空白。

当英特尔意识到自己犯下的错误时，其他公司已经紧紧抓住了移动业务，留给巨头英特尔的只剩残羹冷炙了。21世纪的前几年，英特尔把时间花在了寻找自己在新世界中的位置上。现在自动驾驶汽车貌似给英特尔提供了另一个统治下一代芯片市场的机会。在新首席执行官布莱恩·科再奇（Brian Kranich）的带领下，英特尔决定押上全部身家。为了弥补自身弱点，英特尔以153亿美元的天价收购了计算机视觉领域的专家移动眼。科再奇称："交通运输业的未来依赖于汽车和技术行业的领导者共同努力开发的可扩展架构，全球汽车制造商都可以采用和定制这种架构。"[280]

与此同时，合作竞争最危险的部分并不是竞争对手同意共同去做的事情，而是它们不会去做的事情——特别是涉及它们拒绝分享的专有工具和资产时，它们甚至对昔日的合作伙伴也不愿意公开。在这种合作伙伴关系中，宝马似乎在软件方面占据上风。由于宝马是未来小型城市车辆的潜在竞争者，克莱斯勒也将涉足宝马的中档轿车领域，因此宝马真的会和菲亚特克莱斯勒分享它开发的代码吗？正是凭借这些代码，宝马才在与梅赛德斯、雷克萨斯（Lexus）、英菲尼迪（Infiniti）和捷豹（Jaguar）的竞争中保持着优势。

换句话说，也许会有更强大的力量来保持团队的团结。众所周知，在汽车领域，日本正忙于开发自动驾驶汽车。特斯拉已经在测试其自动驾驶汽车了，凭借其在电动汽车方面的领先地位，特斯拉将成为未来几十年其他汽车厂商追赶的目标。英特尔知道市场上有很多芯片公司，包括合同制造商和很成功的直接竞争者，如英伟达（Nvidia）和高通。

宝马—英特尔—移动眼—菲亚特克莱斯勒合作伙伴关系的长期成功远未得到保证，但在理解时代背景和寻找合适的合作伙伴以创造技能组合来应对这个潜在的巨大市场时，各个参与者都已经实现了它们绝无可能单独实现的目标。现在，它们要做的只是弄清楚如何在它们的共同事业中展开长期合作。

为追赶电动汽车市场而进行的新一轮合作运营关系的浪潮已经到来。丰田（Toyota）不甘示弱，在2018年1月的消费电子展上宣布与亚马逊、滴滴（DiDi）、必胜客（Pizza Hut）、马自达（Mazda）和优步合作进行"车辆规划、应用概念和车辆验证活动"。这是丰田和马自达合作竞争的一个案例，也是利用合作伙伴关系来扩展品牌并获得新客户群的一个案例。合作竞争与合作伙伴关系的路径相结合，完善了"在汽车领域共享和使用知识产权"（只有少部分人意识到了）这一狭隘的观点，进而更加面向客户体验。

宝马和菲亚特克莱斯勒
关键要点导读

- 这种合作竞争联盟表明，随着颠覆性技术对现状的威胁，公司之间的全球合作将变得更加普遍，即使对于拥有雄厚财力的公司也是一样，比如菲亚特克莱斯勒、宝马和英特尔。菲亚特克莱斯勒将从中受益，因为它没必要从头开发自己的自动驾驶汽车。
- 合作伙伴表示它们正在努力开发一种"可以为世界各地的多家汽车制造商使用的车辆架构，同时保持每个汽车制造商独特的品牌标识"——这也许是从特斯拉的故事中获得的启发。如果它们能真正开发出一个可以成为行业标准的架构，像USB或耳机一样，它们就可能会在未来几十年内改变游戏规则。

故事 2

微特尔
制造厂商的进攻

与友近，与敌更近。

——迈克尔·柯里昂（Michael Corleone）
《教父2》(*The Godfather Part II*)

微特尔（Wintel），即微软、英特尔和IBM组成的联盟，其在合作竞争这个用语被发明之前就展现出了很多合作竞争的特质。近30年来，一直被《福布斯》(*Forbes*) 杂志称作"科技史上最强联盟"[281]。即使在今天，联盟只剩下微软和英特尔两名成员，而且两者正在走下坡路，它也仍然是世界经济中的一股强劲力量。

"微特尔"的合作竞争关系几乎是偶然建立的，因为各种原因，最后以成功结尾。1969年，英特尔开发了一种名为微处理器的新型"计算机芯片"，同时它与日本计算公司签署合同，以生产体积更小、价格更便宜的计算器电路。尽管随后取得了历史性的成功，但英特尔当时并不知道该如何应用这款新芯片，并曾考虑放弃这款产品。

> 微特尔是基于英特尔微处理器和微软Windows操作系统的个人计算机贸易行业术语。[282]
>
> ——技术目标（Tech Target）

与此同时，全球最大的计算机公司IBM正在进军发展迅速的个人电脑市场。该公司在佛罗里达州波卡拉顿（Boca Raton）设立了一家秘密研究机构，并设计了一台"新机器"。

在设计个人计算机时，IBM决定不使用其自有的芯片硬件或计算机软件操作系统，转而寻找已经涉足个人电脑业务的合作伙伴。

IBM找到了比尔·盖茨并表示，它正在寻找一个操作系统来管理个人计算机及其软件，盖茨推荐了加利福尼亚州蒙特里市（Monterey）的一家名为数字研究公司（Digital Research）生产的DR-DOS系统。但当数字研究公司（由于各种原因）没有响应时，盖茨提议从西雅图电脑产品（Seattle Computer Products）那里获得类似DOS操作系统的使用权。[283]IBM同意了。微软购买了代码，对其进行了修改，并将其重命名为MS-DOS。IBM随后从微软获得了这一系统的使用许可。

与此同时，在硅谷，微处理器在向大型计算机公司和军方制造商的销售上做得非常好，最终获得英特尔的支持，甚至最终成为其主营业务。尽管起步较早，但英特尔发现自己的业务输给了摩托罗拉（Motorola），摩托罗拉不仅跟随英特尔进入了微处理器领域，而且凭借最新产品成功超车。

英特尔处于恐慌之中，迫切需要找到一个营销团队销售产品，从而与摩托罗拉竞争。这一努力被称为"征服运算"，这是高科技历史上最著名的营销活动之一。历经了漫长的周末，销售团队提出了一个解决方案——不仅销售特定的硬件芯片，也销售芯片代表的"解决方案"、设计工具和英特尔的支持服务。这个当时全新的营销技巧让摩托罗拉陷入了困境,并让英特尔重新站稳了脚跟。

"征服运算"的部分活动是为英特尔的现场销售设定新的配额,包括给最不可能的潜在客户打销售电话。其中一个目标就是IBM。毕竟,为什么IBM会在自己能制造芯片时购买其他厂商的芯片呢?但当英特尔的销售人员拜访波卡拉顿时,IBM张开双臂的迎接让他感到非常惊讶。IBM如此神秘,以至于英特尔的技术人员从未真正看到过它的产品。IBM的工作人员不得不做一些奇怪的事情,比如隔着黑色窗帘触摸机器。这两家公司看起来不太可能走到一起,但它们确实达成了合作。

微特尔的故事给我们上了重要的一课,一家公司无法仅凭一己之力通过内部成长或快速并购来主宰一场重大的技术革命。[284] 即便是20世纪80年代早期强大的IBM也无法做到这一点,尽管IBM拥有自己的内部软件和芯片硬件操作系统,而且其当时的内部软件和芯片硬件操作远超过英特尔或微软。相反,它需要找到行业中最好的公司并与之合作,即使他们曾经是、现在是或可能有一天会再次成为你的竞争对手。

1980年,IBM急于赶上行业的领导者苹果,向硬件制造厂商开放了自己的平台。换句话说,IBM邀请其直接竞争对手帮助苹果公司的对手达到一定的体量,从而真正挑战苹果的霸权。通过这一安排,英特尔也可以将微处理器芯片自由出售给那些制造公司,从而实现与IBM的竞争。因此,微软也可以将其新的Windows软件(升级版MS-DOS)出售给那些制造商。IBM为什么同意这样做呢?因为它不仅试图出售个人电脑,它还试图推动新的行业标准,从而击败苹果并占领整个个人计算机市场。它相信自己的品牌和制造能力能让自己在竞争中独占鳌头。而实际上,它只是运用这种策略做到了这一点,并且它愿意让英特尔和微软在这个过程中变得富有且强大。

IBM和其制造厂商很快就占据了80%以上的个人计算机市场，作为合作竞争的三人组，IBM和微软、英特尔一道，成为全球经济中规模最大的新兴产业标准，并因此成为世界上最有价值的公司之一。

这是一场高风险的游戏，有三家极具创新性和成功的公司相互关联，每家公司从来没有完全信任过其他两家公司，但是三家公司互相推动，成为行业领先的创新者。结果，改变了世界的良性增长和创新的螺旋上升。与此同时，苹果公司将自己孤立起来并拒绝与其他公司合作，其市场份额从近90%降至10%以下。苹果错失了电脑游戏的爆发式增长，微特尔联盟借此取得了更高水平的发展。这一合作竞争商业关系是历史上最成功的，产生了超过1万亿美元的财富，改变了世界上每个人的生活。自此，它一直是类似关系的典范，特别是在技术领域——为了行业标准和品牌价值，有时互相竞争的多个品牌会进行合作。

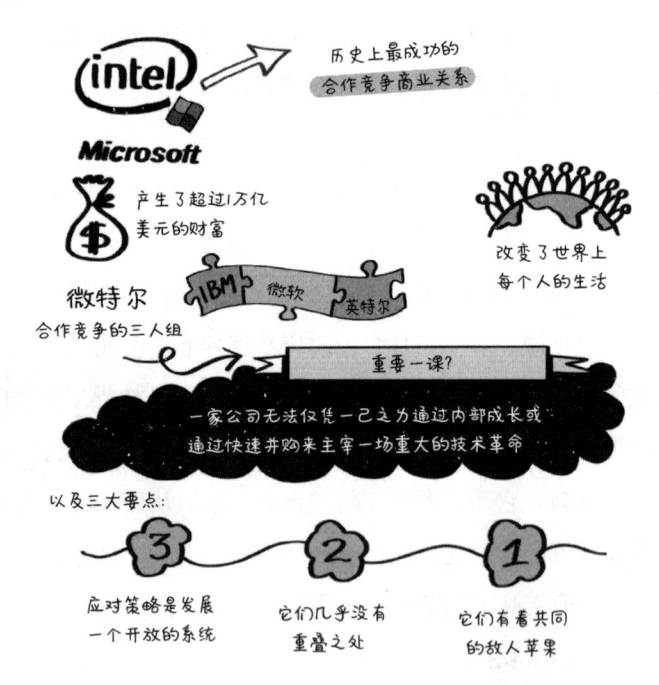

intel
Microsoft

历史上最成功的
合作竞争商业关系

产生了超过1万亿美元的财富

改变了世界上每个人的生活

微特尔
合作竞争的三人组
IBM 微软 英特尔

重要一课？

一家公司无法仅凭一己之力通过内部成长或通过快速并购来主宰一场重大的技术革命

以及三大要点：

3 应对策略是发展一个开放的系统

2 它们几乎没有重叠之处

1 它们有着共同的敌人苹果

增长智商

最终，IBM离开了硬件业务，转而追求企业咨询和研究，将自己的个人计算机业务出售给了联想。现在三人组中只剩两人继续从事个人计算机制造行业。两家公司继续寻求新的机会，这样可能会打破将它们继续绑在一起的枷锁。到了21世纪初，移动电脑和智能手机的兴起带来了这种机会。英特尔增长下滑并错过了移动电脑的诞生，微软松了绑，转而与英特尔的竞争对手（如高通公司）合作。

这是一个时代的终结。然而即使在今天，过去微特尔的合作竞争留下的东西仍在：最强大的英特尔处理器仍应用在很多微软产品中。

微特尔
关键要点导读

- 首先，它们有着共同的敌人。苹果占据新兴个人计算机市场的近90%。它的经营理念是占据产业每个环节——硬件操作系统和软件应用程序。它还围绕从一家独立的小型芯片公司得到的处理器设计了计算机。

- 其次，三家公司几乎没有重叠之处。英特尔和微软的体量太小不足以相互竞争。但IBM是世界上最大的公司之一，它可以很容易地制造自己的个人计算机处理器（它的小型计算机已经采用其他公司的芯片），它是世界上最大的软件程序商。由于它的个人计算机拥有独立的操作系统，它选择不干涉英特尔和微软。此外，在三家公司开始合作时，苹果公司已经有5年的领先优势。IBM必须快速行动，它需要购买现成的部件，而不是等待自己的内部操作系统。

- 最后，三家公司的应对策略明显是针对苹果的。苹果是自我封闭的，因此它必须在产业流程的每个环节都强迫自己做得卓越。IBM的革命性回应是成为一个"开放"的系统，即让私人供应商为其MS-DOS（后来变成了微软操作视窗）产品和软件应用程序设计硬件。结果，数百家公司（尤其是个人计算机游戏行业）开始制造与微特尔兼容的设备、外围和程序。该战略的另一部分是开始专注于苹果公司几乎没有取得任何进展的业务，但正如人们常常说的："没有人因购买IBM的东西而被解雇。"

故事 3

思科 – 威睿 – 易安信
在一起会更好吗

思科同易安信、威睿一起，以前所未有的方式为我们的客户提供帮助。[285]

——约瑟夫·图奇（Joseph Tucci）

易安信董事长兼首席执行官

2009年11月，不太可能一起共事的三家公司——思科（全球最大的互联网服务器和其他基础设施供应商）、易安信（一家大型数据存储供应商）和威睿（当时的易安信子公司，现在由戴尔技术公司所有）宣布了一项合作竞争风险项目，为其所有客户提供虚拟计算环境（VCE）操作系统。

对于首席信息官和信息技术经理而言，云计算提供了一种更为简化的信息技术管理方式，所以他们一直投入以保持基本运营的精力可以再次转向创新，并驱动价值返回业务。像易安信这样的聚合基础设施则更进一步，其对数据中心产生了变革性的影响，不仅简化了操作和管理，还提供了一揽子解决方案，让公司在部署新系统时删繁就简。结果与传统方法相比，这种方法更快地部署了基础架构和应用程序，并最终更快地适应了市场，使客户保持竞争力。

  一开始这种风险项目就拥有巨大的潜力，部分原因在于它们确实需要这样一种解决方案：云计算作为内部数据中心的替代品刚刚起步，而且涉及的三家公司都有相当成功的历史。市场环境正在发生变化，客户想要更灵活，更具成本效益的解决方案。特别是作为世界上最大的科技公司之一的思科，其收入的90%都来自各类合作伙伴关系（电信运营商、零售商、系统集成商）。

V 威睿　C 思科　E 易安信

VCE → 虚拟计算环境公司

合作竞争 → 2009年11月宣布联盟 两年后，收入估计超过 10亿美元

到2013年，同比增长50%

亏损和缺乏协作 也开始浮现

但接下来

不平等承诺 是一个恶性循环

"在信息技术领域，联盟比收购要困难得多。"
——思科的约翰·钱伯斯

在复杂的上市过程中摸索方向，阻碍了联盟的发展

定位和市场视角不一致

在风险项目启动之初发生的事情是对所有参与者的警示。此联盟于2009年11月在易安信的客户活动中被公布，成为创建云计算平台（称为"V块基础设施包"）长期协议的一部分。这件事应该被隆重宣布，但在易安信的客户活动中，思科和易安信却宣布成立另一家名为阿凯迪亚（Arcadia）的合资企业，其也参与了与虚拟计算环境相同的V块基础设施包，不同之处在于后者将扮演技术开发的角色，而前者则主要为客户创造标准化的产品。

不同公司的员工可能已经明白了这种差异，但客户并不清楚。因此，宣布成立阿凯迪亚这样一个重要的企业只会让它所针对的客户产生混淆。最终，两个项目在2011年1月合并，但最初的发展势头已经丧失了。新公司被命名为虚拟计算环境公司。该公司最初设在硅谷（思科和威睿所在地）和马萨诸塞州（易安信所在地），最终总部位于得克萨斯州的理查森（Richardson），管理层由两家大公司共同任命。

虚拟计算环境公司在成立时，有1 200名员工。两年后，公司收入估计超过10亿美元。换句话说，这是一次严肃的冒险，并取得了相当大的成功。然而，解析易安信和思科财务的分析师（虚拟计算环境公司没有单独报告）发现了一些令人不安的数据。特别是，即使收入很高，拥有1 000个企业客户，这两家公司每年也在赔钱，并且赔很多钱。

一个可信的估计是，在合资企业上思科已经损失了4.6亿美元，易安信损失了4.3亿美元。还有其他的问题。例如，尽管各自投入巨大，但两家公司似乎都没有表现出对该合资企业的忠诚度。2011年，思科公布了自己的云架构，名为云诗（CloudVerse）。2012年，易安信宣布与联想合资，被解读成与低端虚拟计算环境产品直接竞争。思科仍然对虚拟计算环境有所称赞，但看起来似乎好像有一只脚已经踏出了门外。思科当时的首席执行官约翰·钱伯斯在虚拟计算环境的发布会上称，信息技术联盟的成功概率甚至低于收购概率。[286]他特别指出了4个问题：

- 思科和易安信的季度结果不一致。这意味着一家公司想扩大销售，而另一家则试图关闭业务。
- "提供及时、有序的来自不同生产者的不同零部件。"为了解决这个问题，合资企业选择在全国范围内开设新工厂。
- 不平等的销售奖金。由于出色完成了V块基础设施包的销售配额，易安信销售代表的奖金大幅提升。与此同时，思科销售代表获得了额外的销售业绩奖励基金（SPIF）。除了因没有通过虚拟计算环境的渠道销售威睿产品而被警告之外，威睿销售代表一无所获。不可避免的结果是易安信享受了大多数V块销售奖金，思科第二，而威睿则可以忽略不计。
- 折扣。"单独的一家制造商，如IBM或惠普有较大的回旋空间去打折销售任何它们认为价格敏感的配件，它们知道可以通过其他配件来弥补这部分折扣的损失。然而，虚拟计算环境的合作者们并没有这种选择权利。"

根据高德纳的数据，虚拟计算环境在2012年占据了57.4%的市场份额，这主要得益于它的开创性工作。媒体也一改最初的怀疑态度。到2013年，虚拟计算环境实现了50%的同比增长。但同时，亏损和缺乏协作也开始浮现。两家公司在成立合资公司之初的承诺就是不平等的，现在又体现了它们继续出资意愿的不一致。

尽管合资公司取得了可观的成就，但思科的股权占比降至35%，而易安信则升至58%。这是一个恶性循环，自此，两家公司的合作伙伴关系开始渐行渐远。

一年之内，思科的股份降至10%，易安信则宣布获得了虚拟计算环境的控制权。3个月后的2016年1月，虚拟计算环境消失在人们的视野中，成了易安信的新"融合平台"。又过了一年，易安信被戴尔收购。思科的约翰·钱伯斯的观点是对的：在信息技术领域，联盟要比收购困难得多。

**虚拟计算环境
关键要点解读**

- 最初三家公司的定位和市场视角就不一致,这应该成为一个早期的预警信号,三家公司需要确保怀着相同的期待朝着同一个方向前进。
- 每个品牌都是合作联盟的动力站。思科的近90%收入都来自间接渠道,威睿是将近55%,而易安信和威睿相似。这些情况告诉我们,这三家公司知道如何合作,它们了解需要付出什么。每家公司都成功地与电信巨头、云计算提供商和其他科技公司建立了联盟,共同开拓市场。因此,三家公司的联盟也有其成功的必备要素。尽管联盟早期并非一帆风顺,但成效是积极的。每个公司在复杂的上市过程中摸索方向,加之各自的发展理念,这都阻碍了联盟的发展。

综而观之

在所有的增长路径中，合作竞争路径可能是最具风险的。这也说明为什么在进入合作竞争协议时，公司必须看到巨额回报的潜在可能以证明冒险是值得的。让人欣慰的是，在共享平台，开放系统和互联信息技术时代，鉴别回报变得更加容易。然而，如果一家公司不够仔细，那么它与"亦敌亦友"的合作伙伴可能就不是互惠互利的，而是养虎为患。潜在的失败潜伏在合作竞争生命周期的每一步，因此你一定要谨慎行事。

行之有效的方法以及潜在的陷阱

合作竞争在什么条件下是一个好主意呢？如果合作伙伴的战略目标一致，但它们的竞争目标不同……与行业领导者相比，两个合作伙伴的规模和市场实力都不大……每个合作伙伴都相信自己可以向对方学习，同时还能保护好各自的专有技术。[287]

组合：路径9——合作竞争 + 路径8——合作伙伴关系

其意义不言而喻，但非常值得注意。也许起初与竞争对手建立合作关系的方法是，专注于利用两个品牌以一种新的方式进行营销。先观察效果，然后进一步推动这种关系。

组合：路径9——合作竞争+路径6——优化销售

这种特殊的增长路径涉及组织的最高层面。本质上，它极具战略性；不要低估可能的销售额减少。或许出于同样的目的，不同的销售团队会互相竞争。法律部门可能卷入争议不断的长期法庭诉讼。除了高级管理人员之外，你不能指望普通人能够理解为什么你会与"敌人"达成这样的交易。重要的是内部和外部都需要沟通，以确保销售不会受到更严重的影响。

组合：路径9——合作竞争+路径5——客户和产品多样化

因为此发展路径关注的是合作中的产品开发，所以对于客户和产品多样化来说，最优的组合方式就是利用战略伙伴关系以降低研发成本，提升生产能力，利用知识产权的价值，在预付成本较高的行业尤其如此。

路径 **10**

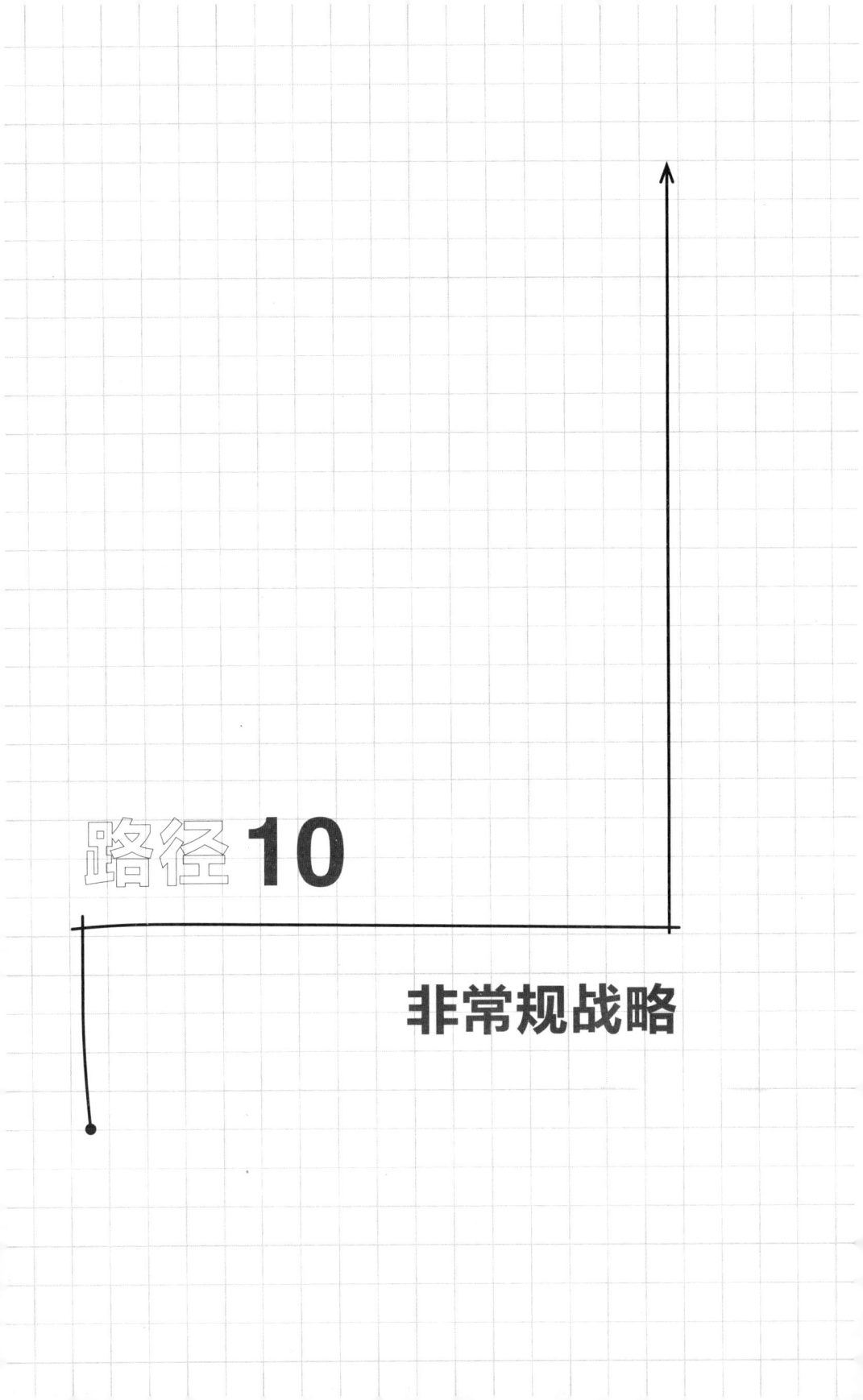

非常规战略

非常规战略

逆流而上，另辟蹊径，忽略传统智慧。[288]

——山姆·沃尔顿（Sam Walton）

沃尔玛创始人

为什么非常规战略至关重要

- 79%的消费者更喜欢从拥有社会目标的公司购买产品。[289]
- 81%的企业高管表示，目标驱动型企业提供的产品和服务质量更高。[290]
- 66%的消费者愿意花费更多的钱在一个可持续发展品牌的产品上。[291]
- 社会资本正在获得一种新的地位，其价值仅次于金融和物质资本……65%的首席执行官将"包容式增长"作为3个首要战略来考量，这一比例是引用"股东价值"比例的3倍多。[292]

与其他任何一代人都不同，千禧一代将公司对其商业行为的承诺看作决定他们入职的关键性因素。

- 75%的受访者表示，他们愿意降薪去一家有责任心的公司（相比之下，美国的平均比例为55%）。
- 83%的人会对帮助他们为社会和环境问题做贡献的公司更加忠诚（相比之下，美国的平均比例为70%）。
- 88%的受访者表示，当他们有机会对社会和环境问题产生积极影响时，他们的工作会更有成就感（相比之下，美国的平均比例为74%）。
- 76%的人在决定去哪里工作时，会考虑公司所承担的社会责任和环境责任（相比之下，美国的平均比例为58%）。
- 64%的人不会在企业社会责任（CSR）实践性不强的公司工作（相比之下，美国的平均比例为51%）。[293]

通过做好事来把事情做好

如果你想成长，就找个好机会。如果你想造就一个伟大的公司，就首先想想你可以解决什么社会问题。[294]

——马云
阿里巴巴集团创始人兼首席执行官

我曾经在推特和领英上谈过这些年来我的职业生涯重心是如何改变的，收到了近3万次的浏览量、500个"赞"和几十条评论。不得不说，我对大家的反应有点儿惊讶。虽然简短，甚至有点儿简单，但这是深刻的经验，值得我们反思。我试图抓住自己对每个大时代的里程碑的感受，并且意识到我作为一名企业高管和个人是如何成长的。人们对此的反应和评论印证了我们每个人是如何去尝试平衡这一切的——谋生、养家、有所作为、成功和快乐。

然而，最给人以启发的是，当时留下评论的人中有多少是远远超过了我过去40年的旅程的。人们现在可以很快地回答，在他们二三十岁的时候，他们也在不断前进，参与社会事业，并在那些与他们价值观类似的公司工作。虽然我总是亲自参与社会事务，对其进行指导，贡献时间和金钱，但这些从来没有对我决定去哪里工作产生多大影响，直到我最近换了工作才有所影响。

按年龄来看，我的职业生涯中最重要的问题：
- 二十几岁，我真正想做的是什么？
- 三十几岁，怎样赚更多的钱？
- 四十几岁，所有的这些辛苦工作意味着什么？
- 五十几岁，我怎样才能不断前进并做出改变呢？ #理想工作。

在技术领域工作了20年，我参加过世界各地上千场技术大会，但是有一场让我记忆犹新。梦想力是由软件营销部队在旧金山举办的年度会议。我已经连续12年参加梦想力，一开始是以高德纳分析师的身份参加的，现在是以软件营销部队员工的身份参加的。我可以毫不犹豫地告诉你，这是我去过的唯一一个激励我成为更好的人的大会。我因此而改变，我想做更多。

当我在精心拟定《增长智商》的大纲时，我原本打算非常规战略路径是关于企业如何使用独特的、非正统的方式来刺激增长的。然而，在过去的两年里我有机会见到一些高管，他们不仅热衷于发展业务，而且热衷于充分利用他们的平台、声音、产品、员工、合作伙伴甚至股东带来社会变革。

我了解到对"非常规"的不同阐释。

《增长智商》的大部分内容涵盖了商业领域发生的混乱。但是，成功的企业正在拥抱自己人性的一面，并且寻求更深层次的东西。一种新的价值体系激发了新的时代精神："对目标和使命的渴望。强调积极影响胜过物质得失。乐于分享，放弃占有和索取。愿意打破藩篱，以新的方式将点滴串联起来。迫切地渴望寻找到新办法，以解决世界上最紧迫的问题。"[295]

时代精神是一股嵌入社会个体的强大力量。德语"时代精神"的字面翻译为"时间意识"或"时间精神"，该词常被认为出自哲学家格奥尔格·黑格尔（Georg Hegel），但实际上他从未使用过这个词。

终极边界

就成本和劳动力而言，最后一条增长路径——非常规战略——执行起来并非成本高昂。史蒂夫·乔布斯在苹果年度大会上登台，并激起成千上万的人对他的产品的购买欲，这基本没花什么钱。他善于演讲和发布产品，而发布会宣传的不仅是公司开发的硬件和软件，更关系到人们可以用这项技术做些什么。回想一下苹果那些最令人难忘的广告活动——"非同凡想"（Think Different）"致敬狂人"（Here's to the crazy ones），它们全都聚焦于人，而不是技术。[296]虽然成本可能不太高，但就其情感上的刚毅和勇气而言，这条路径可能是所有路径中要求最高的。

非常规战略作为一条增长路径之所以如此吸引人，是因为它有潜力推动巨大突破，在竞争中迂回进攻，甚至开拓一个巨大的市场。让人害怕的是其招致灾难的可能性。在常规增长策略下，如果你的新产品线或市场准入出现问题，那么你通常可以减少损失并撤出。但非常规战略则代表着公司进入了一个未知的世界，你很难知道自己什么时候成功，甚至很难识别你何时遇到了麻烦。你一边前进一边制定新规则，所以预测未来几乎是不可能的。

当你采取的新路径与你当前的业务不同甚至不相关时，这会变得尤其困难。选择围绕一个有魅力的领导者来重塑你的企业，或者争取客户帮助你设计下一代产品是一回事；围绕着为发展中国家的贫困儿童提供鞋子的双向运营模式来建立营销活动——就像汤姆布鞋（TOMS Shoes）那样，同时又能赚钱，这就完全是另一回事了。

那为什么还要尝试呢？如果你是一家自力更生且处在初期的公司，时间和资源都很有限，那么你很容易会把公司的社会责任排除在外，认为这是该在更成熟的时期才正式确立的东西。但是，公司在增长的每个阶段都可以（也应该）回报社会。关键是从一开始你就要确保做正确的事是公司文化和商业模式的一部分。处理得当，你就能创造出与已确立的竞争相抗衡的重大突破，创造出一个你的对手可能需要数年才能赶上的完整范例。对于一个成熟行业中的成熟公司来说，它可以改变现状，让业务、员工和客户都恢复活力，并重新设定游戏规则——创新者享有先机，也有第二次机会抓住新增长浪潮和全新的客户群体。

这就是全局。虽然不太明显，但非常规战略对公司最重要的组成部分——员工和客户——所产生的影响同样重要。让双方都为成为这样一家公司的一部分而感到自豪——特别是与社会利益相关的工作，这可以提高士气，帮助公司留住员工，并且让客户为参与这个征程而感到兴奋。谁想为21世纪前10年的苹果公司工作？那时它正宣布，每隔几年整个市场部门都要创造产品。或者谁想为20世纪60年代的惠普工作？那时它被认为是全球最开明的公司。或者谁想为2010年重塑零售业的亚马逊工作？或者为今天的特斯拉工作？当你知道你的雇主加入了"有良心的资本主义"且利用资源和利润来帮助世界上有需要的人时，你的这种自豪感就更加强烈了。

正如我提到的，我在职业生涯中做出最新改变时，我决定要去向何方的原因和以往大大不同。当然，我想为一家致力于提供优质产品和服务的公司效力，但比这更重要的是，行好事是这家公司基因的核心部分。我很幸运地刚好找到了符合条件的一家公司和一位首席执行官。软件营销部队首席执行官马克·贝尼奥夫在接受《快公司》（Fast Company）的采访时说："你的公司充满了这种不可思议的能量，你可以将它释放出来做好事。你所要做的就是把门打开。"[297]

对软件营销部队来说，这意味着创建一家不仅只以盈利为目的的公司。贝尼奥夫说："我的目标是把事做好，做好事。对我来说，最重要的是我们时刻想着所有的股东。我们从一开始就有一个愿景——我们不仅会拥有一个新的技术模型，即云计算；不仅会拥有一个新的商业模型，即订阅；我们还会有一个新的慈善模式，即1-1-1。"[298]

当像软件营销部队这样的企业发展到一定规模且在全球已经拥有3万多名员工和客户时，它就有机会以一种积极的方式去影响周围人。毫无疑问，它正在产生巨大的积极影响。你可以在（传播广泛的）"承诺1%运动"（Pledge 1% campaign）中看到，"1-1-1"的理念已经传播到全球成千上万家企业中。令人惊讶的是，软件营销部队在世界范围内支持超过32 000家非营利组织和非政府组织，这些组织免费或以折扣价格使用软件营销部队——这一非凡数字很少有政府能够匹敌。软件营销部队已经贡献了超1.7亿美元的补助款和230万小时的员工志愿者时间，员工甚至每年都会有7天的时间来做志愿工作。

最后，软件营销部队承诺将1%的资产、员工时间和产品投入到非营利性工作中。"我们不仅在打造一个伟大的产品，我们还在打造一个伟大的公司，创造一个美好的世界。"当然，这是人才的源泉。人们来到这家公司并留下，因为销售团队欧哈纳（Ohana，夏威夷语，意为"家庭")给世界各地的城市和事业带来了不可思议的机会和影响。2018年，软件营销部队在《财富》"最适合为其工作的100家公司"排行榜上名列第一。[299]

新的感性主义者

这种态度已经蔓延到许多企业高管身上，他们中的大多数人都不是感性主义者。他们认识到，通过做好事来把事情做好是很有可能的。但许多人也发现，事情远比看上去的复杂得多，尤其是有时你必须忍受怀疑论者的质疑，这些人仍然相信哈佛商学院传授的规则——以牺牲其他一切为代价让股东价值最大化。

联合利华的首席执行官保罗·波尔曼（Paul Polman）认为公司在社会上应承担更大的责任，他的这一立场引发过很大的争议。波尔曼的最初举措之一是取消联合利华的季度财务报告——为了将公司从短期思维中解放出来。这让市场一片哗然，公司股价也下跌了8%。但波尔曼并不担心：为了解决诸如粮食安全或气候变化等问题，你需要有一个更为长远的解决方案。[300]你不能只做一个季度，它们需要你进行长期投资。公司也是如此。许多公司都被市场的短期效应所驱动，（它们）做出的短期决定往往违背公司的长期责任……如果这是你想要的，那么通过削减对员工或信息技术系统的培训和开发的投入，你很容易就能获得更多利润。你可以这样做几年，但从长远来看，你在侵蚀自己的公司。所以我需要创造这样的环境，让公司做出正确的长期决策。

毫无疑问，许多股票交易员都很沮丧。对此波尔曼是如何回应的呢？"我也明确表示，某些股东在这家公司不受欢迎……我没有提供机会让这些人在短期内通过投机赚钱。我们想要的是那些想与我们长期合作,并在长期内打造这家公司的人。"301

没有多少高管有保罗·波尔曼那种胆量。他将一种非常规战略方法——改变了整个公司的估值模式——发挥到了极致。但任何一家公司,如果是谨慎的、系统的,都可以尝试一种基本上全新的增长路径。正如以下故事所示,选择不同的方向是可能的——一个与你的信仰和激情一致的方向,并将其转变为最终的竞争差异化——而且,在这个过程中,你可以让世界变得更美好。

黑岩集团(BlackRock)的首席执行官拉里·芬克(Larry Fink)在2018年给首席执行官的信中告诫他们,全球最大的资产管理公司不会支持那些未对社会做出积极贡献的公司。302

故事1

汤姆布鞋
全心全意为脚服务

没有计划，目标就只是愿望。[303]

——梅琳达·盖茨（Melinda Gates）
美国慈善家、比尔及梅琳达·盖茨基金会
（Bill & Melinda Gates Foundation）联合创始人

有良知的资本主义

一些公司在成功稳定后，它们可能会冒险大胆尝试真正突破性的战略，从而走上非常规战略增长路径。另一些公司在经历了社会上的失态或企业上的窘境后，将其作为一种品牌"复苏"计划。但第三种公司，也是我们最感兴趣的公司，它们将这条增长路径作为创立设计的一部分。有些公司可能规模很小，以至于我们永远不会知道；而另一些公司则成了家喻户晓的名字，人们渴望去模仿它们。从推动世界和平的有机糖果到拯救小狗的咖啡豆，没有什么类别是应该被禁止的。这些已经将其作为自己基因一部分的公司，实际上可能会为那些已经成熟的品牌提供经验和教训，这些品牌有兴趣将其作为社会和经济发展的推动力。

汤姆布鞋是首批将"社会企业家精神"与传统市场资本主义结合得最成功的公司之一。它的故事很有意思，它让我们瞥见走非传统的增长路径不仅能获得底线回报，还能通过造福人类获得很好的商誉。

汤姆布鞋由布雷克·麦考斯基（Blake Mycoskie）于2006年在加利福尼亚州的普拉亚德雷（Playa Del Rey）创立，他是得克萨斯州的一位企业家，曾成功创办并出售过几家公司。疲惫不堪的他和妻子搬到了南加州，租了一套公寓，休了一个长假，并考虑如何度过余生。

几年前，麦考斯基和他的妹妹在参与电视节目《极速前进》（The Amazing Race）时游览了阿根廷。他爱上了这个国家，在2006年年初的一次回访中，他注意到这个国家的马球运动员穿着独特的鞋子——轻便帆布鞋，那是一双简单的由麻绳编底的一脚蹬便鞋。在走访期间，他在布宜诺斯艾利斯（Buenos Aires）做志愿者工作，他注意到在这座城市里有很多穷人没有鞋穿，或者穿着尺码不合适的废旧鞋子。他决心找到一种方式来用第一个办法解决第二个问题。

回到南加州之后，他以50万美元的种子资金创立了汤姆布鞋（这个名字源于"明日之鞋"），这笔资金是他通过出售自己在得克萨斯州的在线司机培训公司来赚取的。这一商业计划——为北美市场生产橡胶鞋底的轻便帆布鞋——还附加了一个有趣的妙想：每卖出一双鞋，就为阿根廷和其他发展中国家的年轻人免费提供一双鞋，这是一家基于"买一捐一"理念的营利性公司。他从比尔·盖茨那里得到了精神上的支持，盖茨告诉他没有鞋子穿是导致儿童疾病的一大因素。

尽管汤姆布鞋设定的是一种针对"买一捐一"的有良知的资本主义机制，但它很快就取得了巨大的商业成功。麦考斯基最初委托阿根廷鞋匠制作了250双最简单可行的鞋子来测试这一概念。在2006年5月正式开始售卖后不久，《洛杉矶时报》（Los Angeles Time）就发表了一篇关于汤姆布鞋的故事。不出几日，该公司就收到了2 000份订单。

在公司成立的第一年年底，销量已经达到10 000双。2006年10月，对应的10 000双鞋子被送到了阿根廷的孩子们手中——这一新闻报道只会为公司塑造良好的形象。很快，包括托比·马奎尔（Tobey Maguire）、凯拉·奈特莉（Keira Knightley）和斯嘉丽·约翰逊（Scarlett Johansson）在内的各路名人都被拍到脚穿汤姆布鞋。《时尚》（*Vogue*）、《人物》（*People*）、《时代》和*ELLE*杂志都对其进行了很多的正面报道。

汤姆布鞋并没有止步于自己所能做的事情——2006年，它和美国在线、网络相簿（Flickr）以及探索频道（Discovery Channel）等赞助商一起，发起了一年一度的"一日无鞋"（One Day Without Shoes）活动，鼓励人们一天不要穿鞋，以此来提高人们关于鞋子对孩子们生活的影响的认识。到2011年，汤姆布鞋的年增长率达到300%，捐出了第1 000万双鞋。与《增长智商》中提到的其他公司（如凯莉化妆品、红牛和GoPro）类似，汤姆布鞋早期很少在传统广告上花钱，相反，它依赖500万的社交媒体粉丝来为自己打造口碑。

到2012年，汤姆布鞋已经从一家在公寓里起家的初创企业成长为一家年收入3亿美元的全球化公司。它利用自身在鞋类业务上的增长势头，推动了市场加速和产品拓展这些额外的增长路径。在保持核心理念的同时，它也在追求客户和产品多样化，它决定拓展到眼镜（利润的一部分将会用于挽救或恢复发展中国家近3亿视力受损人士的视力）、服装和手包等领域。汤姆手包系列为培训助产士以及分发用于安全分娩的分娩包提供资助。

但是，如果你决定在自己的核心产品和服务之外去扩展，那么仅拥有一个强大的社会资本主义品牌（或意识）并不能保证你的成功。2012年，尽管汤姆布鞋已成长为一家大公司，每年业务增长300%，并捐出了1 000万双鞋，但是麦考斯基还是察觉到了一些问题。他辞去了首席执行官的职务，和妻子一起搬回了得克萨斯州开始休假。在那段时间里，麦考斯基思考了公司的命运及理念。他意识到，他创立的公司正变得越来越注重过程而非目的，它已经迷失了方向。在飞速增长的这些年里，它脱离了自己最大的竞争优势："利用商业来改善生活。"

使用汤姆布鞋模式进行"买一捐一"的品牌：
- 沃比帕克眼镜（Warby Parker）
- 邦巴斯（Bombas）
- 大同游戏项目（One World Play Project）
- 比克斯比（Bixbee）
- 罗马（Roma）
- 微笑平方（Smile Squared）
- 肥皂盒（SoapBox）
- 无花果（Figs）
- 更好世界图书（Better World Books）
- 斯塔特（State）

麦考斯基重新抖擞精神，回到汤姆布鞋——还带来了一个计划。他不再担任首席执行官的职务，在那之前，他拥有公司100%的股份。在2014年年中，他决定将汤姆布鞋50%的股份出售给贝恩资本（Bain Capital）。当时，汤姆布鞋估值为6.25亿美元。与此同时，他同意引进一位更有经验的首席执行官。汤姆布鞋聘请吉姆·艾林（Jim Alling）恰到好处——他曾在星巴克担任高管，与霍华德·舒尔茨共事11年，比大多数人都更了解有社会公德的公司。

接下来，麦考斯基于2013年成立了汤姆烘焙公司（TOMS Roasting Company），于2015年创立了汤姆手包（TOMS Bags）。这些公司遵守"买一捐一"的承诺，人们购买这些产品就可以改善需要救助的人们的生活，包括促进其恢复视力、提供安全饮水、支持安全分娩以及援护防止欺凌的项目。麦考斯基回归了初心，"我的使命是明确的：让汤姆布鞋再次成为一场运动"[304]——改善人们的生活。

汤姆布鞋在庆祝周年纪念日时，也以自己知道的方式做到了最好——回馈社会。在"一日无鞋"推广活动10周年之际，汤姆布鞋鼓励社交媒体用户为自己的光脚或自己的汤姆布鞋拍照，并在照片上贴上"无鞋"的标签。每分享一张照片都计入统计，最后要为10个国家的孩子们捐献10万双新鞋。

今天，历经10年商业生涯的汤姆布鞋享有估值4亿美元的年销售额，拥有550名员工、5款产品，每一款产品都有"买一捐一"的服务以及额外的回馈项目，如眼科检查、医疗保健，有时甚至是手术——根据特定国家的不同需要而定。它的产品在全世界由数百家零售商进行销售，包括全食超市（亚马逊），它和70多个国家的100多个非政府组织以及其他非营利性伙伴达成了合作。同样重要的是，它已经向发展中国家捐出了7 000多万双免费的鞋子，并提供了175 000周的洁净用水。尤为重要的是，汤姆布鞋"买一捐一"的理念已经成为全世界社会公德公司的范本。[305]

> 成为一种灵感是令人欣慰的，成为催化剂是令人满意的。[306]
>
> ——布雷克·麦考斯基

麦考斯基在《哈佛商业评论》（*Harvard Business Review*）中写道："我感觉自己比以往任何时候都更有活力和决心。到目前为止，我仍然能看到我们的运动有巨大的机会来发展。汤姆布鞋的"为什么"——利用商业来改善生活——比我自己、我们卖的鞋子或我们未来可能推出的任何产品都重要……现在，我有明确的目标和超棒的合作伙伴来支持我，我已经为公司的下一个10年和未来的许多冒险做好了准备。"

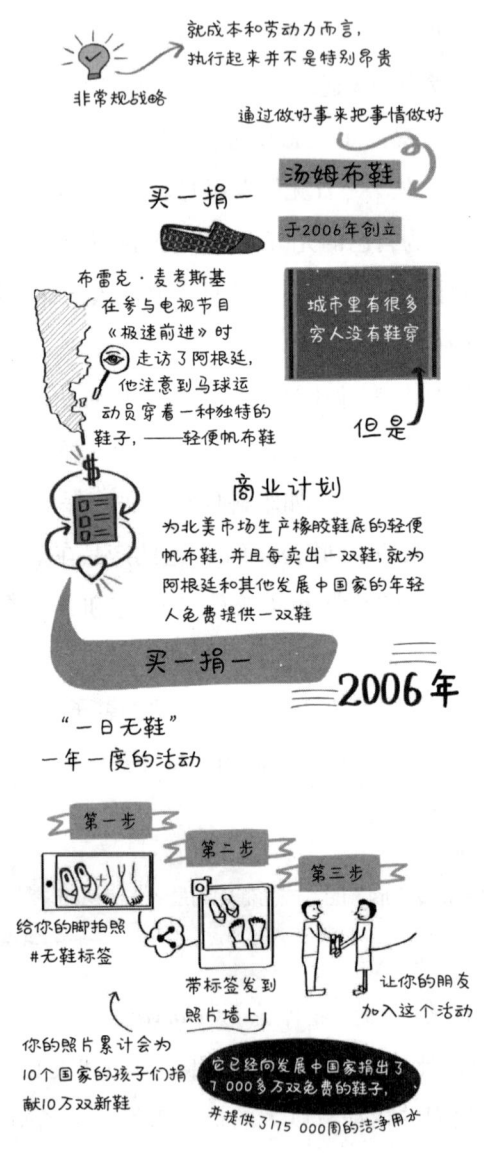

非常规战略 — 就成本和劳动力而言，执行起来并不是特别昂贵

通过做好事来把事情做好

汤姆布鞋
于2006年创立

买一捐一

布雷克·麦考斯基在参与电视节目《极速前进》时走访了阿根廷，他注意到马球运动员穿着一种独特的鞋子，——轻便帆布鞋

城市里有很多穷人没有鞋穿

但是

商业计划
为北美市场生产橡胶鞋底的轻便帆布鞋，并且每卖出一双鞋，就为阿根廷和其他发展中国家的年轻人免费提供一双鞋

买一捐一 2006年

"一日无鞋"
一年一度的活动

第一步：给你的脚拍照 #无鞋标签
第二步：带标签发到照片墙上
第三步：让你的朋友加入这个活动

你的照片累计会为10个国家的孩子们捐献10万双新鞋

它已经向发展中国家捐出了7 000多万双免费的鞋子，并提供了175 000周的洁净用水

增长智商

**汤姆布鞋
关键要点导读**

- 麦考斯基建立的这家公司,通过每卖出一双鞋子就捐出一双鞋子来赢得销量和人心。虽然并非每家公司都能够以这种"买一捐一"的模式起步,但是你可以寻找在单一产品线内或在某些促销活动中使用这种概念的方法。这种模式已经被一些最具颠覆性、最热门的公司所效仿,如沃比帕克和邦巴斯(最近被沃尔玛收购)。
- 非营利性组织和营利性组织的界限变得越来越模糊。汤姆布鞋恰好完美地捕捉到了市场环境。它能够与消费者的增长联结,使消费者对自己的支出变得更加有意识,他们愿意把钱花在对世界有益的消费品上。用这样的价值主张来定位和传递信息——"因果相关"的营销——可以帮助一家公司提高其作为优秀企业公民的品牌声誉,但前提是信息真实地反映了品牌的身份和性质。

——为你的产品加上一个故事。
——让顾客为你的产品感到自豪。
——通过"买一捐一"的方式实现可持续的发展。

- 汤姆布鞋的成功是由一款产品所推动的,即鞋子。当它要拓展到新产品和客户类别(客户和产品多样化)时,它就会分心以致迷失方向。让我们先想一想星巴克——在开始扩展其产品和服务时丧失了"灵魂"的另一个品牌。星巴克与其最大的竞争优势——客户体验——脱离,但好在找到了回来的路。两位首席执行官都花了些时间,当他们回归时,都带着全新的清醒认知。你甚至可以把史蒂夫·乔布斯也算进去。时间的流逝给了他一种全新的使命感,这激发了他对苹果另一个层次的"愿景"。退一步、暂停、再点击复位,有时候这是最好的前进方式。

故事2

柠檬水保险
当生活给了你一个柠檬

> 为了业绩达标，我们必须落实我们的目标。它不是业绩和目的，也不是业绩或目的，而是有目的的业绩。[307]
>
> ——英德拉·努伊（Indra Nooyi）
> 百事公司董事长兼首席执行官

采取非常规战略路径的意愿就藏在柠檬水保险（Lemonade Insurace）这个名字中。在任何行业，柠檬水这个名字听起来都很有趣，但是在保守老化的保险行业里，公司都是以城市和创始人的名字来命名的，而很明显柠檬水保险这个名字的设计就是为了让人大吃一惊的。于2015年4月创立柠檬水保险公司的两个人，除了购买过保险之外，没有任何保险行业的经验。事实上，他们是跨行技术企业家。在寻找新机会的过程中，他们在保险行业中发现了一个价值近5万亿美元的市场，这个市场的技术和数字变革时机已经成熟。

"81%的千禧一代甚至希望他们最喜欢的公司对外公布其企业公民身份。"[308]

"83%的新手员工更愿意为一家有社会目标的公司工作。"[309]

如前所述，千禧一代正在寻找能够促成更大目标的品牌。[310]超过1/3的人表示，如果一个品牌支持他们所信仰的事业，那么他们会在这个品牌上花更多的钱。当许多行业开始注意并采取更多社会进步的姿态时，保险行业实际上可能会受到其悠久的传统和既定商业模式的阻碍。

这就是丹尼尔·施赖伯（Daniel Schreiber）和沙伊·威尼格（Shai Wininger）创立他们公司的背景：美国的保险业务经受着低客户满意度（如客户体验差），在应用最新信息技术方面远远落后——尤其是大数据分析和社交网络方面（即客户和产品多样化）。

这两人将行为技术和数字技术、社交媒体以及新的销售和服务模式结合起来，并开始着手克服这些缺点——迅速启用它们以创造一种完整而独特的客户体验。目标是创造一种全新的保险用户体验，使客户在保险范围、易用性和激励方面与保险公司达成一致——换句话说，这几乎就是与保险公司数百年的历史完全决裂。将优化销售的方法作为一种增长策略的想法是好的，但不一定能改变游戏规则。然而，将这一想法与初创公司的非常规战略相结合，就是其承诺的"将保费的40%回馈给客户所希望支持的事业"。

等等，什么？是的，你没看错。柠檬水保险会要求它的顾客"在他们第一次购买保险时提名一个慈善机构"。然后，它会把选择了同一慈善机构的个人保险费聚集起来放进一个单独的保费库，由这个保费库支付索赔。所有剩下的资金则捐给他们所选择的慈善机构。仅这一点，是目前为止它和其他保险公司最深刻的决裂，许多保险公司都选择了更为传统的社会责任路径，比如好事达（Allstate）和澳大利亚保险集团（Insurance Australia Group），它们都名列在《财富》杂志2017年"改变世界"的榜单上。[311]

基本的财务模式比较简单、直接。柠檬水对客户的保费收取

20%的固定费率，公司用剩下的80%来支付索赔和购买再保险〔通常通过伦敦劳埃德（Lloyd's of London）〕。现在这已经是一个新的范例了。

传统上，保险公司通过"浮动"，即通过投资客户的保费来赚钱，然后（当一切顺利时）支付的索赔费用少于他们从保费中收取的，并且赚取承保利润。而柠檬水不仅简化了流程，而且在此过程中使自己不再与客户处于敌对状态。但它并没有就此打住，而是变得更加有趣：所有没有索赔的保费每年都会被赠予用户选择的非营利性组织，名为"回馈"。

> 回馈是柠檬水的特点，公司会将每年剩余的钱都捐赠给投保人所关心的事业。[312]公司将关心同一事业的投保人当作虚拟的"同龄人"团体。柠檬水用从同龄人团体那里收取的保费来支付该团体的索赔，将剩余的钱回馈给他们共同的事业，如果出现团体索赔超过库中所剩的情况，就再用保险来支付。

除了回馈项目在商业模式上有明显的差异之外，柠檬水正利用人工智能等新技术，特别是学习机器和聊天机器人（可以通过对话语言直接与用户交谈的程序），与客户一起制定保险政策和处理索赔。

索赔人所不知道的是，他们与柠檬水的整个互动过程从一开始就是经过精心安排的，这是为了说服他们不要试图欺骗公司——包括在索赔过程的一开始（而不是结束）就要签署一份诚信承诺书。他们还直接对着自己的电脑或手机的摄像头说话来做索赔要求——心理上更倾向于诚实，而不仅仅是填写索赔单而已。

同样，回馈项目不仅巩固了柠檬水作为一家良好公司的声誉（它是正式且合法的"社会福利公司"），而且还加强了诚信交易。毕竟，虚报索赔来欺骗柠檬水实际上就同从你最喜欢的慈善机构拿钱一样——你不仅仅是在欺骗匿名的大公司，更是在欺骗那些需要帮助的人。而且不是其他人，正是客户第一次购买保单时指定的人。

柠檬水保险

- 千禧一代正在寻找能够促成更大目标的品牌
- 柠檬水将保费的40%回馈给客户所希望支持的事业
- 柠檬水利用人工智能、学习机器和聊天机器人来改善客户体验
- 他们还直接对着自己的电脑或手机的摄像头说话来做索赔要求
- 心理上更倾向于诚实
- 一直在吸引着"被忽视"的女性细分市场
- 专注于核心使命和价值主张

回馈　易用性　一致的价值观

截至2017年12月，柠檬水已经从一些顶级投资者那里筹集了共计1.8亿美元投资资金，这些投资者包括日本风险投资巨头软银（SoftBank）和硅谷的风险投资巨头红杉资本（Sequoia Capital）和谷歌风投（Google Ventures）。[313]

加入的客户大多具有同样的特征——年轻、受过良好的教育、精通技术、收入高于平均水平、热衷于回馈社会，而且其中男性和女性保险客户人数几乎是五五对开。

回馈本质上是让保险公司及其客户都无法拿到那些"未索赔的

钱"。让客户和潜在客户进一步坚定这一点的原因是：柠檬水是世界上为数不多的获得了公益企业认证的保险公司之一，因为它致力于社会和环境公正——这等同于成为一个致力于"公平贸易"的食品或咖啡供应商。

尽管该公司的业务规模仍然相对较小——2017年8月，柠檬水保险公司拥有48名员工和200万美元的收入，但签约客户已经超过1.4万。[314] 尽管与行业巨头相比，这是微不足道的。然而，在不到两年的时间里，柠檬水已经成了首次购买（很多购买者是千禧一代）租客保险方面最大的保险公司——超过了好事达、美国政府雇员保险公司（Geico）、前进保险公司（Progressive）、州立农业（State Farm）和联合服务汽车协会保险（USAA）等保险巨头。在全球三大再保险公司中，它已经能够从其中两家获得3.25亿美元的再保险保障。所有这些成就都让它成为美国最热门的，也是最受尊敬的新创企业之一。

柠檬水知道它的回馈项目会帮助它吸引特定类型的顾客，但是正如你在《增长智商》中所学到的，是所有策略的结合提供了竞争优势。在此案例中，柠檬水采用了非常规战略方法——结合优化销售和客户体验路径，并将其作为秘诀。

这种方法使得柠檬水可以与另一种行业趋势对抗——把保险卖给女性。结合实际情况来看，在美国，男性购买家庭保险的可能性要比女性高出50%。但在柠檬水保险公司，女性购买保险的可能性比男性高出50%。[315] 柠檬水保险公司选择的各种增长路径组合所带来的意想不到的结果，一直在吸引着"被忽视"的女性细分市场。柠檬水并非特意针对女性顾客，它专注于自己的核心使命和价值主张，即回馈、易用性和一致的价值观。无论男性还是女性，都是它所吸引的目标人群。

柠檬水是保险行业长期以来最令人兴奋和最具创新精神的公司。

它成功地做到了直到现在人们都认为不可能的事情：在保持历史性增速的同时，组建了一个由志同道合的保险业人士组成的社群。正如作为顾问的米格尔·奥尔蒂斯（Miguel Ortiz）在接受《经济学人》（Economist）采访时所表示的那样，柠檬水下的最大赌注是"通过提供比其他公司更好的保险流程，使自己在一个暮气沉沉的行业保持领先"。就目前以及在可预见的未来而言，柠檬水公司赌赢了。柠檬水公司的首席保险官约翰·谢尔登·彼得斯（John Sheldon Peters）写道："我们爱我们的客户，我们认为他们非常符合柠檬水公司的价值观和使命，每次有新成员加入柠檬水大家庭时，我们都会感到兴奋不已。"316

**柠檬水保险
关键要点导读**

- 柠檬水保险利用了保险行业历史中的先入之见和糟糕的客户体验为己所用。市场情报是其准则。在开发产品时，它希望通过解决当前保险行业内客户所抱怨的关键痛点来显著改善客户体验。首先，它的想法是通过公司的回馈项目向慈善机构捐赠未索赔的保费。接下来，它推出了产品猎览（Product Hunt）——一个可以让用户在上面共享和发现新产品的网站。这是第一家以网站为特色的保险公司。它也很清楚自己的目标群体。最后一点，可能也是最重要的一点，它专注于用户体验，这意味着：从购买保险到提出索赔的所有内容可以通过该应用程序来完成，无须人工干预："只需90秒就可以完成投保，而且只需3分钟就能获得赔付。"
- 柠檬水因其高透明度而自豪。[317]它利用博客的"透明度纪事"来分享指标和业绩数据——这些是其他保险公司不会免费分享的。提供这些信息能够打造一个开放的且有社会公德的品牌，这对它的客户群是有吸引力的。
- 柠檬水保险了解它的目标人群，并使用技术来不断监督客户群的变化。它的客户是"25～44岁的人，其中87%的人以前从未给家庭购买过保险"。[318]千禧一代更具社会意识且技术娴熟，因此柠檬水的回馈理念和技术投资引起了广泛的共鸣。特别是其技术投资已被证明是一个巨大的行业区分者。

故事 3

孟加拉乡村银行
刻意为之

目的就是要让人们感觉到,我们是比自己更大的东西的一部分,我们是被需要的,前方还有更好的东西值得我们去奋斗。我们的目的是创造真正的幸福……为了让我们的社会一直持续向前发展,我们面临着一代人的挑战——不仅要创造新的工作,还要创造新的目标感。[319]

——马克·扎克伯格(Mark Zuckerberg)

在《增长智商》一书中,每一章中都有一篇强调"不该做什么"的"故事3"。路径10:非常规战略通过打破传统,以一个积极的故事3来结尾,也算名副其实了。世界上社会企业家的精神形式和人类的需要一样多。饥饿、剥削、文盲、重度贫困和疾病仍然威胁着全世界数亿人的生命。传统上,帮助减轻这种痛苦一直是慈善机构和非营利性组织的工作。但在世纪之交,一种新的哲学和商业模式开始出现,这就是他们所说的社会企业。

在最初成型时,这些企业几乎总是非营利性的。它们和传统慈善机构有两个不同点:首先,它们不是针对单个群体、地点或项目,而是创建彻底的社会变革；其次，它们的设计初衷在于模仿现有的商业初创公司。也就是说，它们的设计旨在扩展数百万人，它们最终可以自我维持，并且它们的影响是可以衡量并比较的。

一个伟大社会企业的典型代表就是孟加拉乡村银行（Grameen Bank），它的创始人穆罕默德·尤努斯（Muhammad Yunus）因此获得了诺贝尔和平奖。正如它们的网站所阐述的："乡村银行的起源可以追溯到1976年，当时吉大港大学（the University of Chittagong）经济学项目负责人穆罕默德·尤努斯教授发起了一个行动研究项目——研究设计信贷投放系统以提供针对农村贫困人口的银行服务。"[320]

乡村银行项目带着以下目标投入运营[321]：

- 向贫穷的男女提供银行服务；
- 根除放贷人剥削穷人的问题；
- 为孟加拉国农村的大量失业人口创造自主就业机会；
- 将处境不利的人，主要是来自最贫穷家庭的妇女，纳入它们能够了解和自行管理的组织范围内；
- 扭转"低收入、低储蓄、低投资"这一由来已久的恶性循环，进入"低收入、信用注入、投资、多收入、多储蓄、多投资"的良性循环。

乡村银行开创了小额贷款的先河：向非常贫穷的人提供小额无担保贷款，这种贷款依赖于社会压力来保证他们的还款。[322]它之所以这样做，是因为它相信资本是穷人的朋友，穷人对资本的积累是他们摆脱赤贫的最佳手段，而福利国家以及浪费、腐败和无能的国际援助组织都没能战胜赤贫。尤努斯的理念不仅对孟加拉国产生了重大影响，而且被世界各地成功效仿。

社会企业家精神

社会企业家精神背后的部分动力来自基金会，这些基金会发现自己无法为持续不断的遗产事业拧紧费用的龙头，连续几年都是这样——甚至在新项目需要它们支持时也是如此。它们的想法是，这些项目可以通过深思熟虑的产品和服务开发、财务约束和良好的商业实践最终实现自我维持——要么通过支付成本，要么像红十字会那样获得公众的充分支持。

20年前，对这一目标的追求使一批重要的新机构应运而生，包括斯科尔基金会（Skoll Foundation）和阿育王基金会（Ashoka），这些机构致力于投入大量的资金，让新模式少走弯路，培养第一代社会企业家。它们的成功可谓喜忧参半——大多时候，这些项目往往无法自我维持，于是人们不得不重新回到需要机构长期支持的老路上。

在互联网时代，更为成功的是众包服务，它利用网络的扩展能力在数百万普通公民面前展示慈善（以及商业）机会。众包在前10年里可以说为成千上万的社会企业提供了支持。

但是，一场完全出乎意料的支持社会企业家精神的革命随着一批追求利益的商业公司的到来而登台，如汤姆布鞋和柠檬水保险。起初，大多数举措都被视为一位心地温和的高级管理人员的作品，或者一家陷入丑闻的公司的积极公关手段……但近年来，这种情况发生了根本性改变。

如今，越来越多的公司已经认可社会企业投资——从成立公司基金会到建立独立的实体，再到将社会企业家精神直接整合到公司的运营中。作为一种将公司当前的运营和非常规战略方法结合起来的新方式，它不仅看起来不错，而且实际上也能让组织成长起来。

乡村银行

开创了小额贷款的先河

创始人
穆罕默德·尤努斯
的信仰是
社会企业

资本是穷人的朋友

这种方式不仅看起来不错，而且实际上也能让组织成长起来

有意识的资本主义
- ☑ 创立健康的文化
- ☑ 吸引顶级人才
- ☑ 树立长期目标

因此，社会企业家精神可以被认为是最引人注目的非常规战略的形式之一——它不仅能绑定现有客户（客户希望能成为这种积极运动的一部分），而且能吸引新客户（他们被公司的形象所吸引）。它还可以以特殊的方式约束一家公司，创造健康的企业文化，吸引一流的员工，为公司树立一个更高的、更长期的目标，而不仅仅是赢得短期利润。

这项工作的先驱是比尔及梅琳达盖茨基金会，特别是它们在非洲抗击疟疾时所做的工作。严格地说，虽然它们的慈善资金非常充足，但历史上最成功的商业企业家凭借他在投资方面强硬的、经验性的原则来执掌该机构，就已经等于向其他商业领袖发出了一个信号，让他们考虑采取同样的措施。

越来越多的公司正在尝试不同形式的"有意识的资本主义"，从直接捐赠到员工捐赠匹配、留出固定比例的季度利润、销售和捐赠之间的一对一匹配、成立独立的基金会、赞助培训学校，甚至通过新价

值衡量（智力资本审计和碳补偿等）来支持公司向社会企业家转变。在典型的流行趋势下，这些公司正在以非营利性组织不怎么使用的方式来尝试新模式——所有这些都受顾客、投资者和市场的约束。

好消息是："通过做好事把事情做好"不仅是可行的，而且是正确的，它是一种可以将你的员工、客户、合作伙伴和股东有意义地联系起来的真实方式。更重要的是，要让所有的辛勤工作产生的影响比单一赚钱大，我们还有很长的一段路要走。

当我们了解得越多，我们就会做得越好。当我们收获时，我们也应该付出。

非常规战略——企业的"善化"
关键要点导读

- 在市场中寻找未被满足的需求，并将其与具有社会意识的商业模式结合起来，这可能是一个引人注目的组合。它可以重塑整个城市、国家或人口结构。就像贝宝所做的尝试那样，将"无银行账户"纳入其中：提供资金、金融工具和贷款，以帮助人们摆脱贫困，让他们有机会过上更好的生活。
- 即便是最短暂的接触也可能带来新想法。就像汤姆布鞋和乡村银行那样，一次互动改变了整个"小额贷款"运动。寻找市场"需求"可能和体验市场需求一样简单。当你有机会去创造不同时，也就意味着你拥有了手段、资金和资本——那就去做吧！

综而观之

当你为了高速增长而牺牲（企业文化）时，人力资本就会产生代价。[323]

——阿里安娜·赫芬顿（Arianna Huffington）

"我走我路"

追求非常规战略增长路径的最大优势之一是，当它奏效时，它就会吸引客户、媒体、市场和竞争对手们的大量关注。做对了，你就能在奖励股东的同时改变世界。"使命驱动型"公司的创新水平往往比同行要高出30%，且客户留存率也要高出40%。[324]

拥有高度敬业的员工的公司每股收益要比同行要高出147%。[325] 成长为一个伟大的公司是可以让人获得极大的满足感的，但拯救数百万人的生命对你和你公司的每位员工和股东来说，都是一种至高无上的成就。那么，更有价值的遗产是什么呢？

行之有效的方法以及潜在的陷阱

组合：路径10——非常规战略 + 路径8——合作伙伴关系

正如我们在这一章的路径中所显示的，合作伙伴关系是一种强有力的增长工具，因为它能让你降低采取一些策略的高风险，包括进入新市场、开发新产品、营销和推广，以及填补你的公司技能组合的空白。追求非常规战略增长路径的优点之一是，它扩展了你的潜在合作伙伴范围，超越了你的竞争者所采取的常规选择。

组合：路径10——非常规战略＋路径9——合作竞争

> 我们正站在一场技术革命的边缘，它将从根本上改变我们的生活、工作和彼此相连的方式。在规模、范围和复杂性上，这种转变将不同于人类以前所经历的任何事情。我们尚不清楚它将如何展开，但有一点是明确的：对它的回应必须是综合的、全面的，要涉及全球政体的所有利益相关者，从公私部门到学术界和民间团体。[326]
>
> ——**克劳斯·施瓦布（Klaus Schwab）**
> 世界经济论坛（World Economic Forun）创始人兼执行主席

找到与竞争对手在目标领域共同合作的点子很吸引人。但它通常会遇到一个棘手的问题：你的竞争对手通常拥有和你差不多的优点和弱点。否则，它们要么应该落后于人，要么应该在业内领先。你可以找到一个场景把它们放在一起，产生比两种运作之和更大的结果，这种可能性非常小。

另一方面，如果你成功地采用了一种或多种非常规战略，那么你现在很可能在重要性和价值方面与你的潜在合作伙伴或竞争对手有所区别。其结果是一个行业的"帽子戏法"——追求非常规战略增长路径的成功让你从竞争中脱颖而出，而竞争会给你带来与那些已经占据了行业防御性主导地位的竞争对手共事的增长路径。

知道何时纵身一跃

10条增长路径——所有的路径都摆在这里了,终于能让人长舒一口气:如何向未来前进的问题在路径数量上已解决。但我也怀疑,在我们探讨这些路径时,你的脑海中应该有一个疑问:你怎么知道什么时候一条路径要结束了,什么时候应该跳到另一条路径上呢?

这可能是所有问题中最重要的一个了。即使你选择了正确的路径,但是使用过早或过晚,也都有可能徒劳无功。这就好比试图通过从一块巨石跳到另一块巨石上来穿越溪流,除了一点——岩石是晃动的。时间点卡得不对,你可能就会发现自己掉进了水里。

你可以了解业务背景,可以确定需要采取的一系列行动,可以按照正确的顺序执行,甚至可以准确地选择需要采取的下一条增长路径。但是如果你跳得过早,那么你可能会在当前的增长路径中丧失利润(并且可能落在一个尚未成形的机会中),而如果你跳得过晚,那么你可能会完全错过这个机会的窗口。从一条增长路径跳到下一条路径上需要军事行动般的精确安排。

换句话说,我们需要给市场背景、组合以及顺序再添加一个因素:时机。这种时机不是某一个瞬间。任何公司都不应该预先确定一个改变当前增长路径的需要,然后立即实现飞跃。相反,公司必须解决3个关键因素:监测、准备和执行。让我们一个一个来分析。

监 测

运行10条增长路径任何一条的关键都是推进它们,直到你得到了充分的收入、利润和市场发展，然后实现（下一个）飞跃。也就是说，当路径的增长曲线开始趋于平稳时，当你的势头仍然最旺时，而不是财务状况开始趋于平缓或更糟糕的下跌时——公司开始陷入停滞、客户流失，眼睁睁看着关键人才离开。

那么在陷入增长停滞之前，你如何知道目前的增长路径是否即将陷入停滞呢？如果等你看到两个季度的收入都有所减少或下降时，这可能就为时已晚了。

那么答案呢？为公司的健康状况建立指标，并建立系统来监控这些指标。由于复杂算法、人工智能、客户关系管理、分析学、信息处理和大数据的发展，这种操作比以往任何时候都更可行。有些公司甚至设立了首席数据官这一新的职位（不要与首席信息官混淆），其任务是不断收集整个公司的运营数据，处理数据并以一种令人信服的方式来呈现数据——通常是某种用户配置的控制面板，这样管理层就可以实时监控公司的"生命体征"。除此之外，小一点儿的公司可以使用互联网和内部网络不断调询现有的运营数据并汇总等效概览。

> 并非所有可以计数的东西都是重要的，也并非所有重要的东西都可以计数。[327]
> ——威廉·布鲁斯·卡梅伦（William Bruce Cameron）
> 　　　　　　　　　　　　　　　　　　　　　小说家

无论在哪种情况下，其目标都是创建一个足够迅速的反馈闭环，以便在公司内部以及新走势全面涌现并产生重大（并且无可争议的）影响之前，就将其识别出来。有时这些更危险的走势（客户回报率上升，产品收益率下降）反而是可以修复的，但是其他走势，比如越来越多的折扣或专利申请数量不合格等可能无法修复，这就表明是时候寻找一条新的增长路径了。

公司应该衡量哪些指标？这实际上有两个答案：

- 第一个很简单，是公司健康，包括订单、发货、回收、产品维修、市场份额、员工流动、利润率、销售成本和工资等。
- 第二个较复杂：每条增长路径都有自己的一组指标。因此，客户流失包括客户替换率、收购成本和终身价值。这应该是显而易见的。更令人惊讶的可能是，你还需要开始监控公司里与接下来的增长路径相关的关键因素。

你该怎样做呢？它比你想得更直接。在你实现飞跃时，很可能有一些后续路径出现，这些路径对你来说更有可能是正确的组合决策。这应该会使你的任务变得容易得多——你只需要开始衡量最有可能的后续路径的关键指标。或者，通过监控某些指标来测试你接下来最有可能的一次跳跃，以便在添加其他路径之前找到隐藏的陷阱或机会。

做这个不必像你做主要指标那样刻苦，但你仍应该始终如一——既能确保你的新增长路径仍然值得去做，又能让你在抵达时为新的"生命迹象"带来一个良好的开端。

监控十大增长路径可能会用到以下列表中的若干指标：

- 路径1：客户体验>净推荐值。
- 路径2：客户基础渗透>RFM（近期、频次、货币方程）。
- 路径3：市场加速>收购新商标。
- 路径4：产品拓展>结合当前组合反映新产品的使用情况。
- 路径5：客户和产品多样化>新客户或产品类别的采用率。
- 路径6：优化销售>获得配额。
- 路径7：客户留存（最大限度减少客户流失）>客户流失率与

客户流失倾向。
- 路径8：合作伙伴关系>联合销售或获得的利润。
- 路径9：合作竞争>新的联合产品开发与市场发布。
- 路径10：非常规战略>员工的志愿服务时间。

准 备

如果你打算放弃现有业务，带领公司成员进入一个全新的业务，那么你难道不想要一些时间（甚至几个月的时间）来完成这一转变吗？为什么你会认为自己从一条增长路径跳转到另一条增长路径上只需要较少的时间呢？问问你自己：对于那些最可能用到的组合路径的本质，我已经了解了多少？我能为公司和员工做好多充分的准备工作？我要为公司的成功做出哪些努力？

成功是准备和机会相遇之处。[328]

——博比·昂瑟尔（Bobby Unser）

赛车手

首先，你已经了解了在新的增长路径中需要对哪些指标进行监控。你还应考虑组建一个市场情报团队（即便只有一个成员），它自始至终地对竞争对手的资讯、产品情报、市场或环境信息进行解读，并对顾客的行为、购买习惯与期望的变化等进行监控。该团队应该对"市场的各个方面有持续且全面的了解"。这一团队给出的将会是一份（实时）完整的档案，记录着有关行业、客户和未来竞争对手的信息。如果你真的对学习感兴趣，那么你可以放眼行业之外，看看别人正在做的且可以应用到你自己业务中的事情。

你大部分的准备工作都是在内部进行的。跳转到新的增长路径几乎会影响到公司的每个部门。这种过程不会随着时间的推移而按部就班地发生——它可能会在好几个部门同时发生，只不过速度可能不同。只有你拟定了一个作战方案，确定每个部门要做的事情以及方案将如何执行，包括截止日期（可以进行新路径跳转的数日之后）必须完成的转型，这样一切才有可能。

如果要让这个方案取得成功，你还必须要严格执行——组织中所有员工都需要明白自己所发挥的重要作用。这个方案也必须是决定性的：各部门都需要提前决定哪些员工已经因公司转型而变得多余，或者可以把他们安排到别处。新的增长路径需要新的人才注入，各部门应该准备好在获得批准后开展人才招聘。

执 行

任何公司无论大小，都能够想出很棒的点子——但是点子再好，没有与之相匹配的执行能力也发挥不出其价值。通过组建市场情报团队、正在监控的指标以及对市场环境的深入理解，你就能确定跳转到新增长路径的时机。那么现在要做的就是执行了。

在执行的时候，你要做些什么来提高成功的概率呢？

首先是改善沟通。那些成功走出增长停滞或实现顶线增长的公司，都发展出了强大的内部和外部交流引擎。它们有合适的流程来开展内部交流和教育活动。记住，当你开始着手增长时，最重要的资源就是动员你的员工，因为他们才是真正实现一切的人。如果你连他们的支持都得不到，那么一切都是枉然。因为他们要么只是走走过场和敷衍一下，认为能保住工作就行；要么就是有意无意地抵制所需变化的发生，破坏转型进程。

> 执行不仅仅是一种策略，它还是一种纪律和系统。它必须根植于公司的战略、目标和文化。[329]
>
> ——拉姆·查兰（Ram Charan）
> 《执行力》（Execution）的合著者

接下来，你可能要考虑在公司内部组建两个不同的工作团队。一个团队将专注于创造新收入（通过当前的增长路径），保护现有业务免于不必要的衰退。此团队将继续从先前的投资中获取最大回报，并寻找良机助力当前的努力。否则，现有业务的衰退将给新路径施加太多（额外的）压力，使其不能快速实现。它要做的最基本的事情就是：把当前业务做到最好！

第二个团队我称之为"弹出式快捷团队"（pop-up team），公司内部的这个团队只专注于所有新增长路径的规划和执行。加入第二个团队的人员将从日常工作中解脱出来，把精力全部集中在手头的任务——新增长路径的成功规划和执行上。

这样分工来解决问题可以减少人员不必要的分心，使公司受益。一个团队确保业务尽可能顺利地运行，另一个团队则完全专注于展望未来——公司要去往何处。组建弹出式快捷团队的缺点是：如果公司规模太小，即使团队只占用了少量资源，也还是会对当前的转型造成不小的影响。弹出式快捷团队还会让领导团队的工作变得更为复杂，尤其是当领导团队必须与两个团队保持联系，以确保它们在关键性跨职能问题的决策上达成一致时。这就回到了我前面介绍的"卖方困境"。无论大公司还是小公司，要保持车在赛车道上行驶的同时给车换轮胎都是一件很困难的事。

最后一点，将新工具正确地运用在新路径上或有效地运作流程，可能不是公司成功的来源，而文化和态度的改变以及一线员工所持有的运营理念才是。这对管理阶层来说是一个更大的挑战。因此，一个完全独立和保守的公司可能已经意识到了与其他公司的合作伙伴关系，甚至合作竞争关系的价值，只是还没有下定决心或做出承诺去建立这种关系。同理，以创新产品为导向的公司可能已意识到，凭借对营销的新承诺可以实现公司的成功，但在本质上却无法将公司转向新的发展方向。

这意味着，追求最佳增长路径的战略可能不会像看上去那么简单。不过，好消息是，可以采用的有效路径数量是有限的……但在现实中，公司当前配置（文化、资源、关键员工等）的选项数量甚至可能更少。

一个伟大的领导者能够领导员工的态度和实践的转变，不仅使所有潜在的新路径成为可能，而且能够在所选路径上取得更大程度的成功。这就是为什么正确的增长路径可以使持续的增长成为可能。实现这一点离不开正确的组合和顺序、强大的执行力，以及远见卓识和优秀的领导力。这就是为什么准备工作是如此重要。世界上最成功的公司会定期改变自己的方向，而且是自信满满、协调有度地让这种改变看起来毫不费力。现在你明白了，事实绝非如此。

下一步做什么

在新的路径上待到天荒地老，最终会和你死守第一条路径的命运一样。几个月、几年，如果你幸运的话，几十年之后你会发现自己再次处在一个十字路口——摆在你面前的要么是加速增长的绝妙机遇，要么是即将来临的增长停滞。在瞬息万变的21世纪的商业世界里，下一次跳转出现的时间可能会更早而非更晚。所以一切又重新开始了。

有一个事实是：增长是反周期的。最好的领导者都明白这一事实，但其他人却想方设法去解决这个问题。创造下一个大机遇的最佳时机是在你发展顺利的时候,而不是在你苦苦挣扎的时候。我经常看到的情况是:销售激增、增长加速、公司榨取利润,大多数领导者对公司的未来和现有的增长战略有点儿自信过头了。俗话说,趁阳光明媚晾晒干草。但接着雨就来了——经济放缓。曾经可靠的产品或服务开始滞后,意想不到的新竞争对手也出现了,客户也会跑去别的地方……你知道会发生什么。

> 我们在一天中做事的时机与做事的内容同等重要。[330]
>
> ——丹尼尔·H.平克
> 《时机管理:掌握完美时机的科学秘密》
> (When: The Scientific Secrets of Perfect Timing)

只有在那个时候,领导层才意识到公司已陷入全面增长停滞。领导层被真实的紧迫感唤醒,马上采取行动。领导层首先会组建一个团队,深入调查事情原委。一旦他们了解发生了什么,接下来就会竭尽全力地制订出一个应对方案。然后是迅速执行计划——即使准备不足。但到这时,一切就太晚了。为什么?

因为很不幸,你设计的完美公司是用来创造产品的,而它今天的产出符合的是昨天的市场需求。换句话说,公司内部缺乏勇气或能力来做出快速的改变。因此,在销售放缓或市场相关性减弱的压力下,你设计的完美机器将收紧对过去的控制。出于好意的改变会放大你过去的成功模式,你会投入更多的营销资金,雇用更多的销售人员,削减开支——由此加速自己的毁灭,因为过去行之有效的方法在未来不再会奏效。制造出再好的马鞭、再快的胶卷摄像机、噪声再小的打字机甚至是再清洁的煤炭,都无法保住马车车夫、胶卷加工商、排字员或矿工的饭碗了。

亚马逊案例研究
每一天都是第一天

> 如果我们本季度的业绩很好,那是得益于我们在3年前、4年前甚至5年前所做的铺垫,而并不是因为我们本季度做得好。[331]
>
> ——杰夫·贝索斯

当今时代,或许没有哪家公司能像亚马逊那样,在《增长智商》涉及的路径上走得如此成功,尽管这条道路上存在着各种细微的差别和复杂性。建立亚马逊公司这个想法是贝索斯驾车横穿美国时萌发的一个灵感。在不到25年的时间里,亚马逊从创始人杰夫·贝索斯脑海中的一个梦想幻化成真,成长为世界上最有价值的公司之一,也是第一个市值达到1万亿美元的公司,同时贝索斯也成为世界上最富有的人之一。亚马逊目前在全球雇用了50多万名全职和兼职员工,年收入近1 800亿美元。以收入和市场价值为衡量标准,亚马逊就是世界上最大的互联网零售商,如果把它的收入看成是一个国家的国民生产总值,那么亚马逊将成为世界上排名第55位最富裕的国家。

亚马逊是如此成功,发展是如此迅猛,主宰的新市场是如此之多,以至于整个商界都紧张地关注其下一步行动。这些行动——不论成功与否——往往都出人意料。亚马逊的网络服务、金读电子阅读器、全食超市等,除了亚马逊的管理层,还有谁能预见它们的到来?

但透过《增长智商》的镜头来看,我们不仅可以理解亚马逊的行动，而且还可以鉴别这些行动出现的必然性。在20多年的时间里，该公司迅速走过了所有的10条增长路径，其中有一些路径它甚至走了不止一次。看到亚马逊以如此之快的速度在某些增长路径上来来回回，并按着正确的顺序进行组合，让人敬由心生。从亚马逊走过的路径来看，亚马逊也不是那么成功——作为一个竞争者，它也会害怕——但它能熟练地识别出每一条新路径并迅速地采取行动。

每一个公司都应该效仿亚马逊的这种策略，前提是在规模较小且时间较长的框架内。让我们透过《增长智商》的镜头来看看亚马逊是如何做到的。

永恒变化的哲学

杰夫·贝索斯于1994年7月创立了亚马逊。创立这家公司的想法是他在一次从纽约到西雅图的旅途中产生的，当时贝索斯在纽约刚刚辞去了经纪公司副总裁一职，打算去西雅图创办一家新公司——结果就诞生了亚马逊。

亚马逊问世时，是一家网上书店。它似乎并没有太大的野心——一开始也很少有人注意到这家新公司。

但亚马逊有着远比这个大得多的计划。图书销售只是它的滩头堡策略——追求的是增长路径1：客户体验。亚马逊开始努力为那些早期购书的客户提供尽可能多的优质服务——即使这意味着6年的零利润，包括公司上市后的4年——这让它在华尔街成了一个笑话。

但亚马逊笑到了最后。毕竟，在互联网的繁荣时期，亚马逊的现金充裕⋯⋯它把这些钱都花在了客户体验上，包括庞大的库存以及高效的配送系统。结果对于绝大多数顾客来说，亚马逊的购物体验与在附近实体书店的购物体验几近一致，图书递送速度足以挑战人们日常在商店购物的速度。此外,亚马逊还推出了一系列无可比拟的产品。

将所有部件组装好,然后进行完美的操作,这需要一段时间——但一旦完成,就会有数百万的客户涌向亚马逊。不久之后的2001年,公司开始实现盈利。

与此同时,亚马逊也开始完善订购系统,让顾客购买书籍变得更容易,甚至更冲动:配有强大的"推荐功能","一键点击"便可购买。下一步是增长路径6:优化销售。自此,这两种创新的在线(以客户为中心)流程几乎被其他所有的在线零售商复制。让我们全面看待这一现象,推荐功能的重要性可以通过以下事实来衡量,即预计亚马逊全部销售额中的35%都是由"推荐功能"带来的。

2005年,亚马逊通过推出一款高端购买和配送系统——亚马逊金牌会员,来进一步优化销售。现在,一切准备就绪。亚马逊彻底改变了图书销售行业。这导致成千上万的小书店举步维艰,甚至连大型零售商也面临着未来的不确定性。而此时亚马逊又开始了它的下一个跳转。

10年前,贝索斯制订了亚马逊商业计划,他列出了20个等待进入互联网平台的潜在市场。现在,公司已经准备好进入所有的市场,甚至更多。亚马逊转向了增长路径2:客户基础渗透。从2006年开始,亚马逊与许多商家签署了合作协议,包括玩具反斗城、伯德斯(Borders)、塔吉特和玛莎百货等。对全世界来说,书店即将成为未来的百货公司,亚马逊也开始履行其标识上的承诺,它将为客户提供任何从"A到Z"(你可以说出名字)的产品。

与此同时,亚马逊也在寻求另一条增长路径——这一次是增长路径5:客户和产品多样化。贝索斯热衷于创新——不仅要在市场上取得成功,而且要在失败不可避免时快速失败。虽然亚马逊也采取过一些不尽如人意的举措,比如亚马逊火机、亚马逊目的地(Amazon

亚马逊案例研究:每一天都是第一天

Destination）和亚马逊本地服务（Amazon Local），但是它们早已被遗忘在宏大的计划中。

4个重要产品的发布，给两个濒临瓦解的行业带来了巨大变化：一是图书出版；二是信息技术服务；三是蓝海战略，用"声音"开路；四是将订阅服务引入零售购物的亚马逊金牌服务。

信息技术服务的出现正逢2002年的亚马逊转型，当时亚马逊进入了增长迅猛的云服务业，推出了亚马逊S3，现在被称为亚马逊网络服务，这是"一个简单的存储服务，能够以非常低的费用为软件开发者提供可扩展、高稳定性且数据延迟低的存储设施"。在2018年第一季度，亚马逊创造了54.4亿美元的销售额，增长了40%。尽管亚马逊网络服务只占公司总收入的10%，但它仍然是亚马逊的摇钱树。

亚马逊金牌会员项目紧随其后，客户支付经常性年费后可以享受免费的两日配送服务——自2005年推出以来，它已经在全球8 000多个城镇拥有超过1亿的付费会员。该项目最近还延展到了亚马逊的商业客户，称为"商业金牌运送"（Business Prime Shipping）。

2007年，当时亚马逊推出了金读电子阅读器，它不仅为纸质书的电子版提供了平台，使其配送比传统书店快很多，还为作者们绕过传统图书出版机构发行作品提供了附属平台。10年后，电子书销售日进斗金，真的算是"金读"了。亚马逊美国客户的电子书阅读量是实体书的4倍，而在印度，这一比例是10∶1。[332]

近年来，亚马逊拓展了其专用的硬件和软件产品，包括家庭"助手"厄科（Echo）和亚历克莎（Alexa），它们是传统网络搜索（苹果和谷歌）的替代品。风险投资公司凯鹏华盈（Kleiner Perkins）的合伙人玛丽·米克（Mary Meeker）表示，语音搜索变得比输入搜索更受欢迎。2016年，20%的移动搜索是用语音来完成的。

在以上4个例子中，亚马逊需要通过增长路径8：合作伙伴关系和增长路径9：合作竞争来实现大规模用户的成功组合。围绕所有这些产品和服务所积累的经验，亚马逊有能力追求增长路径4：产品拓展。随着更多订购产品的推出，它现在又有机会追求增长路径2：客户基础渗透，向上销售和交叉销售的客户会选择一次性购买，这个直到现在还是其业务的特点——即使它之后又增加了数百万种的零售商品。然而，随着经常性收入给业务带来的利润，它也为增长路径7：客户留存打开了大门，而在此之前，这一直是一个难以追踪的指标。

现在，有着数亿忠实用户的亚马逊继续致力于改进、扩大和加速其配送系统（优化销售）。多年来，亚马逊一直在使用联合包裹（UPS）和联邦快递（Federal Express），但如今这些物流运营商也因亚马逊的快递量过大而不堪重负。2013年，亚马逊与美国邮政总局（U.S. Postal Service）签署了一项合作协议（这份协议让长期陷入物流运输困境的亚马逊受益良多，甚至有传言称它正在试验无人机投递服务）。

直到这个时候，亚马逊主要还是一家美国公司，尽管欧洲和世界上其他发达地区也有它的身影。而在2014年，亚马逊扩大了在全球市场的份额，首先在印度投了50亿美元的开发资金，即增长路径3：市场加速。

2018年4月，亚马逊公司在其购物应用程序内推出了"国际购物"体验，通过移动设备给美国之外的消费者带来更方便的购物体验。[333] 国际购物体验提供包括英语、西班牙语、简体中文、德语和巴西葡萄牙语5种语言的购物服务，可以使用25种货币购物，能够向全球100多个国家运送5 500多万件商品。

仅仅一年后，亚马逊便在美国的资本货物销售和分配市场中占据了相当大的份额，于是它再次踏上了增长路径4：产品拓展。这一次是为了扭转公司的历史，从虚拟销售重新回归实体店铺——销售一次性用品（亚马逊购便利店）。最令人震惊的是，它在2017年买下了全食超市，开始出售新鲜食品。

与此同时，亚马逊的核心业务继续保持着增长。成千上万家小型制造商和零售商已将亚马逊作为它们的主要零售渠道。现在，亚马逊通过增长路径8和增长路径9准备参与更大的游戏。也就是说，亚马逊在可能的时机会建立合作伙伴关系，并且与更大、更成熟的公司进行合作竞争，比如科尔士和耐克，耐克曾扬言永远不会通过亚马逊来销售产品。到2016年，就连亚马逊公司自己也看到了不祥之兆。2017年，亚马逊与西尔斯达成协议，出售肯摩尔家用电器，随后又开始出售倔强者的电池和轮胎。2018年，亚马逊又与百思买达成合作，销售智能电视。

零售巨头亚马逊在商业史上几乎无人能敌。2015年，它甚至超过沃尔玛，成为美国最有价值的零售商。亚马逊的网站访问量每月接近10亿人次。2017年11月，贝索斯的个人财富超过了1 000亿美元。

下一步做什么？亚马逊唯一没有尝试的就是增长路径10：非常规战略，不过公司通过其他9条增长路径取得了迅猛增长，这本身就是一种非常规战略。然而，有意思的是，贝索斯在推特上发了一条"征求意见"。

他写道："我正在考虑一种慈善策略，这与我长期把大多数时间都花在工作上恰恰相反……但我想我的大部分慈善活动是在短期内帮助此时此地的人们——既能满足其紧急需求，又可以产生持久的影响。如果你有想法，请回复我的推特，表达你的想法（如果你认为这种方法不妥，那么我也很想听到你的想法）。"

看来，亚马逊好像在20多年的时间里把10条可能的增长路径都尝试了一遍。因此，人们只能期待亚马逊在未来20年内再做出新的举动。亚马逊正是《增长智商》的化身。

亚马逊公司
2016年致股东的信

2017年4月12日

"杰夫，第二天会是什么样子的？"[334]

这是我从最近召开的全体会议上收集到的问题。我一直提醒人们，每一天都是第一天，这个习惯已经持续了几十年。我在名为第一天的亚马逊大楼内工作，即使我搬到了新的大楼，这个名字我也牢记于心。我花了一些时间来思考这个话题。

"第二天是停滞期。随之而来的是折磨人的、椎心泣血的业绩下降。接下来就是死亡。这就是为什么我们总是处在第一天。"

可以肯定的是，这种下降将以极度缓慢的速度进行。一家成熟的公司可能享受第二天的成果数十年，但该来的还是会到来。

我对这个问题很感兴趣，如何应对第二天？应对它的技术和战术是什么？即使是在一个庞大的组织里，如何才能保持第一天的活力？

这样的问题没有简单的答案，它涉及许多因素、多条路径和大量陷阱。我不知道全部的答案，但我可能知道其中的几点。面对第一天的首要策略包括：客户至上、质疑代理、积极适应外部趋势以及快速决策。

致　谢

悬崖再高也可攀登

俗话说，千里之行始于足下，或者对我来说，始于一声呼唤。欢迎大家来到我《增长智商》之旅的第3 107步。这本书的创作始于2013年，当时我正在一个活动上发言，我发现自己和许多畅销书作者（多年来我一直崇拜的人）一起站在台上。就在那一刻，有人对我说："嘿……你怎么没有写一本书呢？"这一问题是给我的第一个信号，对我的第一声呼唤。然后这种情况一再发生。就在那时，我的脑海中出现一声巨响，让我难以平静。所以，在面临职业的十字路口时，我做了自己一直想做的事情：我联系了自己神奇的关系网络（我的族人），询问他们的想法。但我也不是每个人都联系。我联系的是那些为我设定了高目标，并让我立志实现的人。

我站在巨人的肩膀上：第一个电话打给了塞思·戈丁。我们从2000年开始熟识并多次同台。塞思回应迅速且毫不犹豫，他给了我一些很棒的建议。然后我联系了丹·H. 平克、乔·希林克纳（Josh Linkner）、南希·杜阿尔特（Nancy Duarte）、娜奥米·西姆森、盖伊·川崎（Guy Kawasaki）、惠特尼·约翰逊、杰弗里·摩尔等许许多多愿意与我分享他们宝贵智慧的人。从读过的第一本商业书籍（《追求卓越》）到在书里引用汤姆·彼得斯的话，我不会忘记整个过程的每时每刻。我很高兴能和汤姆·彼得斯相遇。鄙人不才，自愧弗如，但我会永远感激每一个愿意支持我、支持我写这本书的人。谢谢大家！

感谢我的团队：这样一本书绝不是光靠作者一个人的努力就能完成的——它需要一个团队。

首先感谢马克·福捷（Mark Fortier）。他拥有令人惊叹的客户、商业作家和思想家阵容，我知道他就是我想要的宣传人员，只是他还不知道而已。在我不断的恳求下，他终于给了我15分钟的时间，但这15分钟最后变成了一个小时，这一个小时使他成为我这段旅程中最关键的人。我永远感激你，马克！

我的文稿代理人，吉姆·莱文（Jim Levine）是我能够找到的最棒的文稿代理了。他可以轻轻一跳，越过纽约地铁的闸门，同时手里还拿着公文包，带着我搭上火车去见出版商，一切都显得从容不迫。除了他的交通创意，他还能熟练地抓住我正在构思的那本书的核心。他的指导正是我思维构建过程中所需要的，更重要的是，他保护我免受自我怀疑的困扰。谢谢你，吉姆！

感谢企鹅出版社：感谢梦之队的阿德里安·扎克海姆（Adrian Zackheim）、威尔·韦泽（Will Weisser）、玛戈·斯塔姆斯（Margot Stamas）、泰勒·爱德华（Taylor Edwards），尤其是考西克·维斯瓦纳斯（Kaushik Viswanath）。感谢你们的耐心、指导和令人惊叹的编辑，加之如此雷厉风行的出版计划。感谢那些让本书的每一页都变得栩栩如生的制图团队——谢谢你们！

感谢我的协作团队：我确信你们每个人刚开始与我共事时，都不知道应该做什么。但别误会……你们所有人都帮助我找到了我自己的声音，创造了一些我们都引以为豪的东西。彼得·史密斯（Peter Smith），我能说什么呢？你是我生命星座中的一颗星。迈克·马隆（Mike Malone），你耐心、善解人意，在任何混乱中都能镇定自如。布赖·恩索伦（Brian Solon），你是我踏破铁鞋找到的最好的编辑。无论白天还是晚上，只要我把那几百页的稿子带到你家门口时，你都会微笑着和我打招呼。谁说传统的纸笔写作方式已经消亡？绝对不会！最后，坦纳·沃拉（Tanmay Vora）用他惊人的天赋创造了完美的故事梗概，并将我的故事变得趣味盎然。你们所有人让这一切成为可能，所以，谢谢你们！

感谢我的工作：感谢在高德纳的同事和朋友们教会了我，以一种吸引人的方式把复杂的想法写在纸上意味着什么。尤其是汉克·巴恩斯（Hank Barnes）和克里斯汀·亚当斯（Christine Adams），你们向我发出挑战，要我在任何情况下都拿出一流的水平。我从你们两个人身上学到了很多，你们也应该认出了很多我们一起学到的经验教训。软件营销部队是理想的工作之地，成为其中的一员是多么美妙！每一天，我们全部都专注于同一个目标，整个软件营销部队以及我们的客户都激励着我。当然，还有马克·贝尼奥夫，感谢他作为一名首席执行官教给我最核心的观点：通过做好事来把事情做好。谢谢你！

感谢我的族人：感谢那些在幕后支持我的人。我很幸运，身边的人都坚信我可以完成这本书。我要感谢的人很多，我希望你们都知道我对你们的感谢。我感谢你们每一个人，感谢你们在这本书及我的生活中所发挥的作用。

感谢我的家人：我非常感谢我的父母，他们在1957年离开波士顿后搬到了夏威夷，我就在那里出生和长大，我找不到比这更好的地方了。我的母亲一直是我的支柱和终身教师，即使她自己不知道。她让我知道人的力量来自内心，你只要找到它就好。我的祖父，每年从波士顿来陪我3个月，一直持续了15年，直到他去世。在那段时间，他带我周游世界，让我接触到不同的文化和想法，塑造了我对人性的看法，也激发了我的好奇心。他是我的英雄，也是我最好的朋友——我真希望他能看着我长大。还有我的父亲，我很高兴我们能重新联系，打打高尔夫球，共度时光。IDLR，感谢你持久的爱与支持。当我踩到香蕉皮滑倒时,当我自我怀疑时,当我认为自己做不到时,或当我在写书的过程中感到挫败时,你总是毫不犹豫地将我扶起来。没有你,这本书是不可能写出来的。

献给我最爱的人

注 释

有一件事可以肯定——绝不可能只涉及一件事

1　Jeff Bezos, Amazon 2018 letter to shareholders, www.sec.gov.

2　Valentina Zarya, "15 Powerful Women Share the Best Career Advice They've Ever Received," *Fortune*, October 2, 2017, http://fortune.com/2017/10/02/most-powerful-women-advice/.

3　Bill Gates, *The Road Ahead* (New York: Viking, 1995), p. 50.

4　Matthew S. Olson and Derek van Bever, *Stall Points: Most Companies Stop Growing—Yours Doesn't Have To* (New Haven, CT: Yale University Press, 2008).

5　Chris Zook and James Allen, "Barriers and Pathways to Sustainable Growth: Harnessing the Power of the Founder's Mentality," Bain.com, Bain & Company, Insights, July 20, 2016, www.bain.com/publications/articles/founders-mentality-barriers-and-pathways-to-sustainable-growth.aspx.

6　笔者认为是詹姆士·卡什·潘尼所说。初始来源未知。

7　"High Time for 'Think Time,'" Drucker Institute, February 16, 2011, www.druckerinstitute.com/2011/02/high-time-for-think-time.

路径 1　客户体验

8　Biz Carson, "Steve Jobs' Reaction to This Insult Shows Why He Was Such a Great CEO," *Business Insider*, October 22, 2015, www.businessinsider.com/steve-jobs-reaction-to-insult-2015-10.

9　*B2B Customer Experience: Winning in the Moments That Matter*, KPMG Report, May 2017, https://home.kpmg.com/content/dam/kpmg/uk/pdf/2017/05/b2b-customer-experience-report.pdf.

10　"Incumbents Strike Back," report, IBM Institute for Business Value, February 2018.

11　Vala Afshar, "50 Important Customer Experience Stats for Business Leaders," *Huffington Post*, October 15, 2015, www.huffingtonpost.com/vala-afshar/50-important-customer-exp_b_8295772.html.

12　Marc Beaujean, Jonathan Davidson, and Stacey Madge, "The 'Moment of Truth' in Customer Service," *McKinsey Quarterly*, February 2006, www.mckinsey.com/business-functions/organization/our-insights/the-moment-of-truth-in-customer-service.

13　Frédéric Debruyne and Andreas Dullweber, "The Five Disciplines of Customer Experience Leaders," Bain.com, Bain & Company, Insights, April 8, 2015, www.bain.com/publications/articles/the-five-disciplines-of-customer-experience-leaders.aspx.

14　"Good Service Is Good Business: American Consumers Willing to Spend More with Companies That Get Service Right, According to American Express Survey," American Express, May 3, 2011, http://about.americanexpress.com/news/pr/2011/csbar.aspx.

15　同上。

16　Robert Hetu, "Product Is No Longer King," Gartner Blog Network, January 3, 2018, https://blogs.gartner.com/robert-hetu/product-no-longer-king/; and "Gillette, Bleeding Market Share, Cuts Prices of Razors," FoxBusiness.com, April 4, 2017, www.foxbusiness.com/markets/2017/04/04/gillette-bleeding-market-share-cuts-prices-razors.html.

17　"Gartner Reveals Top Predictions for IT Organizations and Users for 2016 and Beyond," Gartner.com, Newsroom, press release, October 6, 2015, www.gartner.com/newsroom/id/3143718.

18　"School of WOW Customer Service Training," ZapposInsights.com, www.zapposinsights.com/training/schoolofwow?gclid=EAIaIQobChMIuOGdr7C12AIVXrbACh0_SgBcEAAYASAAEgK0cPD_BwE.

19　笔者认为是华特·迪士尼所说。初始来源未知。

20　"SEPHORA Pioneers New Retail Innovation with Launch of First Small-Format Concept Store," *Business Wire*, July 17, 2017, https://finance.yahoo.com/news/sephora-pioneers-retail-innovation-launch-110000943.html.

21　Jennifer Calfas, "T.J. Maxx and 5 Other Stores That May Actually Survive the Death of Retail," Time.com, Money, June 29, 2017, http://time.com/money/4835442/retail-apocalypse-tj-maxx-zara-dollar-general.

22　TimeTrade, *The State of Retail Report 2017*, TimeTrade.com, https://www.timetrade.com/resource/state-retail-report-2017.

23　Mark Abraham, Steve Mitchelmore, Sean Collins, Je Maness, Mark Kistulinec, Shervin Khodabandeh, Daniel Hoenig, and Jody Visser, "Profiting from Personalization," BCG.com, Boston Consulting Group,

May 8, 2017, www.bcg.com/publications/2017/retail-marketing-sales-profiting-personalization.aspx.

24 "Sailthru Ranks Top Retail Brands with First Annual Personalization Index," *PR Newswire*, Cision, September 14, 2017, www.prnewswire.com/news-releases/sailthru-ranks-top-retail-brands-with-first-annual-personalization-index-300519303.html.

25 "Viva Technology: Innovation at the Heart of Sephora," LVMH.com, June 24, 2016, www.lvmh.com/news-documents/news/viva-technology-innovation-at-the-heart-of-sephora/.

26 "The Rise of a Fast Food Empire," *Pressreader*, The Week, February 18, 2017, www.pressreader.com/uk/the-week/20170218/281487866108533.

27 "The Secret Ingredients of Hospitality—as Told by Danny Meyer," Maines.net, Fresh Ideas, http://freshideas.maines.net/secret-ingredients-hospitality-told-danny-meyer/, accessed April 6, 2018.

28 Carolyn Cutrone, "Danny Meyer to 'Treps: Put Your Employees First, Customers Will Follow," *Inc.*, Know How, January 28, 2014, www.inc.com/carolyn-cutrone/danny-meyer-speaks-at-inc-business-owners-council.html.

29 Rob Brunner, "How Shake Shack Leads the Better Burger Revolution," *Fast Company*, Innovation Agents, June 22, 2015, www.fastcompany.com/3046753/shake-shack-leads-the-better-burger-revolution.

30 Kate Taylor, "Here's What Happened the Last Time Howard Schultz Stepped Down as Starbucks CEO," *Business Insider*, www.businessinsider.com/last-time-schultz-stepped-down-as-starbucks-

ceo-2016-12.

31 "Starbucks Net Promoter Score 2018 Benchmarks," Customer Guru, https://customer.guru/net-promoter-score/starbucks.

32 净推荐值是基于对单一问题的回应来计算的——你有多大可能会向朋友或同事推荐我们的公司、产品或服务？它是由弗雷德·赖克哈尔德（Fred Reichheld）、贝恩公司发展出来的一个客户忠诚度指标，也是可以用于测量公司客户关系忠诚度的萨特指标（Satmetrix）。净推荐值可以低如-100（人人批评），或者高如+100（人人推荐）。净推荐值为正（如高于0），即感觉良好；净推荐值有+50就是优异了。

33 Nichola Groom, "Schultz Back as Starbucks CEO," Reuters, January 7, 2008, https://www.reuters.com/article/us-starbucks/schultz-back-as-starbucks-ceo-idUSWNAS581320080108.

34 Andy Serwer, "Starbucks Fix: Howard Schultz Spills the Beans on His Plans to Save the Company He Founded," Fortune, January 18, 2008, http://archive.fortune.com/2008/01/17/news/newsmakers/starbucks.fortune/index.htm?postversion=2008011805.

35 同上。

36 Aimee Groth, "19 Amazing Ways CEO Howard Schultz Saved Starbucks," Business Insider Australia, June 20, 2011, www.businessinsider.com.au/how-ard-schultz-turned-starbucks-around-2011-6#in-february-2008-starbucks-closed-7100-us-stores-for-3-12-hours-to-retrain-its-baristas-on-how-to-make-the-perfect-espresso-1.

37 Erika Andersen, "23 Quotes from Warren Buffett on Life and Generosity," Forbes, December 2, 2013, www.forbes.com/sites/erikaandersen/2013/12/02/23-quotes-from-warren-buffett-on-life-

and-generosity/#11412450f891.

38　Maggie McGrath, "Howard Schultz Stepping Down as Starbucks CEO," *Forbes*, December 1, 2016, www.forbes.com/sites/maggiemcgrath/2016/12/01/howard-schultz-stepping-down-as-starbucks-ceo/#194e07525347.

39　笔者认为是亨利·福特所说。初始来源未知。

路径2　客户基础渗透

40　Amy Gallo, "The Value of Keeping the Right Customers," *Harvard Business Review*, October 29, 2014, https://hbr.org/2014/10/the-value-of-keeping-the-right-customers.

41　Bain & Company/Mainspring, "The Value of Online Customer Loyalty and How You Can Capture It," Bain.com, eStrategy Brief, n.d., www.bain.com/Images/Value_online_customer_loyalty_you_capture.pdf.

42　Luke Brynley-Jones, "70% of Companies Say It's Cheaper to Retain a Customer Than Acquire One," OurSocialTimes.com, n.d., http://oursocialtimes.com/70-of-companies-say-its-cheaper-to-retain-a-customer-than-acquire-one.

43　Patrick Hull, "Don't Get Lazy About Your Client Relationships," *Forbes*, December 6, 2013, www.forbes.com/sites/patrickhull/2013/12/06/tools-for-entrepreneurs-to-retain-clients/#35d40a772443.

44　Bain & Company/Mainspring, "The Value of Online Customer Loyalty."

45　"ROI of Customer Experience," *Customer Experience Matters*

Blog, January 18, 2018, https: //experiencematters.blog/category/ roi-of-customer-experience.

46 Timothy Green, "Netflix Has a Problem That No One Is Talking About," *Motley Fool*, July 22, 2017, www.fool.com/investing/ 2017/07/22/netflix-has-a-problem-that-no-one-is-talking-about.aspx.

47 Brooks Barnes, "How Black Label Media Became Hollywood's Hottest Indie Producers," *Town & Country*, October 16, 2017, www.townandcountrymag.com/ leisure/arts-and-culture/a12838536/ black-label-media/.

48 Hull, "Don't Get Lazy About Your Client Relationships."

49 Bain & Company/Mainspring, "The Value of Online Customer Loyalty."

50 Gerhard Gschwandtner, "The Powerful Sales Strategy Behind Red Bull," SellingPower.com, March 1, 2012, www.sellingpower. com/2012/03/01/9437/ the-powerful-sales-strategy-behind-red-bull.

51 "The Company Behind the Can," RedBull.com, n.d., http: // energydrink-us.redbull.com/en/company.

52 "Red Bull Company's Market Share in the United States from 2004 to 2015," Statista.com, n.d., www.statista.com/statistics/225452/us-market-share-of -the-red-bull-company-since-2004/.

53 Craig J. Thompson, Aric Rindfleisch, and Zeynep Arsel, "Emotional Branding and the Strategic Value of the Doppelgänger Brand Image," *Journal of Marketing* 70 (January 2006): 50–64, https: // zeyneparsel. files.wordpress .com/2010/06/thompson-rindfleisch-arsel1.pdf.

54 Bruce Horovitz, "Red Bull Targets Taste with Three New Flavors," *USA Today*, October 7, 2012, www.usatoday.com/story/money/

business/2012/10/07/red-bull-energy-drinks-taste/1615351.

55 "Energy Drinks Market Report 2017: Key Vendors Are Red Bull GmbH, Monster Energy & Rockstar," *Markets Insider*, press release, August 22, 2017, http: // markets.businessinsider.com/ news/stocks/Energy-Drinks-Market-Report-2017-Key-Vendors-are-Red-Bull-GmbH-Monster-Energy-Rockstar-1002276239.

56 "Felix Baumgartner's Supersonic Freefall from 128k—Mission Highlights," October 14, 2012, https: //youtu.be/FHtvDA0W34I.

57 Jana Kasperkevic, "How Many Burgers Has McDonald's Ac- tually Sold?," Marketplace.org, May 26, 2017, www.marketplace.org/2017/05/26/business/ ive-always-wondered/how-many-burgers-has-mcdonalds-actually-sold.

58 Luke Lango, "McDonald's Corporation（MCD）Stock Thrives in the Intersection of Health & Price," *InvestorPlace*, July 25, 2017, https: //investorplace .com/2017/07/mcdonalds-corporation-mcd-stock-health-price/#.WoI0VahKuUk.

59 Sarah Whitten, "McDonald's shares soar as menu price increases fuel earnings beat," CNBC, May 2, 2018, www.cnbc.com/2018/04/30/mcdonalds-reports-first-quarter-earnings-2018.html.

60 Daniel B. Kline, "The 1 Simple Thing That Saved Mc- Donald's," *Motley Fool*, June 5, 2017, www.fool.com/investing/2017/06/05/the-1-simple-thing -that-saved-mcdonalds.aspx.

61 Stephanie Strom, "McDonald's C.E.O. on All Day Breakfast, Hourly Wages and Wall Street," *New York Times*, November 12, 2015, www.nytimes .com/2015/11/13/business/a-conversation-with-steve-easterbrook-of-mcdonalds.html?mtrref =www.google.com&gw

h=094EA02D1CDDE3798DF5676F95D7E609&gwt=pay.

62 Sarah Whitten, "McDonald's shares soar as menu price increases fuel earnings beat," CNBC, May 2, 2018, www.cnbc.com/2018/04/30/mcdonalds-reports-first-quarter-earnings-2018.html.

63 Matt Egan, "Sears CEO: 'We Don't Need More Customers,'" *CNN Money*, May 11, 2017, http://money.cnn.com/2017/05/11/investing/sears-lampert-dont-need-more-customers/index.html.

64 Tom Shea, "Big firms team up on videotex project," Infoworld, March 12, 1984, https://books.google.com/books?id=li4EAAAAMBAJ&pg=PA13#v=one page&q&f=false.

65 Lauren Thomas, "Sears shares jump after company reports a profit for holiday quarter, CNBC, March 14, 2018, www.sears-soars-after-reporting-lower-than -expected-full-in-comp-sales.html.

66 同上。

67 Jason Kirby, "CEOs: Stop Debasing Wayne Gretzky's 'I Skate to Where the Puck Is Going' Quote," CanadianBusiness.com, October 3, 2014, www.canadian business.com/blogs-and-comment/stop-using-gretzky-where-the-puck-is-quote.

68 Jim Tierney, "Can Sears' Shop Your Way Loyalty Program Keep Venerable Retailer Afloat in the Future?," Loyalty360, March 24, 2017, www.loyalty360.org/content-gallery/daily-news/can-sears-shop-your-way-loyalty-program-keep-vene.

69 Glenn Taylor, "Can Department Stores Save Themselves in 2018?" RetailTouchPoints.com, January 4, 2018, www.retailtouchpoints.com/features/ trend-watch/can-department-stores-save-themselves-in-2018.

70　Abha Bhattarai and Aaron Gregg, "Why Sears Ended a Century-Old Partnership with Whirlpool," *Washington Post*, October 24, 2017, www .washingtonpost.com/news/business/wp/2017/10/24/why-sears-ended-a-century-old-partnership-with-whirlpool/?utm_term=.e6b16580a7f8.

71　Adam Levine-Weinberg, "Sears Just Stopped Carrying the No. 1 Appliance Brand," October 25, 2017, *Motley Fool*, www.fool.com/investing/2017/10/25/sears-just-stopped-carrying-no-1-appliance-brand.aspx.

72　Natalie Waters, "Sears and Amazon: the Best and Worst Retailers Team Up for a Second Time," *The Motley Fool*, December 30, 2017, www.fool.com/ investing/2017/12/30/sears-and-amazon-the-best-and-worst-retailers-team.aspx.

73　David Reid, "Apple Watch to Be Able to Control Whirlpool Appliances This Year," CNBC, January 8, 2018, cnbc.com/2018/01/08/apple-watch-to-be-able -to-control-whirlpool-appliances-this-year.html.

74　同上。

75　"History of the Search Catalog," Sears Archives, www.searsarchives.com/ catalogs/history.htm.

76　Debbie Hauss, "1:1 with CIO McNamara: How Target Achieved 25% Digital Growth in 2017," RetailTouchPoints.com, January 12, 2018, www.retailtouchpoints.com/features/retail-success-stories/1-1-with-cio-mcnamara-how-target-achieved-25-digital-growth-in-2017.

77　"2018 Customer Engagement Awards," RetailTouch-Points.com, n.d., p. 6, www.retailtouchpoints.com/features/special-reports/2018-customer-engagement-awards.

路径 3　市场加速

78　Krystal Hu, "One Quote from Jack Ma Sums Up a Huge Shift in China's Economy," Yahoo! Finance, June 22, 2017, https://finance.yahoo.com/news/one-quote-jack-ma-sums-huge-shift-chinas-economy-203255351.html.

79　*Global Economic Prospects: Broad-Based Upturn, but for How Long?* (Washington, DC: World Bank, 2018), www.worldbank.org/en/publication/global-economic-prospects.

80　"The 10 Fastest-Growing Industries in the U.S.," SageWorks.com, July 24, 2017, www.sageworks.com/the-10-fastest/.

81　Craig Turp, "Emerging Europe to Record Positive Growth Across the Board in 2018," EmergingEurope.com, November 7, 2017, http://emerging-europe.com/regions/emerging-europe-record-positive-growth-across-board-2018/.

82　McKinsey Global Institute, "Digital China: Powering the Economy to Global Competitiveness," McKinsey & Company, December 2017, www.mckinsey.com/~/media/McKinsey/Global%20Themes/China/Digital%20China%20Powering%20the%20economy%20to%20global%20competitiveness/MGI-Digital-China-Report-December-20-2017.ashx.

83　"Geographic Expansion," Frost & Sullivan, n.d., ww2.frost.com/consulting/growth-processes/geographic-expansion/.

84　"The 21st Century Spice Trade: A Guide to the Cross-Border E-Commerce Opportunity," DHL, December 2016, www.dhl.com/content/dam/downloads/g0/press/publication/g0_dhl_express_cross_

border_ecommerce_21st_century_spice_trade.pdf.

85 同上。

86 "China Eclipses the US to Become the World's Largest Retail Market," eMarketer.com, August 18, 2016, www.emarketer.com/Article/China-Eclipses-US-Become-Worlds-Largest-Retail-Market/1014364.

87 The W. Edwards Deming Institute Blog, n.d., https://blog.deming.org/w-edwards-deming-quotes/large-list-of-quotes-by-w-edwards-deming/.

88 Geoffrey A. Moore, *Crossing the Chasm* (New York: HarperBusiness, 2016).

89 Priyanka Bisht, "Sports Apparel Market Is Estimated to Garner $184.6 Billion, Globally, by 2020," AlliedMarketResearch.com, press release, n.d., www.alliedmarketresearch.com/press-release/sports-apparel-market.html.

90 "Sailing into a Big, Blue Ocean of Opportunity," BNBranding.com, n.d., http://bnbranding.com/brandinsightblog/under-armour-marketing/.

91 同上。

92 "Under Armour (UAA) down 9.5% since earnings report: Can It Rebound?," Zacks Equity Research, March 15, 2018, www.zacks.com/stock/news/295762/under-armour-uaa-down-95-since-earnings-report-can-it-rebound.

93 Avi Salzman, "Under Armour's New Retail Strategy Is Winning Fans," Barrons.com, Barron's Next, May 31, 2017, www.barrons.com/articles/under-armours-new-retail-strategy-is-winning-

fans-1496271018.

94　David Pierce, "How Under Armour Plans to Turn Your Clothes into Gad- gets," *Wired*, Gear, January 5, 2016, www.wired.com/2016/01/under-armour-healthbox/.

95　"Deeper Than Dollars: Global Perceptions About Premium Products," Nielsen.com, Insights, December 15, 2016, www.nielsen.com/us/en/insights/news/2016/deeper-than-dollars-global-perceptions-about-premium-products.html.

96　*Baby Personal Care Market Analysis, Market Size, Application Analysis, Regional Outlook, Competitive Strategies, and Forecasts, 2016 to 2024*, Grand View Research, Market Research Report, October 2016, www.grandviewresearch.com/industry-analysis/baby-personal-care-market.

97　David Crow, "Shift to Organics Gives Johnson & Johnson the Babycare Blues," *Financial Times*, July 28, 2016, www.ft.com/content/f919110e-5379-11e6-9664-e0bdc13c3bef.

98　Neil Howe, "Nothing's Too Good for My Baby," *Forbes*, Opinion, November 30, 2016, www.forbes.com/sites/neilhowe/2016/11/30/nothings-too-good-for-my-baby/#6bac86fa1ab6.

99　Serena Ng, "No Longer a Unicorn, Jessica Alba's Honest Co. Struggles to Grow," *Wall Street Journal*, January 5, 2018.

100　John Kell, "Jessica Alba's Honest Co. to Sell Goods on Amazon.com," *Fortune*, June 15, 2017, http://fortune.com/2017/06/15/honest-co-jessica-alba-amazon/.

101　Gretchen Livingston, "More Than a Million Millennials Are Becoming Moms Each Year," Pew Research Center, FactTank,

January 3, 2017, www.pewresearch.org/fact-tank/2017/01/03/more-than-a-million-millennials-are-becoming-moms-each-year/.

102 "Mattel Unveils Plan to Reinvent Company and Deliver Enhanced and Sustainable Growth," Mattel Newsroom, June 14, 2017, https://news.mattel.com/news/mattel-unveils-plan-to-reinvent-company-and-deliver-enhanced-and-sustainable-growth.

103 "Global and U.S. Toy Industry Sales Increase 1 percent in 2017," NPD.com, press release, January 25, 2018, www.npd.com/wps/portal/npd/us/news/press-releases/2018/toy-sales-globally-and-in-the-US-both-grow-by-1-percent-in-2017-reports-the-NPD-group/.

104 Global Industry Analysts, Inc., "Innovation and New Product Launches Drive the Global Toys and Games Market," Strategyr.com, October 2017, www.strategyr.com/MarketResearch/Toys_and_Games_Market_Trends.asp.

105 "Mattel Unveils Plan to Reinvent Company and Deliver Enhanced and Sustainable Growth."

106 Eliana Dockterman, "Barbie's Got a New Body," *Time*, January 28, 2016, http://time.com/barbie-new-body-cover-story/.

107 John Kell, "Can Mattel Fill Gaping Hole Left by Loss of Disney Princesses?," *Fortune*, February 2, 2016, http://fortune.com/2016/02/02/mattel-disney-princesses-sales/.

路径4 产品拓展

108 Clayton M. Christensen, Taddy Hall, Karen Dillon, and David S. Duncan, "'Know Your Customers' 'Jobs to Be Done,'" *Harvard*

Business Review, September 2016, https://hbr.org/2016/09/know-your-customers-jobs-to-be-done.

109　Khalid Saleh, "Customer Acquisition vs. Retention Costs—Statistics and Trends," Invesp, n.d., www.invespcro.com/blog/customer-acquisition-retention/.

110　"Global Consumers More Likely to Buy New Products from Familiar Brands," Nielsen.com, Press Room, January 22, 2013, www.nielsen.com/us/en/ press-room/2013/global-consumers-more-likely-to-buy-new-products-from-familiar-b0.html.

111　Richard Kestenbaum, "How the Beauty Industry Is Adapting to Change: The Business Plans," *Forbes*, June 20, 2017, www.forbes.com/sites/ richardkestenbaum/2017/06/20/how-the-beauty-industry-is-adapting-to-change-the-business-plans/#6ce349d26007.

112　Robert Rynd, "Go Global but What Are the Opportunities and Risks of Expanding into New Markets?," Thomson Reuters, Inside Financial & Risk, November 11, 2015, https://blogs.thomsonreuters.com/financial-risk/risk-management-compliance/go-global-but-what-are-the-opportunities-and-risks-of-expanding-into-new-markets/.

113　"New Product Development," Frost & Sullivan, n.d., https://ww2.frost.com/consulting/growth-processes/new-product-development/.

114　Seth Godin, "First, organize 1,000," Blogpost, December 23, 2009, http://sethgodin.typepad.com/seths_blog/2009/12/first-organize-1000.html.

115　"The World's Most Innovative Companies," *Forbes*, n.d., https://www.forbes.com/innovative-companies/#75db2d541d65.

116　*Forbes* Staff，"Forbes Releases Seventh Annual List of the World's Most Innovative Companies，" August 8，2017，www.forbes.com/sites/forbespr/ 2017/08/08/forbes-releases-seventh-annual-list-of-the-worlds-most-innovative-companies/ #745616884373.

117　Richard Kestenbaum，"How the Beauty Industry Is Adapting to Change，" *Forbes*，June 19，2017，www.forbes.com/sites/richardkestenbaum/ 2017/06/19/how-the-beauty-industry-is-adapting-to-change/#4b04d06a3681.

118　同上。

119　Fabrizio Freda, president and CEO of Estée Lauder，引文出处同上。

120　"Kylie, the Entrepreneur，" Shopify.com，n.d.，https：// www.shopify.com/kylie.

121　"The Beauty Industry Faces a New Reality，" Artémia，September 29，2017，http：//artemia.com/beauty-industry-faces-new-reality/.

122　Kestenbaum，"How the Beauty Industry Is Adapting to Change."

123　P. Claire Dodson，"How Kylie Jenner Built a Makeup Empire Out of Her Most Famous Asset，" *Fast Company*，May 15，2017，www.fastcompany.com/40413114/how-kylie-jenner-built-a-makeup-empire-out-of-her-most-famous-asset.

124　引自 Kestenbaum，"How the Beauty Industry Is Adapting to Change"。

125　Rachel Strugatz，"Kylie Jenner's Kylie Cosmetics on Way to Becoming $1B Brand，" WWD, Beauty，August 9，2017，http：//wwd.com/beauty-industry-news/beauty-features/kylie-jenner-cosmetics-to-become-billion-dollar-brand-10959016.

126　Josh Cable，"For John Deere, Customer Input Drives Product Development，" AmericanCity&County.com，Government Product

News, October 27, 2008, americancityandcounty.com/news/john-deere-customer-input-drives-product-development.

127　Futurism Staff, "How Apollo 13 Avoided Disaster," Futurism, n.d., https://futurism.media/how-apollo-13-avoided-disaster.

128　"Blockbuster CEO: Redbox, Netflix 'Not on Radar Screen' as Competition," Inside Redbox, December 11, 2008, www.insideredbox.com/blockbuster-ceo-redbox-netflix-not-on-radar-screen-as-competition.

129　Mark Zoradi, quoted in February 2016 in "Foot in Mouth: 42 Quotes from Big Corporate Execs Who Laughed Off Disruption When It Hit," CBInsights, Research Briefs, February 2, 2018, www.cbinsights.com/research/big-compay-ceos-execs-disruption-quotes.

130　Anne Marie Squeo and Bruce Orwall, "Enron and Blockbuster Terminate Partnership for Video-on-Demand," *Wall Street Journal*, March 12, 2001, https://www.wsj.com/articles/SB984181374790463655.

131　Brooke Barnes, "Disney Makes $52.4 Billion Deal for 21st Century Fox in Big Bet on Streaming," *New York Times*, DealBook, December 14, 2017, www.nytimes.com/2017/12/14/business/dealbook/disney-fox-deal.html.

132　"Tesla Motors CEO Elon Musk: 'Great Companies Are Built on Great Products,'" Knowledge@Wharton podcast, May 13, 2009, http://knowledge.wharton.upenn.edu/article/tesla-motors-ceo-elon-musk-great-companies-are-built-on-great-products.

路径5 客户和产品多样化

133 "Mondelez International CEO Irene Rosenfeld on Strategy in the Global Snack Market," Yale School of Management, Recent News, May 1, 2014, http: //som.yale.edu/news/2014/05/mondel%C4%93z-international-ceo-irene-rosenfeld-strategy-global-snack-market.

134 "Looking to Achieve New Product Success?," Nielsen.com, June 2015, www.nielsen.com/content/dam/nielsenglobal/jp/docs/report/2015/Nielsen%20Global%20New%20Product%20Innovation%20Report%20June%202015.pdf.

135 同上。

136 "What Are the Prospects for Global Trade Growth?," *Global Economy Watch*, October 2014, www.pwc.com/gx/en/issues/economy/global-economy-watch/assets/pdfs/global-economy-watch-october-2014.pdf.

137 同上。

138 Joann Muller, "Davos 2016: GM Boss Sees a Revolution in Personal Mobility," *Forbes*, January 18, 2016, www.forbes.com/sites/joannmuller/2016/01/18/davos-2016-gm-boss-sees-a-revolution-in-personal-mobility/#52c59b8646bf.

139 Taylor Soper, "Ouch: Amazon Takes $170M Write-Down on Fire Phone," GeekWire, October 23, 2014, www.geekwire.com/2014/amazon-takes-170m-loss-fire-phone/.

140 Bruce Rogers, "John Chambers on Market Transitions and Managing Change," *Forbes*, May 15, 2017, www.forbes.com/sites/brucerogers/2017/05/15/ john-chambers-on-market-transitions-

and-managing-change/2/#2abc9f3c5a52.

141　Christopher A. H. Vollmer, "How to Make Entertainment and Media Businesses 'Fan' -tastic," *Strategy+Business* 87, Summer 2017, May 8, 2017, https://www.strategy-business.com/article/How-to-Make-Entertainment-and-Media-Businesses-Fan-tastic.

142　Mike Sampson, "How Marvel Risked Everything to Go from Bankruptcy to Billions," ScreenCrush, April 23, 2016, http://screencrush.com/marvel-bankruptcy-billions/.

143　Barnes, "Disney Makes $52.4 Billion Deal for 21st Century Fox in Big Bet on Streaming."

144　Margaret Steen, "Meg Whitman: How We Grew eBay from 30 to 13,000 Employees," Stanford Graduate School of Business, Insights, May 1, 2006, www.gsb.stanford.edu/insights/meg-whitman-how-we-grew-ebay-30-13000-employees.

145　Will Ashworth, "Ebay-Paypal: A One-in-a-Million Deal," *InvestorPlace*, April 15, 2013, https://investorplace.com/2013/04/ebay-paypal-a-one-in-a-million-deal/#.Wiyo2UpKuUk.

146　Jonathan Chadwick, "eBay Takes Control over Online Payments by Ditching PayPal," ZDNet, February 2, 2018, www.zdnet.com/article/ebay-takes control-over-online-payments-by-ditching-paypal/?utm_content=buffer7d6cc&utm_medium=social& utm_source=twitter.com&utm_campaign=buffer.

147　McKinsey Financial Services Practice, "Global Payments 2016: Strong Fundamentals Despite Uncertain Times," McKinsey & Company, September 2016, www.mckinsey.com/～/media/McKinsey/Industries/Financial%20Services/Our%20 Insights/A%20mixed%20

2015%20for%20the%20global%20payments%20industry/ Global-Payments-2016.ashx.

148 "2016 Words of Wisdom: The CEO Edition," PYMNTS.com, December 26, 2016, www.pymnts.com/news/payments-innovation/ 2016/2016-words-of-wisdom-the-ceo-edition/.

149 Dan Schulman, "PayPal's CEO on Creating Products for Underserved Markets," *Harvard Business Review*, December 2016, https://hbr.org/2016/12/ paypals-ceo-on-creating-products-for-underserved-markets.

150 "Consumers in Developing Countries Are More Likely to Be 'Early Adopters' of New Products," Nielsen.com, Press Room, June 23, 2015, www.nielsen .com/us/en/press-room/2015/consumers-in-developing-countries-are-more-likely-to-be-early -adopters-of-new-products.html.

151 笔者认为是莉迪娅·玛利亚·蔡尔德所说。初始来源未知。

152 James Delingpole, "When LEGO Lost Its Head—and How This Toy Story Got Its Happy Ending," *Mail Online*, December 18, 2009, www.dailymail.co.uk/home/moslive/article-1234465/When-LEGO-lost-head—toy-story-got-happy-ending.html.

153 Alexandra Gibbs and Carolin Roth, "How LEGO Built Itself Back Together Again," CNBC, November 9, 2016, www.cnbc.com/2016/11/09/how-the-LEGO-group-built-itself-back-together-again.html.

154 Jacob Gronholt-Pedersen and Julie Astrid Thomsen, "LEGO to Cut 1,400 Staff as Decade-Long Sales Boom Ends," Reuters, Business News, September 5, 2017, www.reuters.com/article/us-

LEGO-results/LEGO-to-cut-1400-staff-as-decade-long-sales-boom-ends-idUSKCN1BG0WK.

155　Richard Milne,"LEGO Suffers First Drop in Revenues in a Decade,"*Financial Times*,September 5,2017,www.ft.com/content/d5e0b6b0-9211-11e7-a9e6-11d2f0ebb7f0.

156　"LEGO Expands to Beat Supply Chain Bottlenecks,"*Euronews*,June 9,2016,http://www.euronews.com/2016/09/06/LEGO-expands-to-beat-supply-chain-bottlenecks.

157　"Global LEGO Group Sales Grew 10% in First Half of 2016,"LEGO.com,LEGO Newsroom,September 6,2016,www.LEGO.com/en-us/aboutus/news-room/2016/september/interim-result.

158　Jacob Gronhold-Pedersen and Julie Astrid Thomsen,"LEGO to cut 1,400 staff as decade-long sales boom ends,"Reuters,September 5,2017,https://www.reuters.com/article/us-LEGO-results/LEGO-to-cut-1400-sta-as-decade-long-sales-boom-ends-idUSKCN1BG0WK LEGO.

159　Michelle Caruso-Cabrera,"3M CEO：Research Is'Driving This Company,'"CNBC.com,June 10,2013,www.cnbc.com/id/100801531.

160　Kurt Schroeder,"Why So Many New Products Fail(and It's Not the Product),"*Business Journals*,March 14,2017,www.bizjournals.com/bizjournals/how-to/marketing/2017/03/why-so-many-new-products-fail-and-it-s-not-the.html.

路径6　优化销售

161　笔者认为是艾伦·H.莫根森所说。

162 "Global Brand Simplicity Index 2017," Siegel+Gale, 2017, http://simplicityindex.com/.

163 *Conversion Rate Optimization Report 2017*, Econsultancy.com, October 2017, https://econsultancy.com/reports/conversion-rate-optimization-report/.

164 Miller Heiman Group, *2017 CSO Insights Sales Enablement Optimization Report/Summary*, CSO Insights, 2016, 2017, www.csoinsights.com/wp-content/uploads/sites/5/2017/10/2017-SE-Executive-Summary.pdf.

165 同上。

166 Stefanie Jansen, "15 Sales Statistics That Prove Sales Is Changing," *Salesforce Blog*, November 17, 2017, www.salesforce.com/blog/2017/11/15-sales-statistics.html.

167 Shelley Bransten, "How Salesforce Enabled Retailers to Power the Busiest Shopping Days of the Holiday Season," *Salesforce Blog*, November 29, 2017, www.salesforce.com/blog/2017/11/salesforce-powers-cyber-week.html.

168 "How to Predict Turnover on Your Sales Team," *Harvard Business Review*, July 2017, https://hbr.org/2017/07/how-to-predict-turnover-on-your-sales-team.

169 Maribeth Kuzmeski, *The Connectors* (Hoboken, NJ: John Wiley, 2009), Kindle edition, chapter 5.

170 Brian Stoffel, "America's 10th Best CEO Will Give You an Investing Edge," Motley Fool, March 29, 2013, www.fool.com/investing/general/2013/03/29/americas-10th-best-ceo-will-give-you-an-investing.aspx.

171 Louis Columbus, "Gartner Predicts CRM Will Be a $36B Market by 2017," *Forbes*, June 18, 2013, www.forbes.com/sites/louiscolumbus/2013/06/18/gartner-predicts-crm-will-be-a-36b-market-by-2017/#949be3a77e31.

172 Ken Krogue, "Behind the Cloud Part 4—The Sales Playbook," InsideSales.com, December 12, 2009, www.insidesales.com/insider/kens-notes/behind-the-cloud-part-4/.

173 Marc Benio, *Behind the Cloud*（San Francisco: Jossey Bass, 2009）, p. 73.

174 Phil Jackson, in Michael Benson, *Winning Words*（Lanham: Taylor Trade, 2008）p.123.

175 Portia Crowe, "IT'S OFFICIAL: Walmart Is Buying Jet.com for $3 Billion," *Business Insider*, August 8, 2016, www.businessinsider.com/walmart-is-buying-jetcom-2016-8.

176 Monica Watrous, "Wal-Mart Grocery Sales Surge in Latest Quarter," Food Business News, November 20, 2017, www.foodbusinessnews.net/articles/news_home/Financial-Performance/2017/11/Wal-Mart_grocery_sales_surge_i.aspx?ID=%7BA34B0D51-CBE8-4358-B3E3-5F9DD0B00533%7D&cck=1.

177 John Furth, "Amazon vs. Wal-Mart is shaping up to be a battle of mega-retailers," *New York Daily News*, August 30, 2017.

178 "Walmart CEO McMillon Outlines Vision for 'Future of Shopping' at Annual Shareholders' Meeting," *Business Wire*, June 2, 2017, www.businesswire.com/news/home/20170602005650/en/Walmart-CEO-McMillon-Outlines-Vision-%E2%80%98Future-Shopping%E2%80%99.

179 Phil Wahba, "Walmart Grocery Availability Delivery Grows to Some 40% of U.S. Households," *Fortune*, March 14, 2018, fortune.com/2018/03/14/walmart-grocery-3.

180 Phil Wahba, "Walmart's U.S. Sales Blow Past Expectations Thanks to E-Commerce and Food," *Fortune*, November 16, 2017, http://fortune.com/2017/11/16/walmart-results-2/.

181 Matthew Boyle, "Target to Buy Shipt for $550 Million in Challenge to Amazon," *Bloomberg Business*, December 13, 2017, www.bloomberg.com/amp/news/articles/2017-12-13/target-to-buy-shipt-for-550-million-in-bet-on-same-day-delivery.

182 Kesha Hannam, "Alibaba Is Spending $2.9 Billion to Challenge Walmart in China, Fortune, November 20, 2017, http://fortune.com/2017/11/20/alibaba-invests-chinas-sun-art/.

183 Laura J. Keller and Katherine Chiglinsky, "Wells Fargo Eclipsed by JPMorgan as World's Most Valuable Bank," *Bloomberg*, September 13, 2016, www.bloomberg.com/news/articles/2016-09-13/wells-fargo-eclipsed-by-jpmorgan-as-world-s-most-valuable-bank.

184 Bethany McLean, "How Wells Fargo's Cutthroat Corporate Culture Allegedly Drove Bankers to Fraud," *Vanity Fair*, Hive, May 31, 2017, www.vanityfair.com/news/2017/05/wells-fargo-corporate-culture-fraud.

185 同上。

186 "The Hard Fall of Wells Fargo's Carrie Tolstedt," CBS MoneyWatch, April 11, 2017, www.cbsnews.com/news/the-hard-fall-of-wells-fargos-carrie-tolstedt/.

187 Jana Kasperkevic, "Wells Fargo Eliminates Sales Quotas After

Unauthorized Accounts Scandal, *Guardian*, Banking, September 13, 2016, www.theguardian.com/business/2016/sep/13/wells-fargo-eliminates-sales-quotas-unauthorized-accounts.

188　Samantha Masunaga and James Rufus Koren, "Wells Fargo's Estimate for Unauthorized Accounts Jumps 67%, to 3.5 Million," *Los Angeles Times*, August 31, 2017, www.latimes.com/business/la-fi-wells-fargo-accounts-20170831-story.html.

189　Mintel Press Team, "56% of Americans Stop Buying from Brands They Believe Are Unethical," Mintel.com, November 18, 2015, www.mintel.com/press-centre/social-and-lifestyle/56-of-americans-stop-buying-from-brands-they-believe-are-unethical.

路径7　客户留存

190　笔者认为是杰西·潘尼所说。初始来源未知。

191　Alex Lawrence, "Five Customer Retention Tips for Entrepreneurs," *Forbes*, November 1, 2012, www.forbes.com/sites/alexlawrence/2012/11/01/five-customer-retention-tips-for-entrepreneurs/#3fd0e1a85e8d.

192　Vala Afshar, "50 Important Customer Experience Stats for Business Leaders," *Huffington Post*, *The Blog*, October 15, 2015, www.hungtonpost.com/vala-afshar/50-important-customer-exp_b_8295772.html.

193　Genesys, *3 Strategies to Improve the Customer Experience*（Daly City, CA: Genesys, 2014）, www.genesys.com/resources/3Strategies_improve_CX_EB06022014_screen_（1）.pdf.

194 Forbes Staff, "Investing in Customer Retention Leads to Greatly Increased Market Share, Says Forbes Insights Study," *Forbes*, September 14, 2016, www.forbes.com/sites/forbespr/2016/09/14/investing-in-customer-retention-leads-to-significantly-increased-market-share-says-new-study/#78f28022472d.

195 Lizzy Foo Kune, James Meyers, "A Marketer's Guide to What Is—and Isn't—a Customer Data Platform," Gartner for Marketers, report, March 9, 2018.

196 Drew Neisser, "How Spotify Curated the Ultimate Playlist for Brand Growth," *Ad Age*, March 29, 2017, http://adage.com/article/cmostrategy/spotify-curated-ultimate-playlist-brand-growth/308452/.

197 Amy Gallo, "The Value of Keeping the Right Customers," *Harvard Business Review*, October 29, 2014, https://hbr.org/2014/10/the-value-of-keeping-the-right-customers.

198 Allen Miller, Ben Vonwiller, and Peter Weed, "Grow fast or die slow: Focusing on customer success to drive growth," McKinsey & Company, https://www.mckinsey.com/industries/high-tech/our-insights/grow-fast-or-die-slow-focusing-on-customer-success-to-drive-growth.

199 Richard Kestenbaum, "Subscription Businesses Are Exploding with Growth," *Forbes*, August 10, 2017, www.forbes.com/sites/richardkestenbaum/2017/08/10/subscription-businesses-are-exploding-with-growth/#51961b5d6678.

200 Christy Pettey, "Moving to a Software Subscription Model," Gartner.com, November 12, 2015, www.gartner.com/smarterwithgartner/

moving-to-a-software-subscription-model/.

201 Cherie Hu, "Spotify's Churn Rate and Inactive Subscribers: Should the Music Industry be Concerned?," *Billboard*, March 26, 2018, www.billboard.com/articles/business/8258220/music-industry-spotify-churn-rate-inactive-subscribers.

202 Dina Gerdeman, "A Smarter Way to Reduce Customer Churn," *Forbes*, Leadership, November 11, 2013, www.forbes.com/sites/hbsworkingknowledge/2013/11/11/a-smarter-way-to-reduce-customer-churn/#76ee339d2c0a.

203 Sarabjit Singh Baveja, Sharad Rastogi, Chris Zook, Randall S. Hancock, and Julian Chu, *The Value of Online Customer Loyalty*, Bain & Company/Mainspring eStrategy Brief, April 1, 2000, www.bain.com/Images/Value_online_customer_loyalty_you_capture.pdf.

204 *Forbes* Staff, "Investing in Customer Retention Leads to Greatly Increased Market Share, Says Forbes Insights Study."

205 Jason Grunberg, "A Forbes Insights Study: Linking Customer Retention with Profitable Growth," Sailthru, September 14, 2016, www.sailthru.com/marketing-blog/a-forbes-insights-study-linking-customer-retention-with-profitable-growth.

206 Neisser, "How Spotify Curated the Ultimate Playlist for Brand Growth."

207 Daniel Frankel, "Sling TV's Lynch: 'We Don't Think of People Leaving the Service as Churn,'" FierceCable.com, May 7, 2015, www.fiercecable.com/cable/sling-tv-s-lynch-we-don-t-think-people-leaving-service-as-churn.

208 "Digital Media Market Report," *Statista*, April 2018, www.statista.

com/study/44526/digital-media-report/.

209 "About: What Is Spotify?," Spotify.com, Press, n.d., https://press.spotify.com/us/about/.

210 Micah Singleton, "Spotify Now Has 140 Million Active Users," The Verge.com, June 15, 2017, www.theverge.com/2017/6/15/15807826/spotify-140-million-active-users.

211 Spotify Technology S.A. Registration Statement, United States Securities and Exchanges Commission, February 28, 2018, www.sec.gov.

212 笔者认为是威尔·罗杰斯所说。初始来源未知。

213 Patrick Haughey, *How Spotify Keeps 99% of Its Customers Happy*, Voxpro.com, podcast, October 14, 2017, www.voxprogroup.com/customer-experience/how-spotify-keeps-99-of-its-customers-happy/.

214 本杰明·格雷厄姆所说,沃伦·巴菲特也引用过。Berkshire Hathaway letter to shareholders, February 27, 2009, www.berkshirehathaway.com/letters/2008ltr.pdf。

215 Benjamin Brandall, "Freemium Conversion Rate: Why Spotify Destroys Dropbox by 667%," March 29, 2016, https://www.business2community.com/digital-marketing/freemium-conversion-rate-spotify-destroys-dropbox-667-01497671# cqiZvz54UaXJkGCx.97.

216 Tom Turula, "Spotify Will Now Sell Listeners Makeup Products Inspired by Popular Music Artists," *Business Insider*, November 13, 2017, www.businessinsider.com/spotify-to-sell-makeup-products-2017-11.

217 Anita Balakrishnan, "Spotify stock plunges after reporting earnings for the first time," CNBC, May 2, 2018, www.cnbc.

com/2018/05/02/spotify-earnings-q1-2018.html.

218　Sanjeev Sularia, "iTunes, Spotify, Kindle: Reinventing How You Spend," *Brand Quarterly*, December 19, 2017, www.brandquarterly.com/itunes-spotify-kindle-reinventing-spend.

219　Kimberlee Morrison, "Consumers Want Personalization in Exchange for Their Data (Infographic)," *Adweek*, October 21, 2016, www.adweek.com/digital/consumers-want-personalization-in-exchange-for-their-data-infographic/.

220　Thomas Franck, "Buy Netflix Before Earnings Because Subscriber Growth Will Top Street: UBS," CNBC, October 4, 2017, www.cnbc.com/2017/10/04/buy-netflix-before-earnings-because-subscriber-growth-will-top-street-ubs.html.

221　Todd Spangler, "Netflix Blasts Past Q4 Subscriber-Growth Expectations, Shares Soar to All-Time High," *Variety*, January 22, 2018, http://variety.com/2018/digital/news/netflix-q4-2017-earnings-stock-1202672341.

222　Marketwired, "Parks Associates: 19% of U.S. Broadband Households Cancelled an OTT Video Service in the Past 12 Months," Yahoo! Finance, February 1, 2017, https://finance.yahoo.com/news/parks-associates-19-u-broadband-140000232.html.

223　"More Than One-Half of OTT-Subscribing Households Pay for Multiple OTT Video Services," ParksAssociates.com, November 30, 2017, www.parksassociates.com/blog/article/pr-11302017.

224　同上。

225　Nick Statt, "Netflix Plans to Spend \$8 Billion to Make Its Library 50 Percent Original by 2018," TheVerge.com, October 16, 2017, www.theverge.com/2017/10/16/16486436/netflix-original-content-8-billion-dollars-anime-films.

226　Jessica Rawden, "Netflix Is Adding More Originals but There's a Definite Downside for Users," CinemaBlend.com, n.d., www.cinemablend.com/television/1605310/netflix-is-adding-more-originals-but-theres-a-definite-downside-for-users.

227　Sarah Perez, "Netflix Was 2017's Top Non-Game App by Revenue," *TechCrunch*, January 12, 2018, https://techcrunch.com/2018/01/12/netflix-was-2017s-top-non-game-app-by-revenue/.

228　Tim Mulligan, "Netflix Q1 2018 results: Hiking Prices or Fighting Churn?," Midia Research, April 18, 2018, www.midiaresearch.com/blog/netflix-q1-2018-results-hiking-prices-or-fighting-churn/.

229　Michael Liedtke, "Netflix's Shrinking DVD Service Faces Uncertain Future," Associated Press, January 19, 2017, https://www.apnews.com/7bdf66b8c20d4f6889eb825b33f72780/Netflix's-shrinking-DVD-service-faces-uncertain-future.

230　Abigail Stevenson, "Campbell Soup CEO: Stunning Disruption in the Ecosystem of Food," CNBC, "Mad Money with Jim Cramer," July 21, 2016, https://www.cnbc.com/2016/07/21/campbell-soup-ceo-stunning-disruption-in-the-ecosystem-of-food.html.

231　Bob Goldin and Barry Friends, "Meal Kits: Are They a Real Threat to Foodservice, Retail or Both?," *Pentallect POV*, June 27, 2017, http://pentallect.com/wp-content/uploads/2017/06/Pentallct-POV-Meal-Kits.pdf.

232　同上。

233　Katie Roof, "Blue Apron Hit with Multiple Class Action Lawsuits,"

TechCrunch, August 21, 2017, https：//techcrunch.com/2017/08/21/blue-apron-hit-with-class-action-lawsuit-from-shareholders.

234 Daniel McCarthy, "A Detailed Look at Blue Apron's Challenging Unit Economics," LinkedIn Article, June 27, 2017, https：//www.linkedin.com/pulse/detailed-look-blue-aprons-challenging-unit-economics-daniel-mccarthy.

235 Blue April Holdings, Inc. Reports First Quarter 2018 Results," BusinessWire, May 3, 2018. www.businesswire.com/news/home/20180503005277/en/Blue-Apron-Holdings-Inc.Reports-Quarter-2018-Results.

236 "Blue Apron Holdings'（APRN）CEO Matt Salzberg on Q3 2017 Results—Earnings Call Transcript," SeekingAlpha.com, November 2, 2017, https：//seeking alpha.com/article/4119692-blue-apron-holdings-aprn-ceo-matt-salzberg-q3-2017-results-earnings-call-transcript.

237 笔者认为是奥尔多·古驰所说。初始来源未知。

238 Khalid Saleh, "Customer Acquisition vs. Retention Costs—Statistics and Trends," Invesp, n.d., www.invespcro.com/blog/customer-acquisition-retention.

路径8 合作伙伴关系

239 笔者认为是艾拉妮丝·莫莉赛特所言。初始来源未知。

240 "Joint Ventures and Strategic Alliances：Examining the Keys to Success," PwC.com, 2016, www.pwc.com/us/en/deals/publications/joint-ventures-strategic-alliances.html.

241 *Now or Never: 2016 Global CEO Outlook*, KPMG.com, June 2016, https://home.kpmg.com/content/dam/kpmg/pdf/2016/07/2016_Global_CEO_Outlook_Final.pdf?logActivity=true.

242 *Grow from the Right Intro: A Report on the Strategic Value of Business Alliances and Compatible Partner Matching*, Powerlinx, BPI Network, and CMO Council, September 2014, www.powerlinx.com/blog/grow-from-right-intro-strategic-partnerships/.

243 "About Dell: Our History," Dell.com, www.dell.com/learn/us/en/uscorp1/our-history.

244 "Direct the World Over: Dell Fiscal 2006 in Review," Zonebourse.com, n.d., www.zonebourse.com/DELL-TECHNOLOGIES-31257688/pdf/73012/Dell%20Technologies_Rapport-institutionnel.pdf.

245 *Challenge or Be Challenged: How to Succeed in Today's Business Environment*, *Forbes*, Insights, in association with Gap International, 2017, https://i.forbesimg.com/forbesinsights/gap_international/ChallengeOrBeChallenged.pdf, 8.

246 Jamie Holguin, "Gateway Closing Stores," CBS News, April 2, 2004, www.cbsnews.com/news/gateway-closing-stores/.

247 Lynn Haber, "Dell EMC Shores Up Partner Program for 2018," February 7, 2018, *Channel Futures*, www.channelfutures.com/channel-futures/dell-emc-shores-partner-program-2018.

248 Mark Haranas, "Cisco CEO Chuck Robbins: The '5 Key Elements' of Cisco's Digital and Channel Strategy," CRN.com, November 1, 2017, www.crn.com/slide-shows/networking/300094906/cisco-ceo-chuck-robbins-the-5-key-elements-of-ciscos-digital-and-channel-strategy.htm.

249 Mark Reilly, "How Flip's Demise Got GoPro on Best Buy Shelves," *Minneapolis/St. Paul Business Journal*, June 20, 2013, Bizjournals.com, www.bizjournals.com/twincities/morning_roundup/2013/06/how-flips-demise-got-gopro-on-best.html.

250 R. D. Greengold, "How Best Buy's Success Could Be a Blessing for GoPro," *Motley Fool*, September 9, 2015, www.fool.com/investing/general/2015/09/09/how-best-buys-success-could-be-a-blessing-for-gopr.aspx.

251 Christopher Heine, "Red Bull and GoPro Team Up to Create More High-Flying Videos," *Adweek*, May 24, 2016, www.adweek.com/digital/red-bull-and-gopro-team-create-more-high-flying-videos-171648/.

252 "GoPro and Red Bull Form Exclusive Global Partnership," GoPro.com, The Inside Line, May 24, 2016, https://gopro.com/news/gopro-and-red-bull-form-exclusive-global-partnership.

253 "GoPro Announces Fourth Quarter and Full Year 2017 Results," PR Newswire, Cision, February 1, 2018, www.prnewswire.com/news-releases/gopro-announces-fourth-quarter-and-full-year-2017-results-300592276.html.

254 "Most Popular YouTube Brand Channels as of October 2017, Ranked by Total Number of Video Views (in Billions)," Statista.com, n.d., www.statista.com/statistics/277765/most-popular-youtube-brand-channels-ranked-by-views.

255 Leo Sun, "Do Any of GoPro Inc's Recent Partnerships Matter?," *Motley Fool*, March 2, 2016, www.fool.com/investing/general/2016/03/02/do-any-of-gopro-incs-recent-partnerships-matter.aspx.

256　Adam Rogers, "What Do Analysts Expect from GoPro in 2Q16?," Market Realist, July 15, 2016, http://marketrealist.com/2016/07/gopros-major-partnerships-2q16.

257　笔者认为是拿破仑·希尔所说。初始来源未知。

258　David Morris, "Airline Deregulation: A Triumph of Ideology over Evidence," *Huffington Post*, The Blog, December 13, 2013, updated April 19, 2017, www.huffingtonpost.com/david-morris/airline-deregulation-ideology-over-evidence_b_4399150.html.

259　同上。

260　Madhu Unnikrishnan, "A Law That Changed the Airline Industry Beyond Recognition (1978)," Aviation Week Network, June 4, 2015, http://aviationweek.com/blog/law-changed-airline-industry-beyond-recognition-1978.

261　Jeffrey M. Jones, "Airline Satisfaction Remains High," Gallup, December 13, 2007, http://news.gallup.com/poll/103237/airline-satisfaction-remains-high.aspx?version=print.

262　"IATA Forecasts Passenger Demand to Double over 20 Years."

263　"IATA Forecasts Passenger Demand to Double over 20 Years," IATA Pressroom, press release, October 18, 2016, www.iata.org/pressroom/pr/Pages/2016-10-18-02.aspx.

264　Derek Thompson, "How Airline Ticket Prices Fell 50% in 30 Years (and Why Nobody Noticed)," *Atlantic*, February 28, 2013, www.theatlantic.com/business/archive/2013/02/how-airline-ticket-prices-fell-50-in-30-years-and-why-nobody-noticed/273506/.

265　Julian Mark Kheel, "Do Loyalty Programs Make More Money for the Airlines Than Flying?," ThePointsGuy.com, March 31, 2017,

266 Hugo Martin, "Frequent Flier Programs Generate Profits for Airlines and Frustration for Travelers," *Los Angeles Times*, September 15, 2017, www.latimes.com/business/la-fi-frequent-flier-programs-20170914-story.html.

267 同上。

268 "Skytrax World Airline Awards," WorldAirlineAwards.com, n.d., www.worldairlineawards.com/Awards/worlds_best_airline_alliance.html.

269 Kelsey Murray, "Mark Cuban Says It Doesn't Matter if You Fail, You Just Have to Be Right Once," ThriveGlobal.com, June 5, 2017, https://journal.thriveglobal.com/mark-cuban-says-it-doesnt-matter-if-you-fail-you-just-have-to-be-right-once-e19b32b4de0c.

270 James Vincent, "Apple Clarifies Commission Cuts for iTunes Affiliates," TheVerge.com, May 8, 2017, www.theverge.com/2017/5/8/15577104/itunes-affiliate-program-commission-rate-changes.

271 Donald V. Fites, "Make Your Dealers Your Partners," Harvard Business Review, March–April 1996, https://hbr.org/1996/03/make-your-dealers-your-partners.

路径 9　合作竞争

272 Thomas L. Friedman, "Collaborate vs. Collaborate," *New York Times*, January 12, 2013, www.nytimes.com/2013/01/13/opinion/sunday/friedman-collaborate-vs-collaborate.html.

273 *Now or Never: 2016 Global CEO Outlook*, KPMG.com, June 2016,

https：//home.kpmg.com/content/dam/kpmg/pdf/2016/07/2016_Global_CEO_Outlook_Final.pdf?logActivity=true.

274 *Architects of a Better World：Building the Post-2015 Business Engagement Architecture*, UN Global Compact–Accenture CEO Study on Sustainability, September 2013, https：//acuns.org/wp-content/uploads/2013/10/ARCHITECTS-OF-A-BETTER-WORLD.pdf.

275 Andrew Carnegie, *The Gospel of Wealth*.

276 "Fiat Chrysler to Aid in the Development of World-Leading Autonomous Driving Platform," BusinessChief.com, August 17, 2017, http：//europe.businesschief.com/technology/1402/Fiat-Chrysler-to-aid-in-the-development-of-world-leading-autonomous-driving-platform.

277 Dean Takahashi, "Fiat Chrysler Joins Intel and BMW to Develop Self-Driving Cars," VentureBeat.com, August 16, 2017, https：//venturebeat.com/2017/08/16/fiat-chrysler-joins-intel-and-bmw-to-develop-self-driving-cars.

278 同上。

279 Michael Romer, Steffen Gaenzle, and Christian Weiss, *How Automakers Can Survive the Self-Driving Era*, ATKearney.com, 2016, www.atkearney.com/automotive/article?/a/how-automakers-can-survive-the-self-driving-era.

280 Phil LeBeau, "Fiat Chrysler Joins BMW and Intel to Develop Self-Driving Cars," *CNBC*, August 16, 2017, www.cnbc.com/2017/08/15/fiat-chrysler-joins-bmw-and-intel-to-develop-self-driving-cars.html.

281 Aaron Tilley, "The End of Wintel：How the Most Powerful Alliance

in Tech History is Falling Apart," *Forbes*, March 10, 2017, https://www.forbes.com/sites/aarontilley/2017/03/10/microsoft-intel-divorce/.

282　Wintel definition, TechTarget, http://searchwindowsserver.techtarget.com/definition/Wintel.

283　Alice Kreit and Jessica Wanke, "Timeline: Bill Gates. From Geek to Gazillionaire to Do-Gooder," NPR, www.npr.org/news/graphics/2008/june/bill_gates/gates_timeline_04.html.

284　Ajay Shah, "Windows + Intel = Wintel?," Mayin.org, 1998, www.mayin.org/ajayshah/MEDIA/1998/wintel.html.

285　"Cisco and EMC, Together with VMware, Form Coalition to Accelerate Pervasive Data Center Virtualization and Private Cloud Infrastructures," Cisco.com, Newsroom, November 3, 2009, https://newsroom.cisco.com/press-release-content?type=webcontent&articleId=5211915.

286　Steve Kaplan, "Customers Embracing Vblocks, but VCE Sales Harmony a Work in Progress," BytheBell.com, October 19, 2010, http://bythebell.com/2010/10/customers-embracing-vblocks-but-vce-sales-harmony-a-work-in-progress.html.

287　Gary Hamel, Yves Doz, and C.K. Prahalad, "Collaborate with Your Competitors—and Win," *Harvard Business Review*, Jan-Feb 1989 issue, https://hbr.org/1989/01/collaborate-with-your-competitors-and-win.

路径10　非常规战略

288　Sam Walton with John Huey, Sam Walton, *Made in America: My*

Story (New York: Bantam, 2012), p. 317.

289 Mathew Sweezey, "The Future of Marketing: Five Marketing Megatrends for 2018," MarketingProfs, November 29, 2017, www.marketingprofs.com/articles/2017/33206/the-future-of-marketing-five-marketing-megatrends-for-2018.

290 *The Business Case for Purpose: A Harvard Business Review Analytic Services Report*, sponsored by EY Beacon Institute, 2015, www.ey.com/gl/en/issues/ey-beacon-institute-the-business-case-for-purpose.

291 "Consumer-Goods' Brands That Demonstrate Commitment to Sustainability Outperform Those That Don't", Nielsen, http://www.nielsen.com/us/en/press-room/2015/consumer-goods-brands-that-demonstrate-commitment-to-sustainability-outperform.html.

292 Dimple Agarwal et. al., "The rise of the social enterprise," Deloitte Insights, March 28, 2018, www2.deloitte.com/insights/us/en/focus/human-capital-trends.html.

293 "Half of Employees Won't Work for Companies That Don't Have Strong CSR Commitments," Sustainable Brands, June 1, 2016, www.sustainablebrands.com/news_and_views/organizational_change/sustainable_brands/half_employees_wont_work_companies_don%E2%80%99t_hav.

294 Jillian D'Onfro, "15 quotes that show the strange, relentless genius of billionaire Alibaba founder Jack Ma," *Business Insider*, July 1, 2016.

295 Patrick Struebi, "Are We Becoming More Socially Responsible?," WEForum.com, October 2, 2015, www.weforum.org/agenda/2015/

10/are-we-becoming-more-socially-responsible.

296 Adam Lashinsky, "Apple's Tim Cook Leads Different," *Fortune*, March 26, 2015, http://fortune.com/2015/03/26/tim-cook/.

297 Robert Safian, "Salesforce's Marc Benioff on the Power of Values," *Fast Company*, April 17, 2017, www.fastcompany.com/40397514/salesforces-marc-benio-on-the-power-of-values.

298 "Building a Company with Heart," Salesforce.com, www.salesforce.com/company/ventures/pledge1.

299 Andrew Nusca, "These are *Fortune*," 100 Best Companies to Work For in 2018," *Fortune*, February 22, 2018, fortune.com/2018/02/22/best-companies-to-work-for-2018/.

300 Andy Boynton, "Unilever's Paul Polman: CEOs Can't Be 'Slaves' to Shareholders," *Forbes*, July 20, 2015, www.forbes.com/sites/andyboynton/2015/07/20/unilevers-paul-polman-ceos-cant-be-slaves-to-shareholders/2/#60b8 3b6f06.

301 Boynton, "Unilever's Paul Polman: CEOs Can't Be 'Slaves' to Shareholders."

302 Alicia McElhaney, "Larry Fink to CEOs: Contribute to Society or Lose BlackRock's Investment," *Institutional Investor*, January 16, 2018, www.institutional investor.com/article/b16j67x4y04cvx/larry-fink-to-ceos-contribute-to-society-or-lose-blackrock%E2%80%99s-investment.

303 Melinda Gates, at the World Economic Forum 2016, "Progress towards Parity" panel, January 22, 2016, https://www.weforum.org/events/world-economic-forum-annual-meeting-2016/sessions/progress-towards-parity.

304 Blake Mycoskie, "The Founder of TOMS on Reimagining the Company's Mission," *Harvard Business Review*, Jan-Feb 2016 issue, https://hbr.org/2016/01/the-founder-of-TOMS-on-reimagining-the-companys-mission.

305 Shawn Donnelly, "16 Brands That Use the TOMS Model of One-for-One Giving," RealClear Life, n.d., www.realclearlife.com/books/16-brands-use-TOMS-model-one-one-giving.

306 Leigh Buchanan, "What's Next for TOMS, the $400 Million For-Profit Built on Karmic Capital," *Inc.*, n.d., www.inc.com/magazine/201605/leigh-buchanan/TOMS-founder-blake-mycoskie-social-entrepreneurship.html.

307 Quoted in Gary Burnison, *No Fear of Failure* (San Francisco: Jossey-Bass, 2011), p. 34.

308 Sarah Landrum, "Millennials Driving Brands to Practice Socially Responsible Marketing," *Forbes*, March 17, 2017, www.forbes.com/sites/sarahlan-drum/2017/03/17/millennials-driving-brands-to-practice-socially-responsible-marketing/#1ae315c24990.

309 Sweezey, "The Future of Marketing: Five Marketing Megatrends for 2018."

310 *The 2006 Cone Millennial Cause Study*, Cone, Inc., 2006, http://www.centerforgiving.org/Portals/0/2006%20Cone%20Millennial%20Cause%20Study.pdf.

311 "Change the World," *Fortune*, n.d., http://fortune.com/change-the-world/.

312 "About Lemonade," Lemonade Inc., n.d., www.lemonade.com/faq#service.

313　Paul Sawers, "Lemonade Raises $120 Million from SoftBank, Others to Take Its Chatbot-Based Insurance Service Global," VentureBeat.com, December 19, 2017, https://venturebeat.com/2017/12/19/lemonade-raises-120-million-from-softbank-others-to-take-its-chatbot-based-insurance-service-global.

314　John Peters, *The Lemonade Insurance Underwriting Report—Almost a Year In*, Lemonade Inc., August 30, 2017, www.lemonade.com/blog/lemonade-h1-underwriting-report-2017/.

315　Yael Wissner-Levy, "Why Do Women Love Lemonade More?," Lemonade Inc., July 23, 2017, updated March 2018, www.lemonade.com/blog/women-love-lemonade/.

316　Peters, *The Lemonade Insurance Underwriting Report—Almost a Year In*, www.lemonade.com/blog/lemonade-h1-underwriting-report-2017.

317　Daniel Schreiber, "The Lemonade Transparency Chronicles," Lemonade Inc., January 10, 2017, www.lemonade.com/blog/lemonade-transparency-chronicles/.

318　Shai Wininger, "Lemonade's Year in Review, 2017," Lemonade Inc., January 17, 2018, www.lemonade.com/blog/lemonade-review-2017.

319　Mark Zuckerberg's Commencement Address at Harvard," *Harvard Gazette*, May 25, 2017, https://news.harvard.edu/gazette/story/2017/05/mark-zuckerbergs-speech-as-written-for-harvards-class-of-2017.

320　"History of Grameen Bank", Grameen Research, http://grameenresearch.org/history-of-grameen-bank/.

321　"History of Grameen Bank of Bangladesh," Grameen Bank, www.

grameen-info.org/history/.

322 Evaristus Mainsah, Schuyler R. Heuer, Aprajita Kalra, and Qiulin Zhang, "Grameen Bank: Taking Capitalism to the Poor" (paper written for "Emerging Financial Markets" course at Columbia Business School, New York, fall 2003), www0.gsb.columbia.edu/mygsb/faculty/research/pubfiles/848/Grameen_Bank_v04.pdf.

323 Kara Swisher, "Arianna Huffington Has Raised Another $30 Million for Thrive Global at a $120 Million Valuation," Recode.net, November 29, 2017, www.recode.net/2017/11/29/16714392/arianna-huffington-30-million-thrive-global-120-million-valuation.

324 Josh Bersin, "Becoming Irresistible: A New Model for Employee Engagement," Deloitte, Insights, *Deloitte Review* 16, January 26, 2015, www2.deloitte.com/insights/us/en/deloitte-review/issue-16/employee-engagement-strategies.html.

325 Susan Sorenson, "How Employee Engagement Drives Growth," Gallup, *Business Journal*, June 20, 2013, http://news.gallup.com/businessjournal/163130/employee-engagement-drives-growth.aspx.

326 Klaus Schwab, "The Fourth Industrial Revolution: What It Means, How to Respond," WEForum.org, January 14, 2016, www.weforum.org/agenda/2016/01/the-fourth-industrial-revolution-what-it-means-and-how-to-respond.

327 William Bruce Cameron, *Informal Sociology: A Casual Introduction to Sociological Thinking* (New York: Random House, 1963).

328 笔者认为是博比·昂瑟尔所说。初始来源未知。

329 Larry Bossidy and Ram Charan, *Execution: The Discipline of Getting Things Done* (New York: Crown Business, 2002), p. 6.

330 Shelby Skrhak, "Daniel Pink on Why Time of Day Matters," Success.com, January 11, 2018, www.success.com/podcast/daniel-pink-on-why-time-of-day-matters.

亚马逊案例研究：每一天都是第一天

331 Daniel Lyons, "Why Bezos Was Surprised by the Kindle's Success," *Newsweek*, December 20, 2009, www.newsweek.com/why-bezos-was-surprised-kindles-success-75509.

332 Sanjeev Sularia, "iTunes, Spotify, Kindle: Reinventing How You Spend," *Brand Quarterly*, December 19, 2017, www.brandquarterly.com/itunes-spotify-kindle-reinventing-spend.

333 "Amazon launches the International Shopping Experience in the Amazon Shopping App," *Business Wire*, April 17, 2018.

334 *Bezos*, "2016 Letter to Shareholders."